互联网环境下基础教育教学改革丛书

"爱种子"模式下小学数学教学范式的构建与实践

梁北招 主编

中山大学出版社
·广州·

版权所有　翻印必究

图书在版编目（CIP）数据

"爱种子"模式下小学数学教学范式的构建与实践/梁北招主编. —广州：中山大学出版社，2021.10

（互联网环境下基础教育教学改革丛书）

ISBN 978-7-306-07161-3

Ⅰ. ①爱… Ⅱ. ①梁… Ⅲ. ①小学数学课—数学研究 Ⅳ. ①G623.502

中国版本图书馆 CIP 数据核字（2021）第 047774 号

"AI ZHONGZI" MOSHI XIA XIAOXUE SHUXUE JIAOXUE FANSHI DE GOUJIAN YU SHIJIAN

出 版 人：	王天琪
策划编辑：	张　蕊
责任编辑：	张　蕊
封面设计：	林绵华
责任校对：	袁双艳
责任技编：	靳晓虹
出版发行：	中山大学出版社
电　　话：	编辑部 020-84111997，84113349，84110283，84110779，84110776
	发行部 020-84111998，84111981，84111160
地　　址：	广州市新港西路 135 号
邮　　编：	510275　　　　　传　真：020-84036565
网　　址：	http://www.zsup.com.cn　　E-mail: zdcbs@mail.sysu.edu.cn
印 刷 者：	广州市友盛彩印有限公司
规　　格：	787mm×1092mm　1/16　18.125 印张　380 千字
版次印次：	2021 年 10 月第 1 版　2021 年 10 月第 1 次印刷
定　　价：	50.00 元

如发现本书因印装质量影响阅读，请与出版社发行部联系调换

编 委 会

主编： 梁北招
编委： 陈佩英　吴艳红　罗碧毅　梁少容　胡婉桦
　　　　肖春梅　周荣华　罗　莹　李锦萍　吴雪珠
　　　　雷瑞英　雷焕嫦　邓远程
统稿： 曾小翠　潘　洁　黎秀媚

序

党的十九届五中全会提出要发展更加公平、更高质量的教育，并提出在"十四五"期间，在建设高质量教育体系中推动信息时代教育创新、大力开发优质数字教育资源、促进信息技术与教育教学深度融合，培育教育高质量发展新动能。

"爱种子"课堂教学改革模式是基于信息技术与教育教学深度融合理念，依托"互联网＋教育"环境，通过信息化教学平台，解构教学资源的供给方式，重构课堂教学模式，应用大数据实现教学精准化、个性化，从而实现公平而有质量的教育。

《"爱种子"模式下小学数学教学范式的构建与实践》一书，由清远市清城区"爱种子"教改实验区的一线数学教师团队编写。该书基于"爱种子"教学思想、理论、策略、方法以及小学数学教学支架，结合区域教育的实际，构建教学新范式和资源案例；并基于"爱种子"的"三环四得"教学机理比较详细地阐述教学范式构建方法，系统地对小学数学各种课型、各个知识板块进行科学地分类，提炼了多种可复制、可借鉴、可操作，并具多样性特点的教学范式，让广大教师在实践中较好地应用教学范式开展教学，从而转变教师传统的教学思维、教学角色和教学观念，并利用学习和教学过程反馈大数据开展精准化教学，实现学生自主、合作和协同的个性化学习。该书的出版，对我省开展互联网环境下基础教育教学改革有着重要的指导意义和借鉴价值。

当前，我省正在推广互联网环境下基础教育教学改革，目的是通过"互联网＋教育"促进信息技术与课堂教学深度融合，探索人才培养的新模式、新理论、新方法和新途径。希望广大教育工作者转变观念，大胆改革，不断创新，为广东教育高质量发展做出应有的贡献。

胡钦太

广东工业大学党委书记、教授、博士生导师

教育部教育信息化专家组成员

教育部基础教育信息化教学指导专业委员会主任委员

广东省基础教育与信息化研究院院长

2021 年 4 月

目　　录

绪　论

一、范式的发展 ··· 2
二、范式的地位 ··· 3
三、范式的意义 ··· 3

第一章　内涵与特征

第一节　范式的内涵与特征 ·· 6
第二节　范式的构建 ·· 6
　　一、理解范式 ··· 7
　　二、构建范式 ··· 8
　　三、运用范式 ·· 10
　　四、评价范式 ·· 11
　　五、迭代范式 ·· 14

第二章　基本教学范式构建

第一节　自主学习教学范式 ······································ 16
　　一、缘起 ·· 16
　　二、范围 ·· 16
　　三、策略 ·· 17
　　四、建议 ·· 20
第二节　互动探究教学范式 ······································ 26
　　一、缘起 ·· 26
　　二、范围 ·· 27
　　三、策略 ·· 27
　　四、建议 ·· 31
第三节　主题拓展教学范式 ······································ 38
　　一、缘起 ·· 38
　　二、范围 ·· 39

三、策略 ……………………………………………………………… 40
　　四、建议 ……………………………………………………………… 42

第三章　数与代数教学范式构建

第一节　"数的认识"教学范式 …………………………………… 48
　　一、范式的适用范围 ………………………………………………… 48
　　二、范式的运用策略 ………………………………………………… 49
　　三、其他事项 ………………………………………………………… 52
第二节　"数的运算"教学范式 …………………………………… 61
　　一、范式背景 ………………………………………………………… 61
　　二、适用范围 ………………………………………………………… 62
　　三、运用策略 ………………………………………………………… 63
　　四、多元评价及错题收集 …………………………………………… 66
第三节　乘法口诀教学范式 ………………………………………… 73
　　一、范式的适用范围 ………………………………………………… 74
　　二、范式的运用策略 ………………………………………………… 75
　　三、其他事项 ………………………………………………………… 77
第四节　运算定律教学范式 ………………………………………… 84
　　一、实践策略 ………………………………………………………… 84
　　二、教学误区 ………………………………………………………… 90
第五节　"解方程"教学范式 ……………………………………… 94
　　一、适用范围 ………………………………………………………… 95
　　二、运用策略 ………………………………………………………… 96
　　三、其他事项 ………………………………………………………… 99
第六节　"常见的量"教学范式 …………………………………… 106
　　一、适用范围 ………………………………………………………… 106
　　二、运用策略 ………………………………………………………… 107
第七节　"解决问题"教学范式 …………………………………… 114
　　一、适用范围 ………………………………………………………… 115
　　二、运用策略 ………………………………………………………… 119
　　三、"解决问题"课教学的教学建议 ……………………………… 125
第八节　"列方程解决问题"教学范式 …………………………… 131
　　一、适用范围 ………………………………………………………… 132
　　二、运用策略 ………………………………………………………… 133
　　三、其他事项 ………………………………………………………… 137

第四章　图形与几何教学范式构建

第一节　"图形的认识"教学范式 ·········· 144
  一、立足学生生活经验，确立教学范式 ·········· 144
  二、关注知识内涵，规划教学范围 ·········· 144
  三、聚焦教学环节，形成教学策略 ·········· 147

第二节　"图形周长计算"教学范式 ·········· 154
  一、关注学生起点，形成周长范式 ·········· 154
  二、关注知识内涵，确定适用范围 ·········· 155
  三、关注教学环节，探索教学策略 ·········· 155
  四、关注总结反思，完善教学范式 ·········· 158

第三节　"图形的面积"教学范式 ·········· 164
  一、促进学生经验生长，形成面积教学范式 ·········· 164
  二、寻找知识结构链，尝试面积教学范式 ·········· 164
  三、巧用面积"转化"思想，探索范式教学策略 ·········· 166
  四、"改改用"和"创创用"，完善面积范式教学 ·········· 170

第四节　"图形的体积"教学范式 ·········· 175
  一、优化创新教学，提炼"图形的体积"教学范式 ·········· 175
  二、分析"图形的体积"教学范式适用范围，运用教学范式 ·········· 176
  三、研究"图形的体积"教学，探索范式教学策略 ·········· 177
  四、其他事项 ·········· 182
  五、小结 ·········· 185

第五节　"图形的运动"教学范式 ·········· 190
  一、寻"图形的运动"内容特点，构建教学范式 ·········· 191
  二、探"图形的运动"适用范围，尝试教学范式 ·········· 191
  三、研"图形的运动"教学策略，践行教学范式 ·········· 192
  四、思"图形的运动"教学理念，完善教学范式 ·········· 197

第五章　统计与概率教学范式

第一节　统计教学范式 ·········· 204
  一、生活现象——问题情境，收集数据 ·········· 205
  二、个别探究——整理数据，表示数据 ·········· 206
  三、协作构建——分析数据，合理判断 ·········· 208
  四、练习检测——联系生活，学以致用 ·········· 211
  五、统计教学的教学建议 ·········· 213

第二节　概率教学范式 …… 218
一、适用范围 …… 219
二、运用策略 …… 220
三、概率课教学的教学建议 …… 224

第六章　综合与实践范式构建

第一节　综合与实践教学范式 …… 232
一、拓展延伸——观察生活，产生活动任务 …… 233
二、综合分析——梳理问题，提出设计方案 …… 234
三、创意设计——探索运用，经历动手实验 …… 234
四、分享评价——内化提升，归纳交流反思 …… 235
五、其他事项 …… 235

第二节　专题活动教学范式 …… 240
一、范围 …… 241
二、教学策略 …… 242

第七章　其他教学范式构建

第一节　小组合作学习教学范式 …… 250
一、适用范围 …… 251
二、运用策略 …… 251
三、小组合作学习教学建议 …… 255

第二节　概念教学范式 …… 266
一、生活现象——情境导入，引出概念 …… 268
二、个别探究——问题驱动，感知概念 …… 268
三、协作构建——合作交流，理解概念 …… 269
四、练习检测——巩固练习，运用概念 …… 271
五、概念教学的教学建议 …… 271

参考文献 …… 278

后记 …… 279

绪论

小学数学课堂教学改革要求教育要更加注重因材施教、知行合一、融合发展、共建共享，并指出重点解决农村教育发展不均衡等问题。本书主要叙述的是在小学数学课堂教学改革背景下所创建的"爱种子"模式的小学数学教学范式。本范式的最终目标是通过思想引领、系统规划和具体指导教学，实现新课改目标，培养学生全面发展，同时推动城乡义务教育的均衡发展。

一、范式的发展

范式一词源自古希腊语 Paradigm，包含"共同显示"的意思，由此衍生出模式、模型、范例等义。《现代汉语词典（第5版）》对"范式"的释义为：可以作为典范的形式、样式或模式。学术界普遍认为，"范式"这一概念最早是1962年由美国科学哲学家托马斯·库恩在《科学革命的结构》一书中提出的，他认为"范式"是一个共同体成员所共享的信念、价值、技术等的集合。

在西方，范式被引入教育教学领域后，人们更多地注重对"教学研究范式"的研究，美国的盖奇（Gage）、舒尔曼（Shulman）等人都对此进行了深入探讨。郝德永和赵颖对国外"课程范式"进行过梳理，发现西方主要存在"范式作为方法论""范式作为模式""范式作为观念"三种类型的课程范式研究。斯金纳新行为主义的理性主义教学范式在20世纪五六十年代曾成为一种影响波及世界的教育思潮。它是科学哲学思想在教学上的反映，追求的目标是宏观性、准确性、操作性、有效性。以美国为首的当代理性主义教学范式与斯金纳的新行为主义密切相关，将注意力放在给学生提供掌握知识的有效途径上，力图通过建立新的教学机制使青少年适应社会的要求。这些教育思想和教学范式对面向未来的中小学教育改革，特别是对提高教学质量的实践探索产生了显著的作用。

在我国，"范式"被引入教育教学研究领域后，人们从教育研究范式、课程范式、教学范式等方面做了研究。其中，"教学范式"研究主要集中在两个方面：一是对既存教学范式进行梳理，二是对具体学科教学范式进行积极探索。当代西方理性主义教学范式近十年对我国中小学教学产生了广泛的影响，对深入开展教学改革、提高教学质量有一定的积极作用，但它也有局限性。理性主义教学范式也称为科学主义教学范式，它把"本质""规律""知识"放在第一位，人不是作为人，而是作为物体被研究。科学主义教育把教学当作一个"科学"的过程，注重探索其客观的稳定格式、方法和行为规则。课堂教学以知识为本位，只关注知识的授受，学生成为课堂上盛装知识的容器，强调具体、标准化的评价指标。近年来，随着课程与教学改革的不断深入，教育专家们意识到科学主义教学范式给教育带来了不少的消极影响，就逐渐构建出新的教学范式，也就是人文主义教学范式。人文主义教学范式强调生命的具体性及其存在的意向性，教育教学现象是在"主体间性"之上的一种价值创造活动。从教学过程意义上理解，人文主义教学范式认为教学过程是师生交往、积极互动、共同发展的过程，是通过师生间的对话与相互理解而达成"你、我"教育关系的过程。从教学过程展现上理解，人文主义教学范式把知识理解成一种动态过程，要通过体验和理解、能动地构建才能形成知识，儿童在个人经验的基础上发展生成问题的能力，学会批判、理性地思考。

本书陈述的就是人文主义的数学教学范式，此范式全名为"爱种子"模式下小学数学教学范式，它是在广东省教育厅指导下，由广东省基础教育与信息化研究院规划与设计，历时五年研究与验证所构建的创新性课堂教学改革教学范式。清远市清城区作为广东省"爱种子"实验的实验区之一，研究人员从2018年开始构建范式、迭代范式。

二、范式的地位

范式是开展科学活动的基础。它是一种被接受的模型或模式，只有获得明确的具有约束力的范式，才标志着这个科学领域的发展或科研项目的研究走向成熟。

范式是一种实用工具。范式可以看作范例，也可以定义为一种标准，它为解决问题提供了具体方法，把抽象的精神工具化为实际行动。确定范式后，科研共同体的研究不必从头开始，新老成员在范式的基础上研究范式所提出的新问题。我们可以深入研究本领域最前沿的重大问题，从而获得更多的知识，解决更多的疑难，提高工作效率。

范式是一种共同信念。范式作为一种精神工具，是科学共同体的共同信念，是科学活动的世界观，是推动科学创造的精神武器，它影响着科学实践主体看待世界的方式。

本书中"爱种子"模式下的小学数学教学范式属于库恩范式理论中"解决实践问题的具体操作模式与范例"的人文主义教学范式。此范式是一种复合范式活动的新理念，用多种视角对教学进行整体把握；是一套系统的教学观念、价值观念和规则；统领着整个项目的研究，支配着教学行为，提供解释教学现象的方法及看待教学问题的方式。

三、范式的意义

范式既代表特定共同体成员共有的信念、价值和行为所构成的整体，也代表这个整体的某种精神因素，导引这个共同体的功能。

教学范式（teaching paradigm）是人们对教育领域教学这一特殊现象和复杂活动的最基本的理解或看法。简单地说，教学范式就是教学实践者所形成的学科教学的共同信念，以及这种共同信念下的教学思想观念、教学方法和技术。它由某种思想观念统率，能指引教师从系统、整体的角度去理解教学过程各因素的相互关系，结合艺术、科学、反思、能力，从理论和实践两个层面同时开展各种教学活动，提升教学质量，培养新型人才。

　　本书中基于"爱种子"实验背景下的"三环四得"基本教学范式和小学数学"数与代数""图形与几何""统计与概率""数学好玩"四个板块的教学范式，以坚持信息技术与教学深度融合、坚持以学生为中心、坚持素质教育在课堂、坚持教为学服务为指导思想，给一线教师提供可借鉴的理论指导和实践经验，成为无教学经验教师的教学"拐杖"，同时为有经验的教师解决教学难点提供策略、方法。范式的实施能改变教师的教学理念；能最大限度发挥学生的主体作用，使学生积极参与、乐学、会学，创建出符合新课改理念的课堂生态；能让每个孩子都享受到优质的教育，有效破解城乡教育的二元结构，实现城乡教育均衡发展。

第一章
内涵与特征

　　本章分为两节,第一节概述范式的内涵与特征,这是整体把握教学范式的基础,也是确定"爱种子"模式下小学数学教学范式的应有之义;第二节是本书的核心内容,分别从理解范式、构建范式、运用范式、评价范式、迭代范式五个方面阐述"爱种子"模式下小学数学教学范式的构建与实践,该范式基于多年实践研究,为实施教学改革提供具体有效的教学范式和建议。

第一节 范式的内涵与特征

库恩没有对范式下明确的具有前后统一性、一致性的定义，但他在《科学革命的结构》一书中较为明显地对范式进行了定义性描述：范式作为一种实用工具，作为一种共同信念，是开展科学活动的基础。范式可以看作信念、价值标准或共同的思想理论，由特定共同体的成员所共享，从而使这个科学共同体的成员抓准定位、找准方向、认准目标，更好地为科学共同体提供科学知识。

范式在本质上是一种知识生产方式和知识存在方式，是科学共同体的世界观基础和方法论遵循，为科学共同体提供研究根据、价值方向和实践标准。范式不仅是科学共同体的世界观基础、科学实践的价值方向，还是科学研究的方法和模式，更是科学实践的根据。同时，范式是不完整的，它的缺陷为科学研究提供了发展所需要的"谜题"及在新范式下所要完成的任务。

本书所述的"爱种子"模式下的小学数学教学范式，是在皮亚杰的认知理论和"构建主义理论"等教学思想指导下，基于大数据采集分析和"互联网+教育"应用研究建立起来的较为稳定的教学活动结构框架和活动程序。它特指基于"互联网+教育"的理念重塑、架构重构、内容重建的思维，是教学设计和实施过程的操作框架，是设计者和使用者共同遵守的操作规范，具有普适性、先进性、发展性、可复制性和可迭代性。

第二节 范式的构建

2019年，中共中央、国务院印发的《中国教育现代化2035》中，新教育的八大基本理念包含了更加注重因材施教、更加注重知行合一、更加注重融合发展、更加注重共建共享。"爱种子"模式下小学数学教学范式是符合当前教育方针、响应时代要求的一个具有思想统领、行为规范的人文主义教学范式。经过近三年的探索、实践，该范式为清城区的教学改革开辟了一条新路径，并取得了一定的成效。下面从理解范式、构建范式、运用范式、评价范式和迭代范式等方面为读者阐述该范式的构建与实践。

一、理解范式

2014 年，广东省教育厅基础教育处根据广东省教育现状，提出课堂教学改革要求，并重点解决农村教育发展不均衡的问题。在基础教育处的领导下，华南师范大学成立工作小组对全省教学改革情况进行调研，并根据调研结果探索出以"互联网+教育"理念创建课堂教学的改革新模式。

广东省基础教育与信息化研究院的林君芬博士和叶惠文教授是该教学改革实验项目的先行者，他们提出的"I-SEED"（"爱种子"）是由 Internet（互联网）、self-regulated learning（自主学习）、interactive exploring（互动探究）、expansive learning（主题拓展）、development assessment（发展性评价）组成的简称，"爱种子"高度融合了项目的主导思想、教学模式和发展方向。

"爱种子"是由广东省基础教育与信息化研究院历经五年的时间研究和验证所构建的，在"互联网+教育"的背景下，运用新思维、新理论和新方法，通过自主学习、互动探究与主题拓展三个课堂教学环节，实现以学得、习得、评得、教得为目标的"三环四得"课堂教学改革的新模式。"三环"是在情境化、交互式的"双资源"引领下开展的螺旋式的深度学习过程，每个环节利用信息技术把师生在"四得"过程中反馈的数据采集起来并暴露问题，教师通过发展性评价引导和激发学生自我评价或互评反思，推动教师根据问题开展以学定教、精准施教活动。"三环"与"四得"相得益彰（见图1-2-1），共同为培养学生核心素养打造一个闭环新型教学系统。

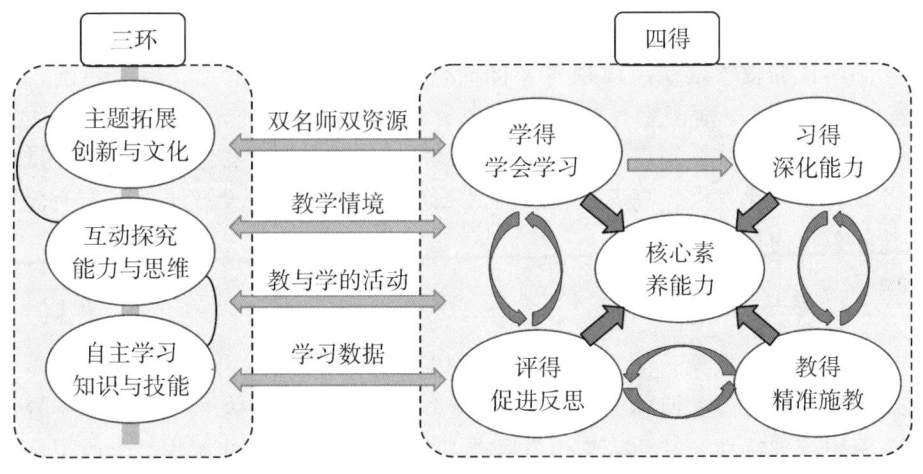

图1-2-1 "三环"与"四得"的关系

二、构建范式

2018年，广东省"爱种子"实验项目正式落户清远市清城区。2019年，清远市清城区成为首批广东省立项的"爱种子"教学改革项目实验区。为确保教学改革实验项目的顺利进行、推动清城区城乡教育的均衡发展，清城区各级领导、教研专家、教师形成合力，勤力同心，砥砺奋进，努力营造出浓厚的课改氛围。

课改的成败，关键在于课改模式是否落地，"爱种子"实验的"三环四得"课堂教学模式强调学生自主、合作、探究的学习方式，借助双资源（平台资源和骨干教师设计的资源），让广大教师经历对资源进行点点用—改改用—创创用的递进过程，实现师生共同成长的目标。为确保实验教师乐用资源、会用资源、善用资源，导师团队吸取前人关于教学范式的研究成果，结合"爱种子"课堂教学模式，探索、构建出"爱种子"背景下的小学数学教学范式（见图1-2-2）。

2019年，中共中央、国务院印发的《关于深化教育教学改革全面提高义务教育质量的意见》指出：优化教学方式就是坚持教学相长，注重启发式、互动式、探究式教学；融合运用传统与现代技术手段，重视情境教学；探索基于学科的综合化教学，开展研究型、项目化、合作式学习；精准分析学情，重视差异化教学和个别化指导。"爱种子"教学范式符合国家教育方针政策，以新型课堂教学改革理念为指导思想，以"教学评一致性"为目标，从横向和纵向囊括整套教材的优化设计和整合，给予各层次教师教学设计和课堂教学的"拐杖"。范式既为观念，又是模式，在构建时要遵循以下原则。

（一）时代性原则

不同时代的教学范式，体现着不同时代的教育理念和教育发展。当前，实现"更高水平、更加均衡、更有质量"的义务教育是新时代的召唤和人民群众的诉求。我们构建的范式应当以落实立德树人，发展素质教育，推进教育公平，推动城乡义务教育一体化发展，高度重视农村义务教育，努力让每个孩子都能享有公平而有质量的教育为目标。

（二）思想性原则

思想是行动的先导，优秀的范式必须以思想为导向，告诉践行者我们要到哪里、为什么到那里、如何到那里。"爱种子"背景下小学数学"三环四得"教学范式具有思想统领特性，它明确指引教师要与时俱进，以新时代课程教学改革理念为指南，培养适合时代发展的新一代创新型综合人才。

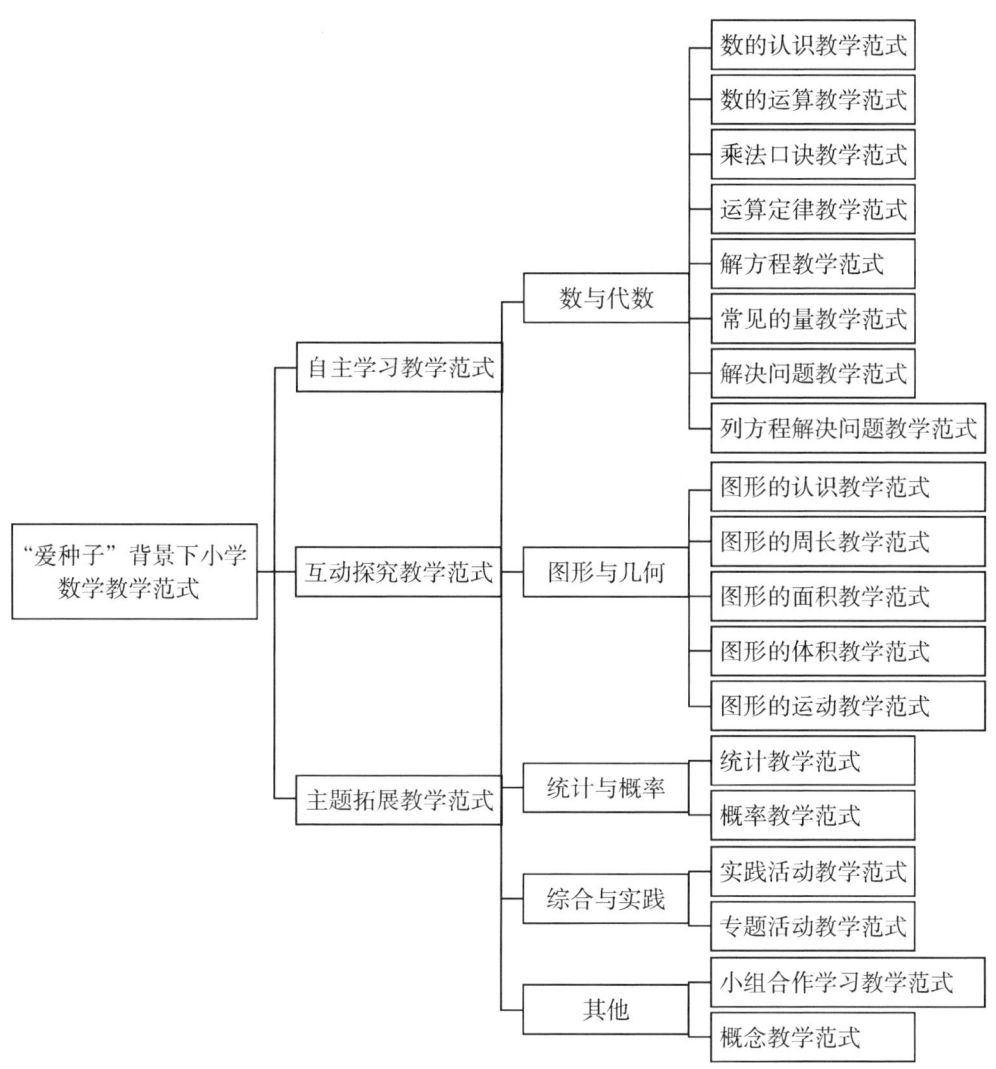

图 1-2-2 "爱种子"背景下小学数学教学范式

(三) 普适性原则

教师群体庞大,教学能力参差不齐,范式要适合各个层次教师理解并使用,具有普适性和可复制性。我们构建的范式紧扣课标和教材,基于本土教情和学情,贴近师生最近发展区,将基本教学范式和四个板块每个知识点的教学范式科学组合,有总有分,层次分明。每个范式包含设计分析、适用范围、运用策略、关键问题、多元评价等,各环节理论与实践相结合,操作指引具体、清晰,是设计者和使用者沟通的工具、共同遵循的操作规范。

（四）迭代性原则

构建教学范式是为了更好地促进教与学，有利于师生的共同成长和发展。范式不能封闭和僵化，在应用的过程中可以提高其合理性和主动适应性。为此，在构建范式时，应该让范式在顺应教学规律、适应学科特点、符合教科书编写思路和教学实际需要的基础上整合教材、优化教材，合理设计。在整个范式或某些环节的指引中要富有弹性，引导教师"以学定教"，活用范式、发展范式、迭代范式。

三、运用范式

教学范式作为一种实用工具，为解决问题提供了具体方法，把抽象的精神工具化为实际行动，为使用者所乐用、会用、善用。如何运用"爱种子"背景下小学数学"三环四得"教学范式？我们认为有以下要素。

（一）深入理解

磨刀不误砍柴工。范式也是范例，是紧扣教材构建出来的，运用之前是别人的东西，怎样才能化为己用？教者同样需要认真备课，结合教材，深入研读范式，理解每一个环节的设计意图，清楚每个环节的具体操作，才能用好它。例如，自主学习环节中数的运算教学范式：①生活情境产生运算需求；②独立尝试探索算理算法；③发现归纳梳理运算法则；④运用巩固培养运算能力。它不仅蕴含了运算教学板块的整体教学观，也包含了每个环节的知识重点和教学方式。使用者只有深入理解了，才能体现范式的运用价值，提高课堂教学效率。

（二）合理运用

范式虽然是教学的"拐杖"，但设计者与使用者在教学观念、教学思维和教学行为上都可能存在差异，学生的学情也存在差距，所以在运用范式时，不能"拿来主义"，应该根据教者的教学水平和教学风格，合理、灵活地运用范式。例如，某个知识点或某个单元的梳理和复习的互动探究教学范式（互动辨析、迁移应用、实践设计、合作评价），设计者往往是根据学生的学习能力而设计教学的容量和难度，但这些容量和难度并不适合所有班级，有些基础薄弱的班级只能完成两个环节，教师有必要根据学情进行"改改用"，让范式的运用更加合理、高效。

（三）发展运用

"互联网＋教育"环境下的"爱种子"小学数学教学范式拥有强大的信息赋能和平台资源。为保障教学范式的科学发展，推动教师的不断成长，我们建立了资源"点点用""改改用""创创用"的三级运用机制，形成人人用、常态用、持续用的氛围。具体为：一级是无教学经验和教学能力薄弱的教师使用"点点用"；二级是以"课堂观察表"的评价结果为依据，四个维度有三个维度总评达 A 级的要求"改改用"；三级是以"课堂观察表"的评价结果为依据，四个维度总评都达 A 级的鼓励"创创用"。在不改变教学范式机理前提下，三级运用机制不仅可以客观评价教师的教学效果，还赋予范式生命力，向未来不断衍生发展。

四、评价范式

随着大数据、人工智能等技术的发展，范式评价必将是以服务为导向、以智能化为特征的立体评价。范式运用的评价就是将学生纵向学习的全过程与横向发展的全要素整合起来进行更客观、更科学、更全面的评价。

（一）利用大数据评价范式

"爱种子"教学范式是将信息技术与教学深度融合，利用教学云平台实施教学的系统，因此，施教者可以在教学过程中利用平台生成的可视化数据去精准评价范式运用的效果。评价的角度是多维度的，有知识形成过程评价、案例应用评价、学业水平测试评价、学生成长跟踪评价等（见图 1-2-3 至图 1-2-6）。

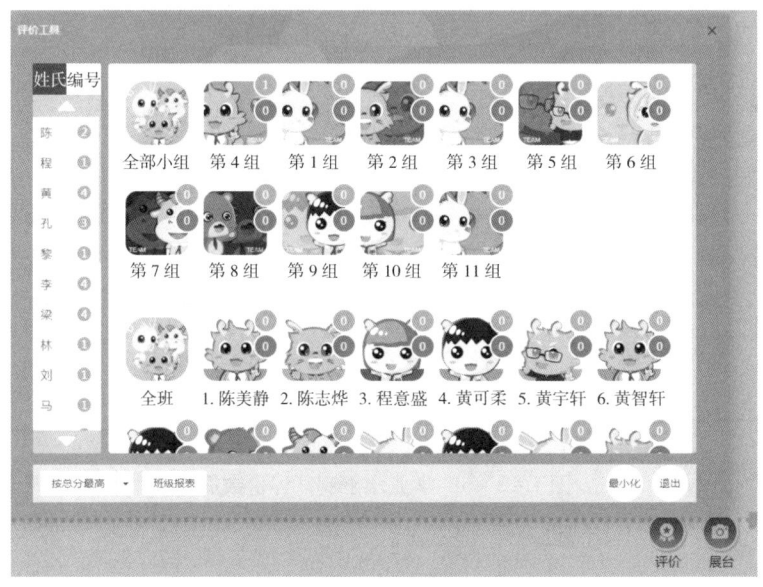

图 1-2-3　学生学习过程评价

12　"爱种子"模式下小学数学教学范式的构建与实践

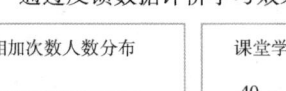

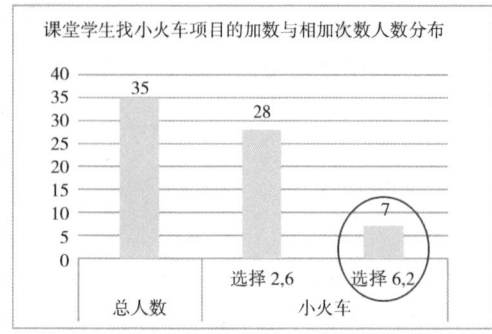
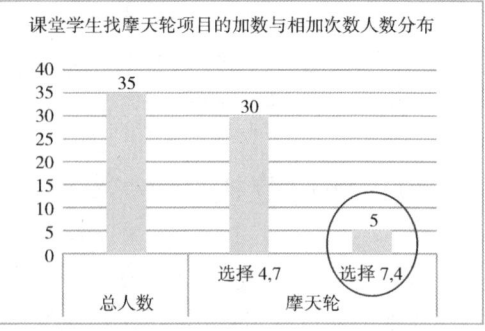

教师通过反馈数据暴露的问题，引导学生反思如何正确辨识统计游乐项目人数的加法算式中的加数和相加次数，再次强化相加次数的数，为认识乘法算式建立基础。

图1-2-4　学习效果评价数据

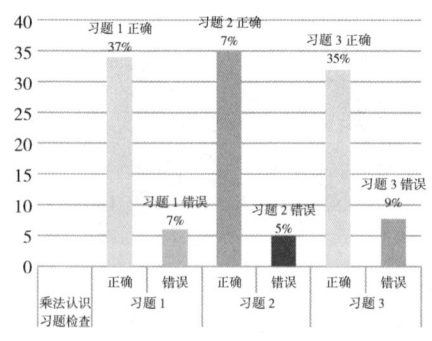
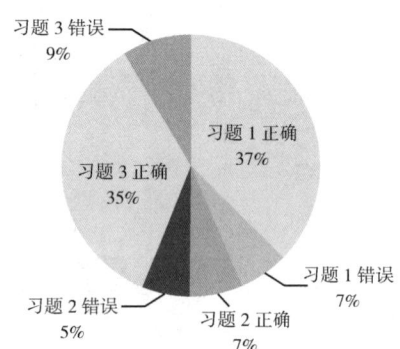

本测评题需要学生熟悉掌握速加算法，只有在遇见多个相同项相加时懂得找出相加的次数，同时懂得加数和相加次数与乘法计算式的被乘数和乘数的对应关系，才能准确列出乘法计算的算式。因此，需要教师根据测评暴露的问题进行引导反思，解决学生的困惑，使学生真正认识乘法。

图1-2-5　学业水平测试评价数据

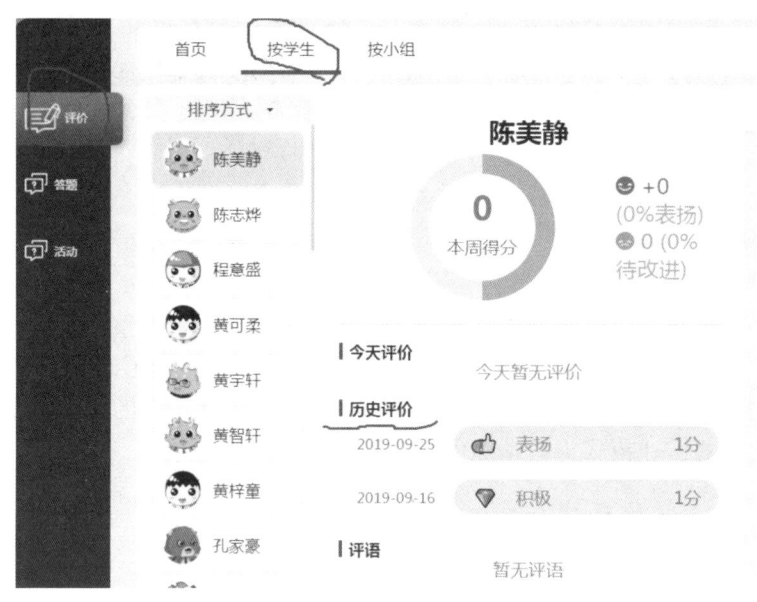

图 1-2-6　学生成长跟踪评价数据

以上可视化数据，不仅可以让施教者实行及时的指导、施教、管控，提高教学效率，还可以让研究者通过数据，从学生的角度客观评价范式，为范式的改进、完善、发展提供有力的支撑。

（二）利用课堂观察评价范式

课堂观察是课堂研究广为使用的一种研究方法。我们借鉴崔永漷和他的团队研制的课堂观察工具，针对"爱种子"教学范式，从教师教学行为、学生学习行为、课程性质、课堂文化4个维度进行范式运用的课堂观察（见表1-2-1）。

表1-2-1　小学数学教学范式课堂观察

观　察　维　度			
教师教学行为	学生学习行为	课程性质	课堂文化
观察视角			
1. 对范式的理解和运用 2. 角色定位 3. 教学方式 4. 问题价值 5. 对学情的关注 6. 对自主、合作、探究学习方式的落实 7. 对学生的发展性评价	1. 学习方式 2. 学习态度 3. 学习习惯 4. 学习小组 5. 学习目标达成	1. 教学目标的本体性 2. 教学过程的数学性 3. 工具性与人文性 4. 教材处理	1. 师生关系 2. 生生关系 3. 学生参与度

这样的观察把课堂分解成4个维度：人性的温度、目标的达成度、学习的深度、过程的生成度。它能更准确、全面地反映一节课的效果，能更好地从师和生的角度去验证范式、评价范式，使之成为提升教师专业素养、提高课堂效率的"脚手架"。

五、迭代范式

事物的发展是前进性和曲折性相统一的，教学范式的不完整为科学研究提供了所需要的"谜题"及在新范式下所要完成的任务。为了让课改实验之路走得更实、更远，我们不应墨守成规、满足现状，要用发展的眼光和严谨的态度勇于反思、大胆尝试迭代范式，让范式为教学提供更好的服务。

（一）依托学习迭代范式

课改一直在路上，全国上下的课改有成功也有失败。今天，我们的"爱种子"实验项目虽然初见成效，但还处在摸索前进的阶段，为了确保课改的顺利、有效，我们应该怀着谦卑的态度去学习、发展范式。一是向同伴学习。三人行必有我师，广东省现在也有不少的"爱种子"同伴，我们应吸取他们的闪光点，取长补短，完善范式。二是向书本学习。教无定法，教学有法，大量的书刊都有类似的教学理念、教学思想可以借鉴，以助触类旁通地完善范式。三是向专家学习。有专家的引领，可以让范式的落实少走弯路。

（二）依托课堂阵地迭代范式

课堂是范式运用的主阵地，通过深入课堂，不断重复地用可视化数据和课堂观察工具科学验证范式的运用成效，辩证分析每个教学设计、教学环节、教学方式，为迭代范式提供根据。利用课堂深挖范式存在的问题，在实践中不断进行动态调整。

（三）依托课题研究迭代范式

范式是一个系统，我们要用整体的眼光去看待范式，更应该用开展项目研究的方法去板块式地验证范式。一位普通教师，平常的教学只关注课堂，很难形成高层次的全局观，研究人员要引导教师把范式分解成若干部分，分主题进行研究。这样有目的、有方向、有内容的专题研究，可以提升教师的科研水平，形成相关的教育理念，打造出一批研究共同体，为迭代范式提供人力资源和有效路径。

构建出具有时代性、思想性、普适性、迭代性的教学范式，共建共享优质资源，才能让课改富有生命力、可塑性，培养全面发展的新时代学生，真正推动城乡义务教育一体化。

第二章
基本教学范式构建

  课堂教学是师生用心对话、真情互动的过程。构建"爱种子"小学数学课堂教学范式，是基于儿童本位的教学主张，是对以学定教、为学而教、以生为本等教学思想实践性的诠释。我们的课堂应该是鲜活、有生命力的，是沟通与合作活动的载体。教学中，我们应以学生全面、主动、和谐发展为中心，让学生在交流、学习中放弃错误观点，吸纳他人的正确观点，在倾听中完善自己的观点，在活动中积累经验，形成自己的思考。在这个过程中，学生学到的不仅是书本的知识，更感受到数学学习的策略与方法，从发现中寻找快乐，体会数学的实用价值。那么，如何有效地引导学生开展自主学习、探究学习活动？在组织、设计方面有哪些值得借鉴的实践经验？

第一节 自主学习教学范式

一、缘起

《义务教育数学课程标准（2011年版）》明确规定："学生学习应当是一个生动活泼的、主动的和富有个性的过程。认真听讲、积极思考、动手实践、自主探索、合作交流等，都是学习数学的重要方式。学生应当有足够的时间和空间经历观察、实验、猜测、计算、推理、验证等活动过程。"以上种种学习方式，无不涉及学生学习的主动性，为此，只有激发学生凭借自身能力去完成学习任务的潜能，数学的学习目标才能真正达成。

"爱种子"小学数学的自主学习教学模式从生活现象出发，经历"发现""探究""验证""巩固"的过程，形成相应的数学思想和方法，掌握学习的主动权，架设起知识与生活的桥梁。知识是死的，人是活的，要想学好它，必先找到切入点，生活现象无疑是最好的选择。生活现象对于学生来说司空见惯，丰富的生活现象是联系儿童认知与数学知识的桥梁与纽带，能帮助学生初步透过现象看本质，提取新的知识点；学生在对新知的观察、发现、猜想、验证中，不仅能活跃思维，而且能通过学习的过程理解新知的基本特征；练习的辅助，让学生进一步感知如何灵活运用新知的特点，联系生活实际解决问题，将所学知识运用到生活中。可见，"自主学习"注重学习的主体性，关注学习的过程，学习方式类似，可以形成这样的教学范式：①生活现象揭目标；②个别探究促思考；③协作构建寻策略；④练习巩固解问题。

二、范围

自主学习是"爱种子"教学范式中的重要和关键环节，所有"爱种子"自主学习的课型均可应用"爱种子"实验背景下"自主学习"的教学范式进行教学。教学中教师可以采用两种模式进行"教得"：一种是放手让学生开展独立的自主学、合作与协同学、探究式学，然后根据自主学习过程中学生反馈所暴露的问题，进行针对性、差异性或个性化主导、指导和教学；另一种是教师边引导自主学，边根据暴露问题进行教学。

三、策略

（一）生活现象揭目标

《义务教育数学课程标准（2011年版）》指出，数学学习应注重与生活的联系，在课程目标中明确："体会数学与自然及人类社会的密切联系，了解数学的价值，增进对数学的理解和学好数学的信心。"由此可见，数学与生活有着千丝万缕的关系，提出要从生活中体会数学的存在价值，在此过程中加深对数学知识的理解。提倡"自主学习"的目的是让学生主动地、自发地去发现问题、提出问题、解决问题，让学生主动起来的要点就是兴趣的激发。在我们的实际生活中可以找到许许多多的实物例证，在教学过程中教师可以结合生活实例引入课题、传授知识，这不仅可以使学生对所学习的知识有更全面的了解，同时也能吸引学生的注意力，提高他们的学习兴趣，增强他们学好数学的信心。例如，在周长的概念讲解中，教师在讲解之前就可以让学生列举生活中常见的物体，如树叶、书本、人民币等，调动学生学习的积极性，增强学生探究的欲望。此外，教师还可以为学生创造可操作的活动情境，通过"摸一摸""画一画"等方式来调动学生的好奇心，在提升其动手能力的同时满足他们的求知欲，不仅能锻炼学生的发散性思维，同时还能充分调动其多种感官参与学习活动，使学生多方位行动，学会主动思考、主动操作，真正做到寓教于乐。

当然，创设生活情境的方式数不胜数，关键是要能踩到学生主动学习的点。例如，在教学北师大版小学数学四年级下册中的"条形统计图"时，可以创设校园生活的问题，将学生带入问题情境，围绕"爱种子"的核心理念，生动的情境创设，配合教师抑扬顿挫的语言，引发学生思考"你认为小级长会满意吗？"的问题，把学生的思维带到思考的前沿，激发学生探索的激情，做好动脑思考的准备。

（二）个别探究促思考

《义务教育数学课程标准（2011年版）》指出，有效的教学活动是学生学与教师教的统一，学生是学习的主体，教师是学习的组织者、引导者与合作者。可见，数学教学活动实际上是学生发自内心的主动学习，是教师以多种贴近童心的方式引导学生自主探究，在探究中激活思维、引发思考，在思考中促进学生数学思维进一步发展。数学课堂教学的实效有赖于学习方式的灵活多变，去掉枯燥乏味，活跃课堂氛围。在教学过程中，教师要基于对教材设计意图及自主学习课型的理解，紧抓重点与难点，注重挖掘教材背后所包含的教育价值，创造性地使用平台上的资源，对资源进行"改改用"，设计出学生喜爱的学习方式，以灵活多变的学习方式引导学生积极主动地参与数学探究活动，引发学生的深度思考，发展学生的数学能力，提升学生的数学素养。

1. 问题引领——提供学习的方向

教师是学习的组织者、引导者，课堂中，教师的提问是贯穿学生整个学习过程的"定海神针"，问题的设置必须考虑教学目标及学生的学情，在不偏不倚的精心设计下，引导学生的思维层层深入，学生对新知的探究能力才能得到进一步的提升。如教学"乘加、乘减混合运算"一课的某一环节时，提问："两个算式中的 $3×4$ 表示什么？淘气的算式是先求什么再求什么？为什么 6 可以放在算式前面，也可以放在后面？"倘若没有教师的问题引领，处在自主学习状态下的学生无疑就像个无头苍蝇，到处乱飞，难以找到学习的方向，学习效果大打折扣。

2. 方法指导——指明解题的路径

小学阶段学生掌握的数学思想方法不多，在进行自主学习时，学生时常会遇到一时半会儿难以理解的知识点，此时，教师及时地对学生进行指导会起到很好的促进作用，同时能提高学生学习的自信心。如在对学生进行指导时，教师要潜移默化地向学生渗透数形结合等思想方法，鼓励学生用数学思想方法分析数学问题，使他们有效地掌握学习方法，提高学生的自主学习能力。如学习长方形的周长一课，当学生遇到困难时，不能将周长的概念正迁移时，教师可引导学生利用画图策略帮助理解，问题就会迎刃而解。

3. 方式多变——点燃思维的火花

只顾一味地向学生灌输知识，并不利于学生思维的发展，同时会严重打击学生学习的自信心。为此，教师应该通过多元化的课堂活动，引导学生在课堂活动中培养数学思维。在实际教学活动过程中，教师应提前做好备课工作，收集可能用得上的素材做准备，抓住学生关注的点，根据导学案重新设计出相应的操作活动、小组活动、竞技比赛、微课视频、问题串等，使学生参与其中，深入地进行问题探讨或实际操作，最后得出结论。学生深度参与整个学习的过程，对新知的理解不可同日而语。

（三）协作构建寻策略

合作交流可以有效地激发学生对学习的向往，可以增进同学间的友谊，更能培养学生独特的思维能力。在合作和交流的过程中，学生能够有更多不一样的思考，同学间产生思维碰撞，同时也能向同学表达自己的想法，获得更多体验成功和喜悦的机会。

1. 有效合作

学生间对某个新知的合作并不是无目的的、浅显的合作，而是有着相同的目标，共同朝着相同的方向进发的有效合作。在合作前，教师应明确合作的要点，明确小组长的任务，让学生明晰合作中的注意事项，万事俱备，提醒学生积极思考在合作的过程中出现的不一样的观点，在思维的碰撞中找到终极目标，这才是有效的合作，有意义的合作。

2. 分享交流

合作之余，当然少不了分享交流，这是另一层次所要关注的要点。教学时，为了避免无人发言的冷场，每个小组安排好发言人的顺序，督促每个发言人都做好发言的准备，其他人可以补充发言人的观点。像这样，学生间有分享，思维才有碰撞，在交流过程中才会想得更多，思考问题的深度才会更合理，解题策略才会更清晰，最终才会让学生产生共鸣。倘若学生只会动手操作，不会表达及分享交流，整个合作的过程将达不到思维碰撞的效果，只因一个巴掌拍不响。为此，教学新知时，设置合作交流这一环节不仅要注意合作的方式方法，而且也要着重分享交流，只有将二者合二为一，才能将整个事情做到事半功倍。

（四）练习巩固解问题

新知学习后，及时对其进行巩固才能最大限度地提升学习效率，为此，教学中，应紧密结合教学内容，以基础题型为主，加以比较出题，接着架设起新知与生活的桥梁，活学活用，加深对知识的理解，使学生在课堂内外均能完成对知识的应用和探索。

1. 基础题型，巩固新知，扎实根基

对新知的接受程度在生生之间是存在差异的，每学完一节新课时的练习一旦脱离基础题型，势必会造成部分学生对新知产生更多的困惑，拉开生生之间的学习差距，不利于新知的巩固。为此，新知的巩固应以基础题型为主，不论是概念课的学习还是其他内容的学习，都离不开对新知的抽丝剥茧，层层递进，深入挖掘最根本的知识要点，这样才能让学生的学习拥有扎实的基础。

2. 错题呈现，激活思维，回归新知

基础题型是出于扎实基础的考量，而错题呈现则是为了引起学生的思维碰撞，产生认知冲突。皮亚杰认为："个体的认知发展是在认知不平衡时通过同化或顺应两种方式来达到认知平衡的，认知不平衡有助于学生构建自己的知识体系。"错题呈现是一种有效地激发学生思考的方式，让学生在认知冲突中重新认识新知，起到巩固新知的作用。

3. 问题素材，源于生活，提高认识

数学源于生活，同时可将数学知识应用于生活。在学生真正掌握新知后，应及时联系生活，将生活中涉及新知的一些实例或者素材展示给学生，拓宽学生对生活的见识，进而提出相应的问题。在整个素材认识的过程中，学生不仅增添了很多乐趣，而且体验到从素材中解决实际问题的真实感，从内心感受到数学其实就在身边。

四、建议

1. 数据驱动促使教与研融合

在教学过程中，教师应合理使用"爱种子"平台的资源，包括课件、微课、导学案、应答器等，特别是应答器的使用，它能及时对每个环节的学生数据进行采集，形成学生的诊断性数据，基于"习得"过程的学生反馈数据，有针对性地开展指导和教学。例如，"练习巩固解问题"这个环节中的基础题，可以设计成用应答器完成，便于教师通过后台的数据，有针对性地进行查漏补缺，调整教学行为；同时也便于开展基于大数据的智慧教研，把学生学习的数据进行分析，提炼典型的学习规律和学习方法，开展智慧化的以学定教，因人施教。

2. 数据驱动开展多元评价

评价的目的是全面了解学生的数学学习历程，激励学生的学习和改进教师的教学，具体包括以下几个方面：呈现学生真实的学习情况，促进学生学习的内在动力的提升；诊断学生在学习中存在的困难，便于教师及时调整和改善教学过程；肯定学生的学习成果，活跃课堂氛围，激发学生思考的积极性；帮助学生找出与别人的差距，共同进步。为此，在教学中，应建立评价目标多元、评价方法多样的评价体系。对数学学习的评价既要关注学生学习的结果，也要关注他们学习的过程，更要关注学生数学学习的水平。教师可以利用"爱种子"平台特有的应答器对学生在各个环节中的表现进行评价，让学生获取到最为客观的认知反馈，增加学生学好数学知识的信心和获得自身努力方向的指引。

3. 时间分配

遵照学生的认知规律，个别探究促思考和协作构建寻策略两个环节，需要给予充分的空间与时间，结合一节数学课 40 分钟的教学时间，"自主学习"中四个教学环节的时间分配大致以 3∶12∶12∶10 的比例开展，留有 3 分钟机动时间作为导语和课堂评价用时，教师也可根据课堂实际情况进行调配。

【教学案例1】

凸显范式　优化教学　提升效率
——"长方形周长"自主学习课型的思考与实践
清远市新北江小学实验组　王闵敏　何东林

一、课前慎思

一些农村中小学的课堂教学还停留在传统思维和传统模式下，没有把学生自主学习放在一体化学习模式中，没有引起学生的探究经历与情感体验的"共振"，因此，学生对所学知识只是片面的了解，掌握得不够透彻。特别是在教学图形的计算内容时，大部分学生都能快速、熟练地直接利用图形的公式进行计算，感觉课堂教学效果挺让人满意的，但在后续的学习或一些常规的变式练习中，发现学生无从下手、不知所措。而"爱种子"模式下的课堂摒弃了传统的教学，"以学生的学作为主线，坚持素质教学，教为学而服务"的思想转变教学理念、明晰学习方法、重构教学流程，用"互联网+"信息技术进行流程优化、再造。那么"长方形周长"这节自主学习课，在教学时要给孩子留下些什么？

基于以上思考，根据三年级学生的年龄特征，教师主要采取了启发教学法、情境教学法、赏析评价法等教学方法，引导学生通过猜测、动手验证，合作探究出长方形周长的计算方法，并围绕教学目标与自主学习的教学范式，在这节课的教学中做了以下尝试。

二、教学实践

第一个环节：生活现象揭目标

师：同学们，这个星期需要更新我们班级的"学习风采"展板，为了使它美观、好看，我们需要给每个小组的照片贴上彩带，想一想，围绕这张照片一周的彩带需要多长呢？

师：要知道彩带有多长其实就是求——

生：照片的周长。

师：求照片的周长也就是求什么图形的周长？

生：求长方形的周长。

师：这节课我们就一起来探究长方形的周长该怎样计算。

【设计意图】本节课的主题图是一个待更新的班级的"学习风采"展板，这样一个生动、有趣的情境，主要围绕新课标的核心理念，配上教师生动并富有童趣的语言，引导学生思考"围绕照片一周的彩带有多长"的问题，把学生的思维带到了思考的最前端，大大激发了学生探索的热情，使学生做好开动脑筋的准备。

第二个环节：个别探究促思考

师：现在，老师这里有一条长50厘米的彩带，猜一猜够不够围你们小组的照片呢？

生1：够。

师：孩子，你认为的够，是指刚刚好还是有剩余呢？

生：刚刚好。

师：你认为呢？

生2：不够。

师：到底谁的猜测正确呢？我们还得进行科学的验证。

师：老师为同学们准备了这样一份自主学习任务单（介绍任务单）。

自主学习任务单

活动步骤	活动名称：彩带够不够围？
	一、提出猜想 一条长50厘米的彩带，够不够围我们小组的照片？（　　） ①不够　②刚刚够　③够并且有剩余
	二、确定方案（实验工具） 小组合照一张、直尺
	三、进行实验、验证猜想 我的计算方法：
	四、得出结论 我的猜想是（　　） ①正确的　②不正确的

师：请拿出工具，开始验证吧！

师：如果有不明白的，可以看看微课！

师：好，很多同学已经完成自主学习任务单，下面我们一起来听听这位同学的分享。掌声有请！

（方法一）

生：我的猜想是不够，我的方法是用15+10+15+10，计算出小组照片的周长是50厘米，所以，我的猜想是不正确的。汇报完毕！

师：谢谢你的汇报！你还能具体给大家介绍这里的15表示什么，10又表示什么吗？

生：我量出照片的长是15厘米，宽是10厘米。

师：原来你的方法是根据图形一周的长度就是周长的概念，然后把这四条边的长度加起来求出了长方形的周长。真好！尽管验证前的猜想不正确，但是在这个过程中你学会了验证猜想，了不起！

（方法二）

师：下面，我们再来听听这个发言人的汇报。

生：我的猜测是不够，我的方法是用15×2+10×2，求出照片的周长是50厘米，所以，我的猜测也是不正确的。

师：看来研究问题真的不能靠猜测，要靠验证。大家有什么问题要问的吗？

生1：那你为什么要用15×2？

生：因为长方形对边相等，两条长是相等的，所以可以用15×2，我的回答你满意吗？

生1：满意！谢谢你！

生：不客气！谁还想和我交流？

生2：那为什么用10×2呢？

生：因为对边相等，所以两条宽也是相等的。我的解释你听明白了吗？

生2：听明白了，谢谢你！

师：一个会提问，一个会回答！真精彩，掌声送给他们！原来这个同学的方法是根据长方形的特征——对边相等，求出这个长方形的周长是50厘米。

（方法三）

师：还有哪个同学想汇报？有请发言人。

生：我的猜测是刚刚够，我是用15+10=25，然后用25×2，就能算出这个长方形的周长是50厘米。所以我的猜测是正确的。

师：问问大家啊！

生：谁有问题想问我？

生3：你为什么要用15+10？

生：我是先把这个长方形分成两组边，因此可以求出一条长加一条宽这一组边的和，而这两组边都是一样长的，所以再乘2。你懂了吗？

生3：懂了！

师：这个同学真会想办法！不仅会猜测还很会计算，巧妙地把长方形的边分成了相同的两组，每组边都包涵了一条长和一条宽，所以先求出一条长加一条宽的和，也就是这个长方形周长的一半。

【设计意图】本环节首先从学生实际情况出发，遵循他们的认知规律，通过了解不同层次学生的认知水平与学习能力，选择适当的学法与教法，给学生提供思考、问难质疑、动手操作的平台，使学生在学会思考、敢于动手中不断地积累生活经验和学习经验，提高他们自主解决问题的兴趣，并使他们能积极去思考、寻求解决问题的办法，激发他们的思维。

第三个环节：协作构建寻策略

梳理三种方法，小组合作完成"合作学习任务单"。

合作学习任务单

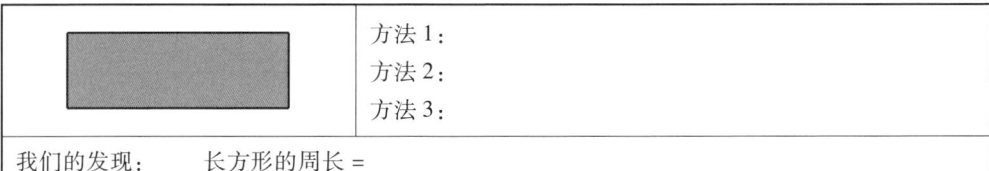

	方法1：
	方法2：
	方法3：
我们的发现：	长方形的周长 =

师（小结）：我们一起来回顾一下前面提到的三种方法，第一种方法是把四条边加起来求出长方形的周长是50厘米；第二种方法是根据长方形对边相等的特征

求出它的周长也是50厘米；第三种方法是先求出长方形周长的一半，再乘以2，也能求出这个长方形的周长是50厘米。通过大家的验证，发现用50厘米的彩带围这张照片刚刚好。

（归纳、优化计算方法）

师：孩子们，这三种方法你最喜欢哪种？

生：第一种。

师：你呢？

生：第三种。

师：为什么？

生：因为它最简单。

师：喜欢简单，很好！请你说。

生：第三种，因为简便。

师：简单确实会讨人喜欢！

师（小结）：同学们，不管用哪种方法计算长方形的周长，其实就是要求这个长方形四条边的长度总和。在用这些方法算长方形的周长时，我们必须知道哪些信息呢？

生：必须知道它的长和宽。

师：说得真好！看来大家都已经掌握了计算长方形的周长的方法，并且能通过求出长方形的周长来解决生活中的实际问题，把掌声送给自己！

（利用图形的特征，类比推出正方形的计算方法。）

师：请看，现在这张照片是什么图形？

生：正方形。

师：请仔细观察，你能用简洁的方法计算出这张正方形照片的周长吗？

师：请把你的方法写在练习本上。

（汇报并记录计算方法：用"边长×4"计算出这个正方形的周长。）

师：同学们真会学以致用，根据长方形周长的计算方法迁移算出正方形的周长，因为我们都知道正方形是特殊的长方形。

【设计意图】在协作构建活动中，小组讨论交流、大胆表达，体现出学生的学习思维，教师可根据周长的概念和长方形对边相等的特征，引导学生抓住数学的本质，沟通新知与旧知之间的联系，理解长方形周长的算法与算理。通过课件、微课的直观演示，让学生明晰（长+宽）×2这种方法，培养学生的空间想象力。教学中还通过对比，让学生找出自己喜欢的、简洁的计算方法，继而由长方形周长的计算方法类推出正方形周长的计算方法，遵循了学生的认知规律，使学生体会到学习的快乐。

第四个环节：练习巩固解问题

师（小结）：有了刚才的学习经验和收获，大家敢挑战接下来的问题吗？

师：瞧！这就是那块展示我们学习小组风采的展板，下面我们一起来设计一下这块展板。

师：（出示大合照）我们班的这张大合照老师把它贴在这里，你们能计算出围这张大合照需要多长的彩带吗？

●请将你的方法写在练习本上，看谁算得又快又准。

●谁来说说围这张大合照需要多长的彩带？

师：接着观察××组的照片，你有什么发现？

●这张长方形照片的哪条边靠展板贴？

●请仔细观察，为了美观，这块展板的四周也围上了同样的彩带，这条靠展板贴的边还需要重复围彩带吗？

●围这张照片至少需要多长彩带呢？

师：请把你们小组的照片都展示在展板上。那你最想把你们小组的合照贴在哪里呢？

●先小组讨论，然后拿出我们的模拟板和小组照片，摆一摆，最后计算出围照片至少需要多长的彩带。

●小组展示。

师：（小结）同学们真了不起，通过自己动手操作，解决了生活中的实际问题，在这个过程中，学生不仅会计算贴在不同位置的长方形照片至少需要围多长的彩带，而且还会具体问题具体分析，更能从不同的角度思考问题，使我们这次展板的设计活动更具数学意义。

师：在整节课中，同学们都能积极思考、大胆发言，活动中能共同合作。请对自己在本节课的表现进行评价：

●我会用计算长方形、正方形周长的方法来解决实际问题。（可以举例子）

●我遇到的问题是（　　　），谁有好办法解决？（可以口头表达）

【设计意图】本环节中，让学生继续设计班级展板，通过一个长方形图形的计算来巩固基础知识，然后层层深入，通过"如何摆"去理解图形的变式题型，再创造设计如何节省围栏材料，与开课首尾呼应，培养学生的创新能力和应用意识，同时把要解决的数学问题还原到生活中，培养学生根据生活的实际情况来灵活处理问题的能力，让学生依然保持着学习的热情。课堂这样设计，可以让我们关注到不同层次学生的学习，让他们获取不同的发展。

三、教学反思

《义务教育数学课程标准（2011年版）》指出："要重视从学生的生活实践经验和已有的知识中学习数学和理解数学。"课堂伊始，通过创设情境"围绕照片一周的彩带有多长"的问题激发学生计算图形的周长的心理需求，再到"利用图形的周长计算还原生活：为班级设计更省材料的展板"，情境创设衔接一气呵成。学生在不断地体验中感知数学与生活的紧密联系，感悟根据生活的实际情况可以灵活运用数学知识来解决问题的策略，实实在在体会数学学习的乐趣。

以"爱种子"的理念为指导，教学中需要教师根据问题去教、围绕问题去导，因此，我们根据教学过程中展露出的重难点，对原来的导学案进行"改改用"，重新设计教学方式，强调"以学生为中心"和"以自主探究为主线"，重视学习过程和学习方式，使学生在"个别研究促思考"中获得新知，同时在"协作构建寻策略"这一环节中享受到学习的乐趣。本课所选用的情境有所不同，但能抓住周长本质展开不同计算方法的探索，同时充分利用长方形的特征，在不断对比中优化周长的计算方法，放手让学生展示、让学生说理。教学中通过合理的追问、直观的学具操作、生动的课件（微课）演示、完整的语言描述，让学生真正明晰、理解长方形周长的简洁计算方法，使貌似简单的计算背后有了厚实的算理支撑，丰富了课堂教学的说理性。在教学中，教师要注重放手让学生用简洁的方法计算出正方形的周长，培养学生的类比推理能力。

课堂教学总是会留下一些遗憾，"长方形的周长"这节课的范式教学研究始终在路上。通过这样的实践研究，最深的体会是：教无定法，但我们所有的改进都应该围绕数学的本质和孩子的思维特点去进行。改进无止境，希望我们且学且教且思且珍惜！

第二节 互动探究教学范式

一、缘起

运算力是数学五大核心能力之一，是学生思维品质的体现。互动探究教学模式2.0的变式主要针对"规则教学"，源于思考如何提升学生的运算能力，培养学生检验结果的意识，提高学生的辨析思维能力。"爱种子"互动探究教学体现了低阶记忆思维转化成高阶分析思维的教学过程。互动探究以自主"学得"阶段掌握的基础知识和技能为前提，在互动探究中，基于情景式"习得"教学活动深化知识的理解，提升应用能力和思维能力。教学中以"学生为主体，教师为主导"，呈现多元互动、合作探究的课堂氛围，学生在辨中明白算理，在讨论中获取数学知识，在实践中提升学习能力，在评价中获取学习信心，全方面提升学生的核心素养，让每一颗"种子"都能生根、发芽，结出丰硕的果实。

当前，随着广东省信息技术"爱种子"实验改革的纵深推进，课堂教学逐步由"以教为中心"的传统课堂向"以学为中心"的新型互动课堂转变，这在一定程度上使练习课、复习课有了生机与活力。在平时的互动探究课堂中，学生在学习过程中缺失自主、合作、交流，探究不充分，互动氛围不浓，只是一味地呈现出学生做题—教师讲题出示答案—学生对答案的教学常态，教师还是以上练习课和复习课为主。因此，互动探究课堂没有达到巩固新知的目标，没有提升学生解决问题的能力，学生的实践思维和高阶分析思维的能力没有得到很好的训练。

基于这样的观察、思考和研究，我们发现互动探究教学不是单纯的练习课，更不是练习题的简单堆砌。互动探究教学有两种变式，变式1是"扫雷行动"，变式2是"复习总动员"。模式的变式主要针对"规则教学"，目的都是提升学生的运算能力，培养学生自己检验结果的意识，提高辨析思维能力（思维的严谨性）。我们通过主题研讨、集体备课、教学实践、教学反思、评课议课等活动，对互动探究教学模式进行优化，形成互动探究教学范式。

互动辨析——收集错题，错因归类

迁移应用——融合变式，题组训练

实践设计——提出困惑，深度探究

合作评价——多元评价，反思提升

二、范围

互动探究教学是对已学知识点整合学习的效果检测和对高阶思维能力的进一步提升。习得是一个基于项目情景或场景的实践过程。结合学科知识和生活实际，创设以实践性为主的感知、体验、探究式知识应用习得式教学，引导学生在情境活动中通过互动习得过程达成教学目标。原则上可用三个进程来推动：知识巩固进程，主要对自主学得的知识与技能进行唤醒或激发记忆；深化知识理解进程，创设知识与技能的真实感知、体验式情境或场景，让学生在实践中深化对习得知识的理解；提升知识应用能力进程，创建生活、人文、科学等场景或现实场景让学生去探究、实践，提升知识应用与迁移能力。

互动探究教学变式1是"扫雷行动"，贯穿于每个单元，每学完一个知识内容就会相对应至少有一节互动探究课，目的是在小范围知识里巩固知识的重点，扫除知识的难点和易错点。变式2则是学习完一个单元后的"单元复习"或者"总复习"等内容，根据课时安排和教学实践反馈，设计相对应的互动探究课时，每年级每学期约70课时。

三、策略

互动探究教学是自主学习知识的深化与应用。互动探究的教学策略是在做中感悟知识，在互动、讨论、探究中暴露问题，开展互评互教，促进知识深化理解。教师在习得过程中发现学生的个性化、差异化问题，开展反思式教学，引导学生辨识、分析问题，提升解决问题的能力。

（一）互动辨析——收集错题，错因归类

互动辨析这一环节突出学生能力的提升和策略的优化。回顾知识点，整理辨析知识类别；对所学知识进行检测或者让学生对多种答案进行辩论。变式1中增设了错题收集和错因分析（即"我会扫雷"）。互动探究教学的有效性决定于自主学得所掌握的基础知识与技能是否牢固。因此，教师可根据自主学习阶段的学况数据分析结果来激发知识与技能，尤其是重难点知识，可以通过技术手段刺激学生回顾，唤醒学生记忆，以便更好地开展互动探究活动。例如，组织全班同学用应答器抢答重难点知识，如果反馈数据比较好，就可以直接进入下一个互动探究进程活动；如果反馈数据不是很理想，教师可以进行深层次的激发教学，实现精准教学。

互动辨析是让学生对所学知识进行检测，通过师生互动、生生互动对多种答案进行辨析，在知识技能的基础上寻找规律、理解算理，解决这节课的共性问题。教学中可以利用思维导图或者习题，教师和同学们一起进行知识梳理，一边回忆一边梳理知识的重点、难点和易错点（即"雷点"）。接着，通过错题辨析，从外在表现入手，引导学生展现思维过程，将教学活动引向深处。让学生通过辨析找准每道题的"雷点"，并对错题进行辨析和对错因进行分析，把"雷点"进行归类，在讨论中归纳小技巧，这样更能突出学生能力的提升和策略的优化。

（二）迁移应用——融合变式，题组训练

迁移应用这一教学环节旨在深化对知识的理解与内化，将数学、生活紧密联系问题的多元开放，解决生活问题；或者是融合变式，题组训练，加强融合对比。根据学习的理论创设知识应用场景，教师让学生在做中感悟、体验，是理解和内化知识的最好方法。

《义务教育数学课程标准（2011年版）》强调：数学教学要紧密联系学生的生活实际，从学生的生活经验和已有知识出发，创设生动有趣的情境，引导学生从数学角度去观察事物、思考问题，发展学生的思维能力，让学生体验学习数学的乐趣。迁移应用的设计要激发学生深度思考，促进知识的深层构建和思维能力的提升。教师可以根据平台提供的案例或自主创设案例，组织和引导学生去习得。

（1）先感后仿。即教师先让学生感知示范案例，以在感知中感悟和深化理解，然后再给予学生同类案例实现内化提升，并组织学生仿做习得。教师根据仿做过程暴露的问题进行点评。

（2）导习融合。教师根据案例，采用引导、启发的方法，诱导学生去探究知识、发现知识。教师根据关键知识点暴露的问题进行点评或引导反思。

（3）先习后导。先把案例推送给学生开展自主或合作实践，然后根据实践习得过程暴露的问题，教师组织反思式教学。

迁移应用是将数学、生活紧密联系在一起，这个环节的设计题目要多元化，体现开放性。借助生活中的原型，实现教学与现实生活的密切联系，能提高学生解决问题的意识和能力，提升他们的思维。小组学习的设计题组训练，要注意题组设计的针对性、层次性，由易到难，由浅入深。形式上，要侧重问题解决的策略优化，能充分体现互动课型的优势。

（三）实践设计——提出困惑，深度探究

实践设计这一环节是为提升知识应用能力，主要是创设知识与技能应用主题活动，以检验学生的知识运用能力和思维能力。例如，学生自己针对已学的易错点出题，互相解题。教师根据知识达成目标，设计主题要求和条件，让学生去构建实践。例如，编一道数学应用题，根据分数的意义设计美丽的图案。在案例的设计中要注意：

（1）结合学科知识和生活实际，创设以实践性为主的感知、体验、探究式知识应用习得式教学案例，引导学生在活动情境中通过互动习得过程巩固自主学得的知识与技能，在实践中深化知识的理解，在现实场景中提升知识迁移应用能力。

（2）在案例资源设计中融入信息技术评价方法，采集过程性反馈数据信息，把知识学习的关键和核心问题暴露出来，激发学生合作反思、发现问题、互动辨识问题和解决问题。

（3）教师在互动探究教学中主要是组织、引导、启发学生，在习得的实践中根据即时反馈的问题引导反思。

互动探究（变式1）的实践设计中，有一个"我来埋雷"的亮点题，由学生之间相互出题、互相解题，以"你埋了几个雷""你踩中了几个'雷点'""你雷倒同学了吗？"等为学习目标，"埋雷"注重开放性和策略的优化，让孩子在充满挑战性、趣味性的辩论学习中度过。例如，实践设计（"我来埋雷"）。

我来出题：请你出一道三位数除以一位数，商是两位数的题。

□□□÷□＝□□

学生出题时根据在第一环节互动辨析中通过"扫雷"归纳出来的"雷点"进行思考出题，这是考量学生自己总结归因的好方法，培养学生养成好的思维习惯。完成后教师用问题串反馈"埋雷"的成果，并选择有代表性的两名学生进行汇报。提供平台让学生大胆表现，介绍自己在思考"埋雷"时的"杀手锏"。学生在互动中积极主动地参与学习，增加学习的趣味性，让学生在"埋雷"中找到学习的自信心，提高学生思辨问题的能力和运用高阶分析思维的能力。

（四）合作评价——多元评价，反思提升

合作评价，这一环节体现多元评价，是对实践设计环节进行合理评价，或者是课堂检测，互相评价。《义务教育数学课程标准（2011年版）》明确指出："评价的主要目的是全面了解学生数学学习的过程和结果，激励学生学习和改进教师教学。"合作评价是让学生根据"实践设计"对自己进行评价，包括对自己设计的作品进行评价，在准确表达、欣赏同学方面进行评价，对课堂习题的检测评价等。

教师可向学生提出："你最喜欢哪一幅作品？请你说一说喜欢的理由。"学生创造出美丽的作品，教师可以马上用手机上传作品，学生的作品得到肯定，增加了学习自信心，并让学生用丰富的语言来评价作品，从而运用信息技术，可以让学生看到丰富多彩的数学世界。最后，学生通过手中的应答器完成自己对本节课的学习效果的检测，用行动来进行星级评价。让学生敢说、爱说，从而提高学生的知识运用能力，还可以提升学生的审美能力。对本节课所学知识进行检测，并互相评价，可以是教师评价、学生评价、小组评价、课后评价等多元评价方式相结合。

互动探究变式1的合作评价一（见图2-2-1）可以利用应答器自评、口头自评、学生互评、教师评价等，激发学生的学习内驱力。在评价中充分借助应答器，对学生自评进行数据分析，对小组合作学习进行有效的评价，从而更好地达到以评促学的目的。变式2的合作评价二（见图2-2-2）在本环节首先采用课堂检测书面评价，接着采用让学生自己评、教师评、同学互评、小组内评、课后评等多元的评价方式，通过课堂检测中学生的卷面情况和大数据的记录，教师可以了解学生的学习情况，帮助学生查漏补缺，为后续的教学提供依据。

项目	评价内容和标准	自评
作品	我能准确用分数来表示	☆
表达	☆：我能大方地说 ☆☆：我能准确、清晰地说	☆☆
欣赏	☆：我能安静听同伴说 ☆☆：听完能提出好方法	☆☆

图2-2-1　合作评价一

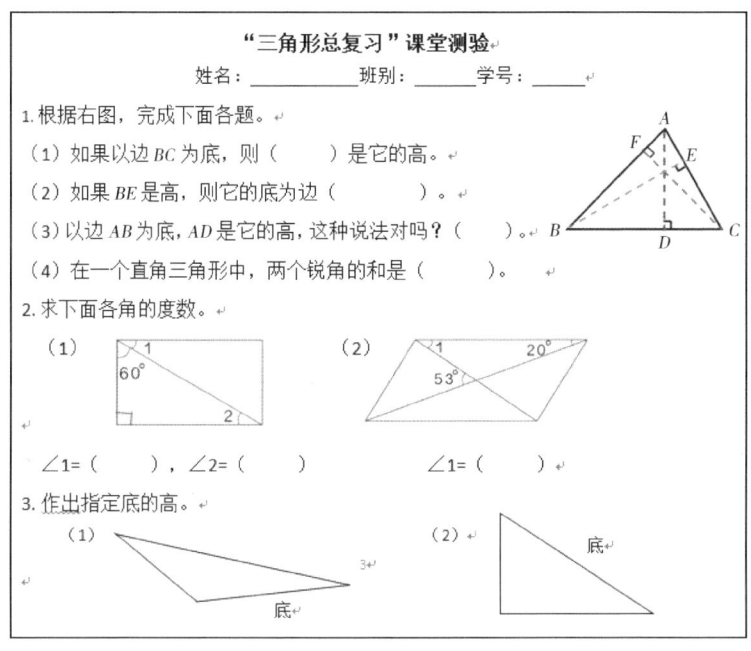

图 2-2-2　合作评价二

四、建议

（一）用数据指导精准教学的思维转变

大数据支持的教育，是智慧教育，是结合教育经验和大数据支持的全新教育教学改革。教育大数据应用主要体现在反馈、个性化和概率预测三个层面。教育大数据可以全面反馈个体学习者的学习状况，提供全方位的数据展示，从而使教师可以根据每一位学生的实际来制订个性化的干预和指导，进而促进学生的自主成长和个性发展。现代教育将逐步成为一门有据可依、有章可循的实证科学。

在"爱种子"教学模式中，我们可以利用平台设计多样的、有需要的当堂练习题目，让学生利用应答器进行回答，教师根据平台反馈的数据找准知识薄弱点和学困生，进行及时的反馈与指导学习，实现精准教学和个性化教学。

（二）互动探究教学的多元评价

1. 评价的多元性

《义务教育数学课程标准（2011年版）》明确指出："评价的主要目的是全面了解学生数学学习的过程和结果，激励学生学习和改进教师教学。"互动探究的多元评价，可以利用"爱种子"平台特有的应答器对学生在各个环节中的表现进行自我评价和小组评价；可以进行答题后的反馈评价；也可以利用平台的评价工具激励学生；还可以利用真诚、富有激励性的评价语言进行师生评价、生生评价、小组评价。让学生在评价中获取最为客观的认知反馈，增加学生学好数学知识的信心，获得自身努力方向的指引。互动探究教学可以让学生在多元评价中展开良好的师生互动、生生互动的学习过程，营造民主、平等、和谐的课堂氛围。

2. 学业评价

小学数学学业评价不仅要关注学生的数学学习成绩，也要发现和发展学生多方面的潜能，了解学生发展中的需求，帮助学生认识自我，建立自信。互动探究课的学业评价是让学生在梳理知识和巩固知识中温故知新，建立自信、提高能力。温故重在查缺补漏，学生自学能够掌握的知识不再补，补的是那些学生容易遗忘的、经常出错的知识。知新重在将重点知识、易错的知识进行归类和题组训练，构建新的知识网络，将知识升华为解决生活问题的能力，从而提高学生的思辨能力。通过互动探究课的学业评价，让每一个学生都取得进步，让每一个学生都获得全面发展，让每一个学生都有发展的动力。

（三）互动探究教学的融错化错，错因归类

特级教师华应龙的教育教学思想中，最亮的招牌就是"化错教学"。互动探究教学充分体现了融错化错的教学理念，要求对错因进行归类。

1. 教师要创造机会，暴露差错

心理学家盖耶指出："谁不考虑尝试错误，不允许学生犯错误，就将错过最富有成效的学习时刻。"教师和学生要把错误作为一种资源，在日常教学中，要求教师和学生设置"错题本"。教师"错题本"用来收集和整理学生在练习时、作业时、检测时出现的典型题和易错题，及时记录、分析错误的原因，反思教学中的不足，并做出适当调整，为互动探究教学做好"扫雷"准备。

2. 学生要勤于"拾错"，悦纳差错，进行错因归类

帮助学生认识到"错误是创造的开始"。"拾错"是为了不错，建议学生用"错题本"将自己在每天学习中的差错摘录下来，弄懂错误的原因，及时改正和归类。教师利用课余时间，引导学生相互利用"错题本"进行出题、解题，每个月进行分享会：统计"你雷倒了几个同学"，说说你有什么小妙招，从而评选出"扫雷小达人"。练习和评价相结合，实现精准查漏补缺，更能激发学生的学习主动性，养成良好的自我检讨和自我修正的好习惯，达到互动探究教学习得的最佳效果。

3. "雷点"精准教学

互动探究的"雷点"就是学习知识的重点、难点和易错点，"雷点"宜精要准，实现精准教学。教师要结合"雷点"来分析每一道练习题，然后师生共同探讨"避雷"的妙招。

（四）时间分配的建议

结合一节数学课 40 分钟的教学时间，互动探究中四个教学环节的时间分配大致以 10∶12∶10∶5 的比例开展，留 3 分钟机动时间作为导语和课堂评价用时，教师也可根据课堂实际情况进行调配。

【教学案例2】

突显"四得"，互动探究教学也精彩
——以北师大版小学数学三年级下册"认识分数"（"扫雷行动"）导学案为例

清远市清城区新三角小学　梁少容

一、课前慎思

《义务教育数学课程标准（2011年版）》提出：教学活动是师生积极参与、交往互动、共同发展的过程，应调动学生的积极性，使学生的创造性思维得到发展。学生学习应当是一个生动活泼的、主动的和富有个性的过程。认真听讲、积极思考、动手实践、自主探索、合作交流等，都是学习数学的重要方式。构建一个协同创新的共同体，探索基于互联网的自主学习、互动探究、主题拓展的新型教改模式，用"学得、习得、教得、评得"的过程实现教学目标。"爱种子"互动探究教学模式2.0以"互动辨析—迁移应用—实践设计—合作评价"四个环节展开教学，是以"互动"为主，突出辨析能力和思维能力的探究。互动探究教学能更好地实现"四得"，对实现课程目标发挥着重要的支撑作用。

依据小学阶段学生的认知特点，分数的知识安排在两个学段，第一学段即三年级下册第六单元，是对分数的第一次认识。在认识了整数和小数后，学生第一次认识分数，分数的认识是学生关于数的认识的又一次扩展。本单元主要学习分数的初步认识、简单的分数大小比较和同分母分数的加减计算。"练习五"是配合"认识分数"单元的练习题。在教学中，既要使用教材，又要超越教材，在深刻理解教材编写意图的基础上，立足学情大胆取舍，重组利用，力求教学效果的最优化。本课主要通过"扫雷行动"帮助学生梳理知识，找准知识的"雷点"，扫除知识的"雷点"，并学会"埋雷"，灵活运用分数的意义的知识，为学生第二学段学习相关分数知识奠定良好的基础，从而促进师生"学得""习得""教得""评得"这"四得"的实现。我们通过主题研讨、集体备课、多次磨课、评课议课等活动，对原导学案设计进行再加工，从而更好地突显"四得"，形成互动探究教学范式。

二、教学实践

活动一：互动辨析——收集错题，错因归类

1. 知识梳理，回顾"雷点"思维导图。

师：（过渡语）同学们，我们前几节课已经学习了分数的意义和比较分数大小，从练习和作业中可以看出大家掌握得很好，但老师也发现了一些同学们容易出

错的地方。这节课，我们一起来扫除这些障碍，争当"扫雷小卫士"。（师生一起回顾"雷点"思维导图）

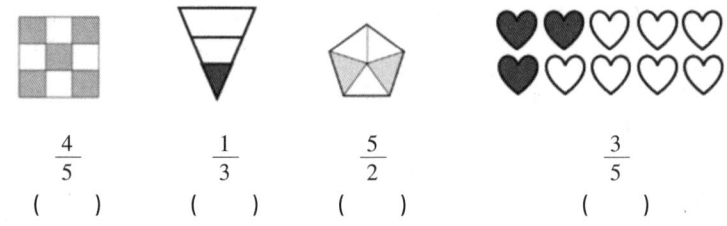

2. 收集错题，雷点归类。

师：下列图形中，阴影部分的表示方法对吗？（对的在括号里画"√"，错的画"×"）

图形	$\dfrac{4}{5}$	$\dfrac{1}{3}$	$\dfrac{5}{2}$	$\dfrac{3}{5}$
	（　　）	（　　）	（　　）	（　　）

（1）学生用应答器答题。

（2）查看答题数据。

师：（追问）为什么错？错在哪里？怎么改正？

板书重点知识：分数各部分名称和意义。接着重点辨析第4小题，给予适当的评价。

（3）错因归类，分享妙招。

师：（小结）做这些题时，你觉得这些题的易错点（即"雷点"）是什么？你有什么好的小妙招或者小法宝和同学们分享一下吗？

【设计意图】回顾知识点，利用"雷点"思维导图整理辨析知识类别，并对所学知识进行检测，或者出示错题，让学生对多种答案进行辩论。找到每一题的"雷点"进行归类：①平均分；②分数各部分表示的意义；③涂色部分与所写分数是否一致；④在集合背景下能用分数表示集合中的部分事物。最后错因归类、分享妙招，以达到巩固知识的目的。

活动二：迁移应用——融合变式，题组训练

师：（过渡语）下面，我们运用刚才总结出的小技巧来解决下面的问题，要注意不要"踩雷"哦。看谁是厉害的"扫雷小士兵"，做得又对又快！

1. 涂一涂，填一填，比一比。

（1）学生独立完成。

黑星占全部星星的 $\frac{(\ )}{(\ )}$

白星占全部星星的 $\frac{(\ )}{(\ )}$

用上面写出的分数来比较大小：

$\frac{(\ )}{(\ )} \bigcirc \frac{(\ )}{(\ )}$

（2）教师巡视并选择不同答案的两名学生的作品并用手机拍照上传讲评。

师：你比较分数的方法是什么？

生1：我先看分数，看它们是分母相同，还是分子相同。

生2：我是看哪种颜色的星星比较多。

（3）小结"雷点"：明确把全部星星看作一个整体，无论涂什么颜色分母都相同，比较大小就是比较涂色部分的多少。

（"雷点"：分母相同，分子大的分数就大）

师：（过渡语）非常棒！要牢牢记住比较分数大小的"法宝"哦，现在老师再考考大家，下面这些分数又怎样比较。

2. 涂一涂，比一比。

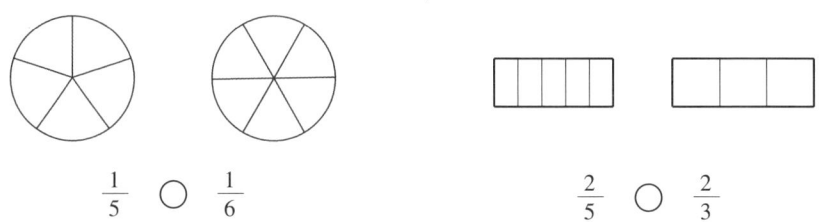

$\frac{1}{5} \bigcirc \frac{1}{6}$ $\frac{2}{5} \bigcirc \frac{2}{3}$

（1）学生独立完成。

（2）小结"雷点"：一个物体平均分的份数越多，其中一份所占的面积就越小。

（"雷点"：分子相同，分母大的分数反而小）

【设计意图】这一环节是将数学、生活紧密联系起来，解决生活问题。通过融合变式、题组训练，加强融合对比，让学生涂一涂、填一填、比一比，及时对学生学习成果进行讲评，充分体现问题的多元开放，让学生在动手中思考，在思考中顿悟。

活动三：实践设计（我来"埋雷"）——提出困惑，深度探究

师：（过渡语）刚才通过涂一涂、比一比，我们更加明确了分数的意义和比较分数大小中容易出错的地方（"雷点"）。接着，我们来互相出题，比一比谁最厉害，可以巧妙地"埋雷"并完美地击破对方的"雷点"。心动不如行动，大家快快

行动起来吧!

1. 我来出题：请写出分子相同或分母相同的两个分数，让同桌比较它们的大小。

$$\frac{(\quad)}{(\quad)} \bigcirc \frac{(\quad)}{(\quad)}$$

（1）同桌相互出题、解题。

（2）口述：说说题目中的"雷点"在哪？你有被"雷"到吗？/你有成功"雷倒"你的同桌吗？为什么？你有好办法跟大家分享吗？

（"雷点"：比较分数大小的方法）

师：（过渡语）同学们真会学以致用，果然难不倒大家，那老师也出一道题来考考大家，请看!

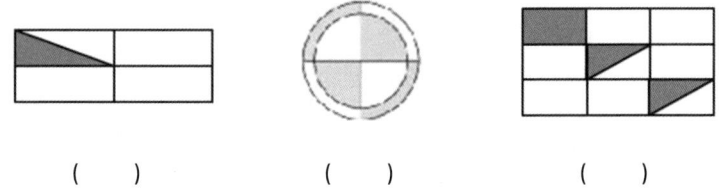

( )　　　　( )　　　　( )

2. 观察下面各图，说说涂色部分占整个图形的几分之几。

（1）小组合作交流：

①说说涂色部分占整个图形的几分之几。为什么？

②你喜欢哪一幅图，为什么？它像什么？

（2）小组汇报。出示各小组不同的答案。（引导学生用平移和旋转的知识回答）

师：（过渡语）我们班的同学真聪明！现在请大家利用今天所学的知识为我们班设计一个班徽，好吗？

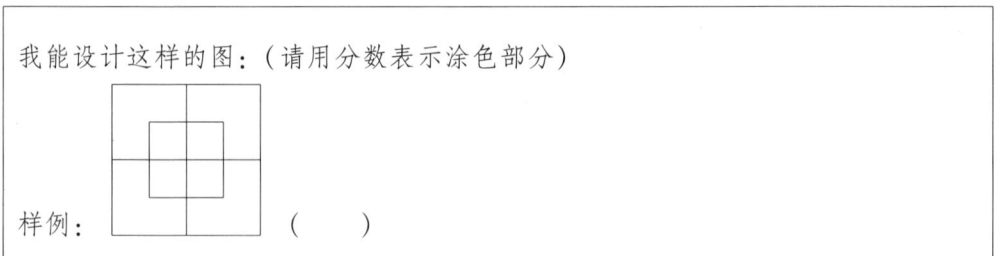

师：（小结）看，黑板上同学们设计的作品真是多姿多彩！有的源自生活中的现象，有的来自同学的奇思妙想……你最喜欢哪幅作品？请你说一说理由。

（"雷点"：用局部平移或旋转的方法，把复杂的图形变简单）

【设计意图】自己针对已学的易错点（"雷点"）出题，然后互相解题。通过交流反馈把错例归因，在实际生活中理解知识、解决问题。小组合作交流，营造生生互动交流、互帮互助的学习氛围，教师引导学生深度研讨学习中的疑惑，发挥学习共同体的作用，促进深度学习。对作品的评价体现了教学中除了关注学生的学习成果外，还关注情感和能力的评价，将数学与其他学科进行整合，培养数学核心素养。

活动四：合作评价——多元评价，反思提升

师：（过渡语）同学们，老师觉得这节课大家的表现都棒棒哒！你对自己的表现满意吗？请拿出应答器自我评价吧。这节课，你推荐谁为"扫雷小达人"呢？为什么？

项目	评价内容和标准	自评
作品	我能准确用分数来表示	☆
表达	☆：我能大方地说 ☆☆：我能准确、清晰地说	☆☆
欣赏	☆：我能安静地听同伴说 ☆☆：听完能提出好方法	☆☆

【设计意图】小学数学学业评价不仅要关注学生的数学学习成绩，也要发现和发展学生多方面的潜能，了解学生发展中的需求，帮助学生认识自我，建立自信。这节课是互动探究变式1，可以采用多元化的评价方式。例如，利用应答器自评、口头自评、学生互评、教师评价等，让学生对实践活动环节中的合作表现进行评价，发挥评价的激励作用，提高学生学习数学的自信心，使之成为学生学习的内驱力。

板书设计：　　　　分数的意义（"扫雷行动"）

　　　　分子　　5　　取了几份　　　分母相同，分子大的就大
　　　　分数线　——　平均分　　　　分子相同，分母大的反而小
　　　　分母　　9　　平均分成几份

三、教学反思

在本节课的教学中，我采用了"爱种子"互动探究课型的四个环节"互动辨

析—迁移应用—实践设计—合作评价"的教学模式进行上课。此模式具有可操作性、开放自主、合作交流、创意思维等特征，摒弃了以往练习课的题海战术。

1. 精讲精练。

使练习课不再是"蛋炒饭"，让孩子们对分数的理解，如同理解一个人。教师就像一个导游，引领学生在分数知识的海洋中畅游，获取知识，发展数感，使学生在脑海中形成分数模型，提升学生的数学素养。

2. 转化学习的能力。

通过给孩子们提供自主探究、总结反思的机会，让孩子们在开放性的学习中大胆地说、大胆地辩、大胆地运用所学知识，发现知识之间的联系，掌握思维方法。

3. 多元互动。

在教学中注重师生互动、生生互动、小组内互动、同桌互动，让孩子们在多元互动中探究学习、自主学习。在教学中要注意以下几点：第一，放得开、收得拢。学生合作交流评价创意作品时，会偏离作品的数学内涵，教师一定要提醒孩子用数学语言评价作品，用数学的知识来解决问题。第二，要在操作中思考。要处理好直观操作与抽象知识的关系，动手操作不是涂一涂、画一画的游戏，重点是学生在动手之后学会观察思考，从思考中顿悟，获取知识、掌握方法、发展思维能力。第三，加强生生互动。合作交流时，教师多关注学困的孩子群体，多互动、助信心，促其一起成长，共同进步。

因此，本节课的设计就是要让学生对分数这个单元"产生好感"，把数学复习课化为数学知识"扫雷行动"，整节课以"我会找雷点、我会扫雷、我会埋雷"为主线，设计开展趣味学习活动。教师作为学生与分数之间的"搭桥人"，要帮助孩子们扫除学习上的一切疑惑，增强学生的学习自信心，努力提升学生的学习能力。孩子们一节课都进行着"扫雷""埋雷"的数学"扫雷"行动，还记得下课时，有一位孩子跑过来跟我说："老师，我课余时间还要出题去'雷'我的同桌。"孩子们兴趣盎然，意犹未尽。

第三节　主题拓展教学范式

一、缘起

随着育人目标和教学模式的更新，传统的单一课堂授课形式逐渐发展为综合课堂教学。这类综合课堂强调教学内容和教学方法的开放，注重学生的主体地位，以期每位学生都能参与其中。在数学学科教学中，实现拓宽课程知识范畴和提高学生综合能力的同时，保持教学本身的主题聚焦，"主题拓展"课型应需而生。与倡导"自主学、合作学"的"自主学习"课型和倡导"实践探、协同究"的"互动探究"课型有所不同，"主题拓展"课程对学生的思维能力有更高阶的提升，它倡导在学生能熟练地应用知识与技能解决问题的基础上，通过创设情境融合关联知识的方式，结合生活，对知识进行拓展和综合应用，进一步促进学生的创新能力，促进学生文化素养的发展。

要实现主题拓展教学的有效开展，需要在课程内容和数学活动的设计上加以制定和落实。带着这样的思考，我们在"爱种子"背景下对主题拓展课型进行了以下范式的探索与实践。

主题阅读——阅读生活，产生活动任务
脑洞大开——梳理问题，提出设计方案
创意设计——探索运用，经历动手实验
分享评价——内化提升，归纳交流反思

二、范围

小学阶段的主题拓展教学内容在各大版本的数学教材中都有涉及，如"数学广角""数学好玩""你知道吗"等。但主题拓展的教学并不只是这部分内容的简单呈现，而是一种基于教材又高于教材的创新，它是教师读懂教材、加工教材的过程，更是尊重教材、超越教材的体现。"爱种子"实验团队在认真研读教材的基础上，研发了一系列符合学生年龄、学段特点的主题拓展课（见表2-3-1）。

表2-3-1 主题拓展课

册别	主题	主要知识点
一年级上册	一起做游戏 淘气的校园	区分基数和序数、方向 比大小、10以内的加减法、认识钟表
一年级下册	环保回收站 神奇的七巧板	分类、比大小、20以内的加减法 观察物体、平面图形
二年级上册	好玩的动物园 班级旧物市场	数的读写、认识时钟 乘法口诀、表内乘法、分类
二年级下册	评选吉祥物 今天我当家	统计、100以内的加减法 方向与路线、时间、有余数的除法
三年级上册	玩转超市 校园中的测量	三位数加减法、里程表、两位数乘一位数 周长、时分秒、乘法

续表 2-3-1

册别	主题	主要知识点
三年级下册	一张白纸中的数学 小小设计师	周长、面积、质量、厚度 轴对称、平移
四年级上册	我就是神探 滴水实验	编码、找规律、推理 较大数的读写、计算器、单位换算
四年级下册	超市体验日 三角板的魔术	小数加减法、小数乘法 画角、量角、垂线、平行、三角形的分类
五年级上册	小小销售员 分蛋糕的秘密	循环小数、因数和倍数、多位数乘除法 分数的基本性质、可能性、多边形的面积
五年级下册	有趣的验证 智游"清远"	体积、表面积、中位数和众数 租车问题、统计、多位数乘除法
六年级上册	乒乓球比赛 数学的"体面" 快乐的集邮家	排列与组合、找规律、概率 旋转、面积、体积 鸡兔同笼问题、统计、统筹问题
六年级下册	未来建筑设计师 生活中的"钱生钱" 立体图形对对碰	确定位置、比例尺、图形的绘制 利率问题、买送促销问题 体积、表面积、按比例分配

三、策略

（一）主题阅读——阅读生活，产生活动任务

英国数学家怀特海曾说：教育只有一个主题，那就是五彩缤纷的生活。教师在开展主题拓展教学时就要充分利用学生的生活经验引出数学问题，激起一种学习的需求，使学生能积极主动地投入学习探索之中。

通过主题阅读，教师让学生从熟悉的生活现象和感兴趣的事物出发，从而发现数学问题，产生活动任务。在这一环节中教师要遵循两个原则。

1. 主题生活性原则

在数学教学中，学习兴趣是学生获取知识过程中的一个积极、活跃的心理因素，学生的学习兴趣主要倾向于学习活动本身和教学内容的趣味性。进入校园学习的学生不是一张白纸，他们的头脑中，已经积累了许多生活经验。教师要让学生对产生的任务感兴趣，在设置主题时必须充分挖掘生活元素，为学生提供丰富的学习

资料，如文字、图片、视频、动画等，再结合听故事、看视频、动手操作、再现生活情景等容易让学生产生共鸣、投入的方式，往往能让学生更顺利地发现数学问题并产生活动任务。

2. 主动发现问题原则

为了充分调动学生的参与意识，让他们真正参与到课堂教学活动中，教学时不要急于抛出问题或任务，而是让学生在教师的引导下，经过积极思考，把问题提出来，主动达成任务驱动。如"三角板的魔术"一课，在让学生拿出一副三角板说说每个角的度数后，教师适时激趣："我能说出更多的度数。"学生头脑中会立即充满疑问："真的吗？""还有哪些度数？""怎么得到更多的度数？"这样的主题阅读所产生的活动任务能更持久地维持学生的活动参与热情。

（二）脑洞大开——梳理问题，提出设计方案

学生在主题阅读中发现了数学问题，教师要及时组织学生进行同桌或小组的讨论交流分析，整理出有价值的数学问题，并围绕问题的解决提出相应的设计方案。通过"脑洞大开"环节，引导学生有序思考解决问题的策略、方法及完成任务的思路、方式，在一次次的交流中帮助学生构建设计方案的框架。这一环节可以分两步进行。

1. 分析任务，熟悉活动知识

在明确需要开展的活动任务后，通过师生交流、生生交流的方式分析任务：应当如何去解决面临的问题？从哪里去获取相关资料？怎样寻找相关帮助？需要运用哪些数学知识？以此帮助学生形成解决问题的大体思路，熟悉活动的相关知识。需要提醒的是，在这个过程中，教师不要直接告诉学生如何去做，而是要向学生提供解决问题的线索，让他们从中学会独立思考。

2. 示范案例，给予实践提示

相较于其他课型，主题拓展课注重学生的探究、体验、经历和思考，但这个过程不可能一蹴而就，它需要一个恰当的范例引导。在分析问题、明晰活动任务后，教师可组织学生学习与主题相关的设计方案、案例，让学生有章可循、有规可依，帮助学生打开设计思路。

例如，"滴水实验"一课在这一环节中的师生谈话：为了让滴水实验更科学、更准确，同学们要做哪些方面的准备？教师结合学生回答板书：实验工具、实验人员、实验分工等。需要做这么多的准备工作，怎么把这些工作更清晰地呈现出来呢？教师利用刚才的板书加工并展示一个简易的方案框架。

（三）创意设计——探索运用，经历动手实验

心理学家皮亚杰指出："活动是认识的基础，智慧从动手开始。"这里的创意设计是对主题学习的综合实践操作环节，由学生自主设计方案、作品，大胆发挥自己的创意，或通过小组合作完成设计，在设计的过程中经历分析、创造等高阶思维的挑战，激发创意思维。

教师在这一环节要根据主题内容进行合理分组，让每个学生都参与其中，根据自己的职责动手操作，切实体验数学的有趣性。学生在自主设计的具体方案的实践过程中，教师要做好活动调控者的角色，需要随时了解学生的动向、困难，做出策略调整。例如，遇到需要小组合作的设计，根据班级实际情况分配好组长和组员的任务，提高设计的时效；遇到设计用时较长、一节课不能完成的主题，可以灵活调整到课后继续完成；遇到需要开展实际调查、资料查阅的主题任务，可以把这一环节安排到下一课时；等等。

（四）分享评价——内化提升，归纳交流反思

要培养学生的思维能力，一种行之有效的方法就是引导学生和同伴交流，在反思中进行内化提升。分享评价这一环节就是结合上一个环节中学生设计的作品进行评价，组织学生相互鉴赏、相互评价，提高学生的元认知。本环节关注评价设计的作品，更关注评价学习过程，特别是学习个体的思维发展和变化。为了避免这一环节流于形式，真正达到"评中学、学中评"的目的，教师可以做以下两方面的引导。

1. 作品展示，合理评价

结合"爱种子"平台的拍照上传功能，展示各小组的设计方案、作品，并对作品逐一进行汇报说明。在这个过程中学生需学会表达自己的想法，包括描述自己的作品和设计意图等，同时还要学会倾听同伴的介绍，再合理评价同伴的作品。教师要注意发现错例并鼓励学生进行辨析，还可以利用应答器选出最佳设计组。

在开展互评互学前，教师要给学生提示观察点和评价要素，以引起学生去关注关键点，进而更好地开展分享评价活动。

2. 反思调整，优化作品

结合不同的评价，引导学生在互评中学会比较、对照，发现他人的亮点，发现自己的错误并修正，学会自我反思、自我调整，达到不断提升自我的目标，在相互碰撞、激发创新思维和能力的过程中优化自己的作品，真正实现学生"学有所得""评有所得"。

四、建议

（一）内容制定

1. 充分考虑学生的主体性

教师作为主题拓展教学任务的设计者，在内容制定时应对学生的实际认知水平

有一定的了解，在设计任务整体架构、实施进度、难易程度时都要充分考虑学生的知识储备、能力水平、兴趣特点等，做到以"学生为中心"。

2. **充分显示知识的综合性**

主题拓展课的一个目的是培养学生的知识综合应用能力，这就要求教师在内容制定时要注重知识的交叉与整合，让学生通过课堂学习对数学知识更加融会贯通。

3. **充分体现任务的层次性**

教师在制定学习主题时要阶梯呈现学习目标，善于把总目标细分成一个个容易实现的"小任务"，体现主题任务的层次性，使学生能顺利地完成"任务"。

（二）多元评价

《义务教育数学课程标准（2011年版）》指出：对学生学习的评价要关注学生学习的结果，更要关注学生的学习过程；要关注学生数学学习的水平，更要关注他们在数学活动中所表现出来的情感与态度，帮助学生认识自我，建立信心。

由于课堂教学是一个多元空间，是在一个连续的时间内进行的，要想对学生学习状况的评价更加客观公正，必然要采取各种各样的评价形式，可以是学生评、教师评、小组互评等。既可对相关知识的综合运用进行评价，也可对学生的创意、情感、表达、策略进行评价，发展学生全面思考问题的系统性思维。

教师还要灵活应用"爱种子"平台特有的应答器评价方式，及时对学生在各个环节中的表现进行评价，可以让学生获取最为客观的认知反馈，增加学生学好数学知识的信心和获得自身努力方向的指引。

（三）教师角色定位

在主题拓展课型的教学中，教师的角色定位有了更明显的变化，其角色定位是要领导教学的全过程。具体定位有三个方面：一是内容的设计者，教师要在课前有针对性地设计教学任务，最大限度地发掘学生的潜能，充分体现和保证学生在学习中的主体地位；二是学习的组织者，课堂上教师要引导学生完成学习任务，而且要在完成任务的过程中培养学生的自主学习能力、思维能力和创新能力，同时根据学生的实际情况及时做出课堂调控；三是课堂的总结者，主题拓展课的课堂学习不仅仅是完成任务，教师要引导学生举一反三，逐步建立相应的知识体系，并启发学生深入思考，把数学学习拓展到更宽广的时间与空间。

【教学案例3】
主题拓展教学范例
——以北师大版小学数学五年级上册"设计秋游方案"导学案为例

清远市清城区凤翔小学　刘聪敏

一、课前慎思

本课例的名称是"设计秋游方案",是北师大版数学五年级上册的内容,本节课的设计是结合本地旅游资源特点,将课例名称稍做改动为《设计"智游清远"方案》,这是一节数学知识的综合与实践课。整个教学设计以学生的实践为主旨,根据学生所学知识设计"智游清远"方案,积累活动经验,逐步提高学生的综合实践能力。

本节课结合"爱种子"模式——"互联网+教学"的新模式,通过平台进行观看视频,运用应答器等手段,引导学生根据学习过程中的自主学习和小组合作学习进行自我反思和合作反思,从而引导开展基于问题的针对性再学习。

通过前测,发现学生们在谈到去秋游前需要考虑哪些问题时,能想到交通、门票等费用,以及时间和各种注意事项。因此,第一课时在课堂上讨论方案框架时比较顺利。另外,学生们经过之前的学习,在数的认识、数的运算、方向与路线、时间、统计等方面都具备了一定的数学知识和能力,也初步掌握了一些解决问题的策略和方法,这些数学能力的储备足以帮助学生完成这个主题活动。但是,平时学生在真实生活情境中主动发现和提出数学问题的机会不多,分析、挑选与问题有关的数学信息和解决问题的能力有待提高。

二、教学实践

活动一：主题阅读——阅读生活,产生活动任务

1. 谈话：同学们,清远是中国最具特色的旅游城市之一,清远有哪些好玩的景点呢？让我们一起欣赏吧（清远旅游宣传片）。

2. 播放清远旅游宣传片（时长约1分钟）。

3. 简要回顾本课第一课时师生共同选择的游览景点。

【设计意图】通过清远景点的再次呈现,回顾上一节课的教学背景：利用本地旅游资源进行人文教育,在出游前产生设计方案,从而导入第二课时的教学。

活动二：脑洞大开——梳理问题,提出设计方案

1. 谈话：为了"智游清远",同学们在设计方案时都做了哪些方面的考虑？

（教师结合学生回答适时板书：时间、路线、租车、门票、游览项目、汇总费用及安全问题等）

2. 谈话：需要收集这么多信息,如果一个人去完成应该是件不容易的事情,你们是怎么收集信息的？

（学生汇报本组如何进行分工合作）

> 组长统筹设计方案并汇总费用，组员分工：
> （　）负责收集古龙峡景点图片和时间安排
> （　）负责了解、设计游览路线
> （　）负责收集租车信息
> （　）负责门票和游玩项目费用
> （　）负责收集游玩安全注意事项
> （　）负责汇总费用

3. 平台展示方案的基本框架。

> 根据收集到的数据，设计"智游清远"方案。
> （1）游览的景点：_____。
> （2）出发时间：_____；返回时间：_____。
> （3）路上所需时间：_____；游览所需时间：_____。
> 　　游览线路：_____。
> （4）租车信息：_____。
> （5）门票：_____。
> （6）注意事项：_____。

【设计意图】通过脑洞大开环节，引导学生有序思考：解决问题的策略、方法，完成任务的思路、方式，在一次次的交流中帮助学生构建设计方案的框架。

活动三：创意设计——探索运用，经历动手实验
1. 播放视频，了解各小组收集信息、设计方案的过程（约1分钟）。
2. 用应答器为自己在设计"智游清远"方案时的表现进行自我评价。

【设计意图】通过任务驱动，让学生按照基本框架要求，以小组为单位共同协作完成出行方案，使信息整理与制订设计方案的过程成为学生共同学习的过程。

活动四：分享评价——内化提升，归纳交流反思
1. 全班交流设计方案。
（1）展示各小组的设计方案。
（2）负责同类信息收集和整理的学生组团参观学习交流。
（3）要求：在参观学习时，重点关注自己负责的那部分跟其他小组比较有什么不一样，与其他同学交流哪个小组的设计更合理、更智慧。

【设计意图】在开展互评互学前，教师给学生提示观察点和评价要素，以引起学生去关注关键点，进而更好地引导开展评中学、学中评活动。

2. 全班交流，分享评价。

（1）谈话：一轮参观下来，老师发现大家的作品形式多样、图文并茂，这么有创意是怎么做到的呢？我们来听听各个组长是怎么说的！（平台播放视频）

（2）结合方案的基本框架，引导学生按项目逐一进行分享交流，注意发现错例并鼓励学生进行辨析。（适时板贴）

（3）利用应答器选出项目最佳设计组。

3. 整理设计出最优方案。

4. 知识小结。

在设计方案的过程中，你用到了哪些数学知识和方法？

【设计意图】通过分享设计方案，组织学生互评互学活动，让学生在评中学、学中评，相互促进、相互反思，在相互碰撞、激发创新思维和能力的过程中共同形成最优方案，真正实现学生"学有所得""评有所得"。

【布置作业】为全家人设计一份出游方案吧。

请对自己本节课的表现进行自我评价。（应答器）

【设计意图】学生在本节课经历了明确活动任务—明确设计方案准备工作—分工收集数据与材料—动手整理实验数据与材料—在以上工作的基础上设计方案—全班交流—补充完善方案—自我评价整个过程，真正提升了自己的综合实践能力。教师也在学生系列活动中不断反思、调整，"教有所得"。

三、教学反思

本课例选择"多技术整合环境"进行教学，课堂导入让学生观看精彩的清远旅游宣传片激发学生的兴趣。在整个课堂讲授中，通过"爱种子"平台，运用应答器多次进行评价和投票，评价形式多样，有学生的自我评价、小组评价等。通过使用应答器，能及时收集学生的学习情况，并根据反馈情况很快地对教学过程进行调整，既节省了教学时间，也大大提高了教学质量。通过组织学生开展互评互学活动，让学生在评中学、学中评，相互促进、相互反思、相互碰撞，激发创新思维和能力。

第三章
数与代数教学范式构建

　　数与代数的内容是小学数学课程的重要组成部分，对学生来说具有丰富的教育价值，一直受到教师们的高度重视。这部分课程的核心内容包括数的认识、数的运算、式与方程、常见的量、解决问题等，各个内容之间具有一定的结构性与关联性。作为教师，掌握并运用相应的教学范式进行教学，能更有效地组织学生自主学习，充分促进学生的个性发展，培养学生的数学素养。本章分为八节，主要阐述数与代数板块各个教学内容教学范式的构建、适用范围、运用策略及注意事项，特别说明的是第七节"解决问题"、第八节"列方程解决问题"的教学范式是解决数与代数板块的问题。

第一节 "数的认识"教学范式

《义务教育数学课程标准（2011年版）》把小学数学课程内容分为数与代数、图形与几何、统计与概率、数学好玩四个板块。数与代数是小学数学课程的重要内容，这部分的内容包括数的认识、数的运算和常见的量，其中，数的认识是数与代数板块学习的基础。在小学 1—6 年级，数的内容在不断扩充，由自然数到分数再到小数。将整数、小数、分数纳入一个系统，发展对数的认识，构建相对完整的数系，可为后续有理数及无理数的学习做好准备。在小学阶段，整数、小数、分数各个教学内容之间联系紧密，后续学习内容是对前一个内容的扩充，前一个内容是后一个内容的一部分，具有一定的规律性。这样的编排便于体会"数的认识"的内在联系与规律，便于运用知识的迁移学习新知识。为了便于操作和推广，笔者在不断尝试探索中梳理提炼出了基于"爱种子"实验背景下"数的认识"教学的一般范式。

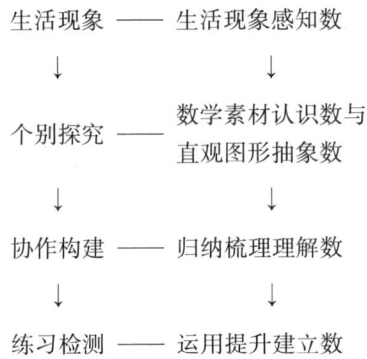

一、范式的适用范围

"数的认识"贯穿小学阶段 1—6 年级，从纵向看，包括整数、小数、分数、百分数的有关概念，也包括负数的初步认识；从横向看，可以归纳为五个方面的内容，即数的意义、数的读法和写法、数的大小比较、数的性质、数的改写。为了体现课程知识的整体性和学生知识习得的结构性，笔者梳理了北师大版 1—6 年级数学教材，具体内容见表 3-1-1。

表 3-1-1　北师大版 1—6 年级数学教材知识点分布

数的分类	知识点分布	教材位置
整数的认识	10 以内数的认识及比较大小	一年级上册
	20 以内数的认识及比较大小	一年级上册
	100 以内数的认识及比较大小	一年级下册
	万以内数的认识及比较大小	二年级下册
	亿以内数的认识及比较大小	四年级上册
分数的认识	分数的初步认识及比较大小	三年级下册
	分数的再认识及比较大小	五年级上册
	百分数的认识	六年级上册
小数的认识	小数的初步认识及比较大小	三年级上册
	小数的再认识及比较大小	四年级下册
其他数的认识	自然数、整数、正数、负数	四年级上册
	倍数、因数、质数、合数	五年级上册

以表 3-1-1 的内容作为教学内容的"自主学习"课型均可应用基于"爱种子"实验背景下"数的认识"的教学范式。

二、范式的运用策略

（一）生活现象——生活现象感知数

弗赖登塔尔认为，普通常识对学生的数学学习非常重要，他们学习数学离不开现实生活经验。对小学生来说，数学知识在一定程度上并不是"新知识"，而是一种"旧知识"，因为他们在生活中已经有许多关于数学知识的体验。

策略一：从生活现象出发组织教学

学生开始认识数时，一年级数学教材上册、下册均编排了"生活中的数"这一内容。例如，10 以内数的认识，引领学生从日常生活中常见的 1 个太阳、2 只小鸟、3 个苹果、4 朵花等去体验数、探究数，初步感知数的概念和大小。学习大数时，学生认识数的范围扩大了，学生可借助数花生、数豆子等日常活动来认识更大的数，初步感受大数与生活的密切联系。

策略二：用操作帮助学生具体感知

"数的认识"的教学重点在于使学生从数量抽象到数，抽象离不开直观的支撑和操作，如计数器、小棒、图形等，让学生亲自数一数，摆一摆，圈一圈，画一画。学生数的过程也是一一对应的过程，同时可以感受具体的数量。

（二）个别探究——数学素材认识数与直观图形抽象数

1. 数学素材认识数

数学素材既可以来源于课本，如文本、图片，也可以来源于生活，如花、草、虫、鱼等，这些都可以为教与学服务。学生的数学学习过程就是一个不断丰富素材、积累素材的过程。

策略：利用多种素材认识数

大数在现实生活中普遍存在，认、读、写大数是学生必须掌握的一项技能，而学生在刚接触大数时会有一定的困难，教学时充分利用计数器、方块等直观模型，能更好地帮助学生认识数。例如，认识"千"，教学时可安排用计数器拨数的活动，由9拨出10、由99拨出100、由999拨出1000。在拨的过程中，学生会自然地体会到1000就是999再多1，每一个数位"满十"都要向前一位"进一"。利用计数器这一直观模型，使学生既认识了"千"，又巧妙地突破了数数中的难点。再如，在方块模型中，10"条"组成1"片"，表示100，10"片"组成1"块"，表示1000。"个""条""片""块"不仅可以帮助学生体会"满十进一"，还形象直观地让学生认识1000，感受1000有多大。

在数的认识中，除了教材中提供的实物、图片素材，还可以放手让学生挖掘各种素材，让丰富的素材激活学生的数学思维，拓展学生的视角。

2. 直观图形抽象数

数学家希尔伯特指出：直观图形可以帮助我们发现、描述研究的问题；可以帮助我们寻求解决问题的思路；可以帮助我们理解和记忆得到的结果。依托、利用直观图形，能帮助学生从丰富的素材中抽象出数的模型，更好地理解数的意义。

策略一：利用"自主学习任务单"自主探索

"爱种子"教学模式下的数学课堂是"以学生学为中心，教为学服务"，学生是学习活动的主体，是学习的主人。基于以上理念，教师可以精心设计"自主学习任务单"，并以任务单为导引驱动学生自主学习。学生通过自主探索，充分体验数的形成过程，教师可与学生一起交互探索。这样的数学课堂改变了一问一答灌输式的教学方式，让学生成为学习的主人。

策略二：关注从现实情景抽象出数的过程

在学生建立起数的概念之后，就要逐渐让学生脱离"拐杖"，把现实的事物抽象成"数"。例如，从具体的2匹马、2棵树、2头牛、2个人，抽象为"2"这个数。这时用一个数字也是一个特殊的符号来表示数量，已经把具体的单位和这个数量的具体含义去掉，抽象为数"2"。反过来，2可以表示任何具有2这样数量特征的事物，如2支铅笔、2个人、2只小动物……随着教学的深入，还要引导学生认识到数的丰富含义，比如计数的数、数量的数、度量的数和计算的数。

（三）协作构建——归纳梳理理解数

皮亚杰认为，人类知识的形成发展是构建的结果。因此，数的认识需要学生在构建的过程中，通过亲自体验、归纳梳理来获得。

策略：提供合作交流的机会，理解数的意义，归纳认识数的方法

学生认识大数前，在100以内数的学习过程中已经积累了较为丰富的数数经验，对"个""十""百"的认识也形成了一定的经验和方法，为认识新的大数奠定了基础。在教学中，教师要将时间和空间留给学生，引导学生积极开展合作学习，通过小组交流、师生交流、生生交流等活动，引领学生主动构建数的概念，深度理解数的意义。我们把发现归纳的机会交给学生，可激发起学生强烈的求知欲和不可估量的发现能力。

（四）练习检测——运用提升建立数

练习是学生掌握知识、形成技能、发展智力的重要手段。通过不同层次的练习，由易到难，由浅入深，力求使不同层次的学生得到不同的发展。同时，在练习中促进学生对知识的灵活运用，牢固建立数的概念，加强对数的意义的理解，在理解中实现迁移，为今后继续学习其他的"数"打下扎实的基础。下面是一年级教学内容"1～5的认识"的练习设计。

策略一：设计趣味性的练习

"兴趣是最好的老师。"教师可以把练习设计成故事、谜语、童话、游戏等形式，使学生一看练习内容就跃跃欲试，乐在其中，如找朋友的游戏。课件出示1～5的数字，学生自由组合对应的人数，手拉手一起做好朋友。练习设计以学生的兴趣为基础，由兴趣到探索，由探索到成功，使学生在成功的体验中产生新的兴趣。

策略二：设计探索性的练习

"爱种子"数学教学模式重视培养学生自主探究问题的精神，在练习设计时，可以根据教学内容及学生已有的知识经验，设计一些探索性的练习，如智取密码。智慧老人给同学们准备了一个装满礼物的箱子，请同学们根据以下的提示破解密码。课件出示："2前面的1个数；3前面的1个数；3后面的1个数；4后面的1个数。同学们，你们能破解密码吗？"以学生主动探索、思考为主的探究性练习，既巩固了1～5的数序，又使学生在数学活动中体会到成功的喜悦。

策略三：设计实践性的练习

"动手实践是学生学习数学的重要方式之一。"设计符合小学生兴趣的可操作的练习，能有效激发学生学习的激情，如找找数宝宝。我们刚才学习了1～5这5个数，这些数都是我们的好朋友，我们处处都能遇见它们，大家在身边找一找，它们在哪里？学生在"找数"的练习过程中积极主动、情绪高涨，都纷纷要求发言，课堂气氛轻松、愉快。通过数的表述，把抽象的知识形象化，使学生进一步建立数的概念。

三、其他事项

（一）新课标的基本要求

"数的认识"教学内容，新课标分成两个学段分别进行详细的规定，具体如下。

1. 第一学段（1—3 年级）内容标准

（1）在现实情境中理解万以内数的意义，能认、读、写万以内的数，能用数表示物体的个数或事物的顺序和位置。

（2）能说出多位数各数位的名称，初步理解各数位上的数字表示的意义。

（3）理解符号<、=、>的含义，能用符号和词语描述万以内数的大小。

（4）在具体情境中感受大数的意义，并能进行估计。

（5）能结合具体情境初步认识小数和分数，能读、写小数和分数。

（6）能运用数表示日常生活中的一些事物，并进行交流。

2. 第二学段（4—6 年级）内容标准

（1）在具体的情境中，认识万以上的数，了解十进制计数法，会用万、亿为单位表示大数。

（2）结合现实情境感受大数的意义，并能进行估计。

（3）会运用数描述事物的某些特征，进一步体会数在日常生活中的作用。

（4）知道2、3、5的倍数的特征，了解公倍数和最小公倍数；在1～100的自然数中，能找出10以内自然数的所有倍数，能找出10以内两个自然数的公倍数和最小公倍数。

（5）了解公因数和最大公因数；在1～100的自然数中，能找出某个自然数的所有因数，能找出两个自然数的公因数和最大公因数。

（6）了解整数、奇数、偶数、质（素）数、合数。

（7）进一步认识小数和分数（包括带分数和假分数），认识百分数；会进行小数、分数和百分数的转化（不包括将循环小数化为分数）。

（8）能比较小数的大小和分数的大小。

（9）在熟悉的生活情境中，了解负数的意义，会用负数表示日常生活中的一些量。

（二）"数的认识"的关键问题

1. 认识整数

（1）把握核心概念，重视数位和位置值的理解。

为了表示更大的数，数位概念的建立是十分重要的。数位的含义是不同位置上的数字表示不同大小的数，没有数位的规定就没有办法表示更大的数。认识个、十、百、千、万等不同的数位，理解不同数位上的数字表示不同大小的数，是理解整数概念所必须具备的条件。学生必须清楚地了解，同样一个数字"3"，在个位上表示3个一；在十位上表示30，即3个十；在百位上表示300，即3个百。第一学段完成整数万级的认识，第二学段认识万以上的数，进而整理十进制计数法。我国的计数单位是每四位一级，万以内数的个位、十位、百位、千位为各级，学生理解各级上的每个数字的意义，是理解多位数各个数位上的数字意义的前提条件。国际上普遍使用的是三位一级，在学习时可以让学生了解。在历史上，曾经出现过五进制、二十进制、六十进制。当然，最多的是世界各国通用的十进制，即重要的"满十进一"的方法。

（2）关注对大数的感受。

在第一、第二学段都提出感受大数的意义和对大数进行估计的要求。第一学段是要求在生活情境中感受大数的意义，第二学段情境的范围有所扩大，要求在现实情境中感受大数的意义，其本质是相同的，都是希望通过具体的情境对大数加以感受，增加学生的数感。感受大数与情境的具体内容有关，1200张纸大约有多厚？你的1200步大约有多长？1200名学生站成做广播操的队形需要多大的场地？学生可以通过实际操作和观察感受这些具体的情境。有时还要加入想象的成分，1200名学生需要多大场地？许多学校可能没有这么多人，学生就需要了解自己的学校有多少人，占多大地方，再想象1200人会占多大地方。这个抽象过程在小学一年级开始认识数时就强调，直到认识较大的数。学生逐渐认识数的抽象表示，逐步建立数的概念。

2. 认识小数

在初步认识、学习分数的基础上，教材安排了小数的初步认识。小数的出现标志着十进制计数法从整数（自然数）扩展到了分数，使分数与整数在形式上获得了统一。由此可见小数和整数、分数有着密切的联系。

（1）利用知识迁移建立小数概念。

分数的学习对小数的学习特别是小数意义的理解有直接、显著的影响，后者的学习对前者也有促进作用。例如，8分米是十分之八米是学生已有的知识，通过提问，引起学生的回忆和思考，8分米还可以写成0.8米，这就是同一对象的两种不同表示形式。将小数和分数建立起直接的联系，使学生进一步体会到十分之几和一位小数，百分之几和两位小数之间的关系。

（2）沟通整数、小数、分数之间的关系。

小数和整数、分数有着密切的联系，在整数学习的基础上再学习小数，小数的表征形式与整数相似，数位顺序表得到补充，都是十进制。如果以个位为基础，向左扩展就是十位、百位、千位；向右扩展就是十分位、百分位等。换句话说：以个位为对称轴，两边的数位呈现了对称的关系，只是小数部分在位前增加了"分"；这样，"每相邻的两个计数单位之间的进率都是10"得到了全面的概括；小数是十进分数。从这个意义上说，对小数的理解比对分数的理解更容易一些。

3. 认识分数

教师在数的认识的教学中普遍认为分数的认识是数认识教学中的一个难点。分数起源于分，当平均分出现不是整数结果的时候，逐渐有了分数的概念。

（1）利用多种模型帮助学生理解分数的意义。

在小学阶段，教材中往往以学生熟悉的日常事务与活动为模型，建立分数的概念。例如，把一个月饼平均分为2份，其中的一份是二分之一个；把一张纸平均分为4份，其中的一份是四分之一张纸。这仅仅是从"面积模型"的角度来理解分数，学生理解分数可以借助于多种"模型"。

①分数的面积模型：用面积的"部分—整体"表示分数。

儿童最早是通过"部分—整体"来认识分数的，因此在教材中，分数概念的引入是通过"平均分"某个"正方形"或者"圆"，取其中的一份或几份（涂上"阴影"）来认识分数的，这些直观模型即为分数的"面积模型"。

②分数的集合模型：用集合的"子集—全集"表示分数。

这是"部分—整体"的另外一种形式，与分数的面积模型联系密切，但学生在理解上难度更大，关键是"单位1"不再真正是"1个整体"了，而是把几个物体看作"1个整体"，作为一个"单位"，所取的"一份"也不是"一个"，可能是"几个"作为"一份"。例如，把4个桃子看作"单位1"平均分成2份，每份2个，占整体的二分之一。分数的集合模型需要学生有更高程度的抽象能力，其核心是把"多个"看作"整体1"。

（2）把握好每一阶段完成的任务。

第一阶段：认识平均分。

第二阶段：在分数的初步认识教学中，帮助学生初步建立部分与整体关系的认识，感受分数。

第三阶段：在分数意义和分数基本性质的教学中，重点使学生发展对于分数理解的比率、度量的维度。

第四阶段：在分数与除法关系的教学中，重点使学生发展对于分数理解的运作。

第五阶段：在分数的运算及解决问题的教学中，鼓励学生综合运用对于分数意义的理解。

(三) 错题收集

学生做题时出错在所难免,关键是要引导学生正视自己的错题。教学中可引导学生设置错题本,通过三步消灭错题:第一步,建立错题的"靶子",把做错的原题抄录或剪贴在错题本里;第二步,分析错题的病根,强化对错误原因的认识;第三步,歼灭错题,在错题本上做出正确解答。此外,还可以安排专门改错的练习课,请学生当小老师,让他们共同找错、议错、改错,组织学生交换错题本,互相借鉴、共同进步。(见表3-1-2)

表3-1-2 "数的认识"易错点一览

易错点	典型错例	对策
满十进百、满十进千	按规律填数: (1) 255、256、257、( )、259、( )、( )、( ) (2) 350、360、370、380、( )、( ) 错解: (1) 255、256、257、(258)、259、(300)、(301)、(302) (2) 350、360、370、380、(390)、(1000)	满十进一,借助计数器反复练习,增强数感
数数错误	填一填: 五千零二十、五千零一十、五千、( )、( ) 错解:四千九百、四千八百	数数时,先看是往前数还是往后数,再看是一个一个地数、十个十个地数、一百一百地数,还是一千一千地数
根据数的组成写数,忽略没有计数单位的数位	由6个千、9个百和5个一组成的数是( ) 错解:695	写数时,哪一位上一个计数单位也没有,就写"0"占位
没有正确理解平均分的意义	判断:把一块饼切成3份,1份是这块饼的三分之一( ) 错解:√	加强平均分意义的理解
小数计数单位容易混淆	0.02表示2个( )分之一 错解:十	小数点后第一位是十分位,第二位是百分位,没有"个分位"

续表 3-1-2

易错点	典型错例	对策
数数时不会进位	在计数器上拨一拨，数一数： 一千一千地数，从 38000 数到 49000 错解：38000、39000、49000	数数时哪一位满十，要向前一位进一
对"级首"或"级中"有 0 的数读不准	读一读： 30056301　　1005603321 错解：30056301 读作：三千零零五万六千三百零一 1005603321 读作：十亿五百六十万三千三百二十一	0 在"级首"或"级中"就要读，0 在"级尾"就不读
数级前面有 0 的写法没有掌握好	判断：七百零四万零五十 写作：7040050（　） 错解：√	熟练掌握多级数的写法是避免写数错误的关键
因数与倍数概念理解错误	判断：根据 3×15=45，可知 3、15 是因数，45 是倍数（　） 错解：√	因数和倍数描述的是两个数之间的关系，因此不能只描述一个数是因数或倍数
不能正确读出百分数	读出下面的百分数： 15.55% 读作： 错解：百分之一五点五五	百分数的分子的读法错误，分子是整数就按整数的读法读，分子是小数就按小数的读法读

【教学案例 4】

"数的认识"教学案例
——以北师大版小学数学三年级下册"分一分（一）"为例

清远市清城区凤翔山湖学校　陈佩英

一、课前慎思

"分一分（一）"是北师大版小学数学三年级下册第六单元第一课时的内容，是在学生已经掌握整数平均分知识的基础上进行教学的。通过课前访谈，了解到学生在学习分数之前，"二分之一""三分之一"等已经出现在他们的口头语言中，只是还不曾想过要用什么符号来表示他们。有的学生听说过分数，但对它的意义并不了解。初学分数，这一概念比较抽象，与整数有很大差异，学生会感到困难。因此，本课将从学生所熟悉并感兴趣的现实经验出发，运用"数的认识"教学范式，帮助学生认识分数，并理解简单的分数的意义。

二、教学实践

第一个环节：生活现象——生活现象感知数

1. 创设分苹果情境。

2. 谈话：在生活中，我们会经常遇到分东西的情况，你分过什么？你是怎样分的？
3. 设疑：我们来观察一下，图中的小朋友是怎样分苹果的？每人分到多少？
4. 师生谈话中点出"平均分"，初步感知分数。

【设计意图】创设分苹果的情境，因为学生都有分苹果的生活经验，熟悉的生活情境激发了学生学习的积极性，增强了学生课堂学习的参与度。

【操作建议】①观察分苹果情境。②学生各抒己见，说出自己分东西的经验。③师生谈话，感知分数。

第二个环节：个别探究——数学素材认识数与直观图形抽象数

● 数学素材认识数

1. 提问："一半"可以怎样表示呢？用你喜欢的方法表示"一半"。
2. 学生用自己喜欢的方法写一写、画一画，表示出"一半"。

自主学习任务单（一）

用你喜欢的方法表示"一半"。

3. 可以用一个新的数来表示"一半"吗？

【设计意图】让学生用自己喜欢的方式表示或"创造"分数，目的是引导学生经历分数产生和发展的过程，明确分数产生的必要性。同时，学生作品中呈现出的丰富的数学素材可以让学生认识到"一半"的丰富内涵，这些"一半"都可以用新的数来表示。

【操作建议】学生独立思考后，用自己喜欢的方法表示出"一半"。

● 直观图形抽象数

1. 学生利用"自主学习任务单"自主探索。

自主学习任务单（二）

你能选用下面的纸片折出 $\frac{1}{2}$ 吗？

判一判，填一填。

图形	涂色部分是图形的"一半"吗？				
判断（画"√"）					
$\frac{1}{2}$ 的意思是	$\frac{1}{2}$ 是把一个图形平均分成（　）份，取其中的（　）份。写作：$\frac{(\quad)}{(\quad)}$				
挑战完成	$\frac{1}{3}$ 就是把一个图形平均分成（　）份，取其中（　）份。写作：$\frac{(\quad)}{(\quad)}$ $\frac{2}{3}$ 呢？				

2. 学生遇到困难或完成探究，播放微课，进行自我修正。

【设计意图】这是促进学生深入理解分数意义和认识分数读法、写法的两个活动，学生在折一折、判一判、填一填中进一步直观认识和理解分数，在丰富的图形素材中经历抽象出分数模型的过程。

【操作建议】①学生选择喜欢的图形折一折。②学生利用数形结合，写出分数表示的意思和读法、写法。③观看微课，并修正做法。

第三个环节：协作构建——归纳梳理理解数

1. 学生在小组长组织下开展小组合作活动。

合作学习任务单
第（　）小组

组员	我折的图形（贴）	分数
1		$\dfrac{(\quad)}{(\quad)}$
2		$\dfrac{(\quad)}{(\quad)}$
3		$\dfrac{(\quad)}{(\quad)}$
4		$\dfrac{(\quad)}{(\quad)}$
我们的发现：	分数的分母就是表示（　　　），分子表示（　　　）。	

2. 全班展示交流。

3. 组内互评。

学生利用应答器进行互评，教师利用平台评价系统收集评价数据，发挥评价数据的导向作用。

【设计意图】理解分数的意义是本节课的重点，为学生提供充分的时间和空间进行探索、思考，让学生通过折一折、涂一涂、说一说、议一议等活动创造分数，通过数形结合的方法理解分数的意义。学生亲身经历归纳梳理的过程，可以体验到成功的快乐。

【操作建议】①学生折一折、涂一涂，创造分数。②分工完成"合作学习任务单"。③全班交流。④利用应答器进行小组互评。

第四个环节：练习检测——运用提升建立数

1. 涂一涂：分别涂出下面图形的 $\dfrac{1}{2}$。

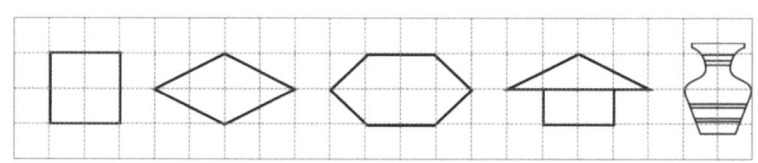

2. 说一说：下面涂色部分都是一样的吗？说一说你的理由。

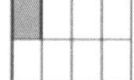 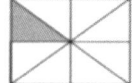 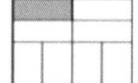 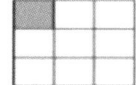 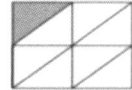 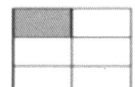

3. 写一写：用分数表示涂色部分。

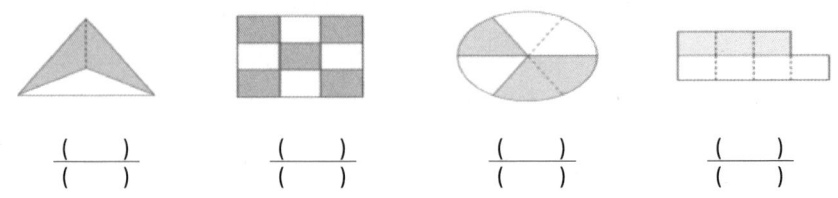

4. 生活中的分数。

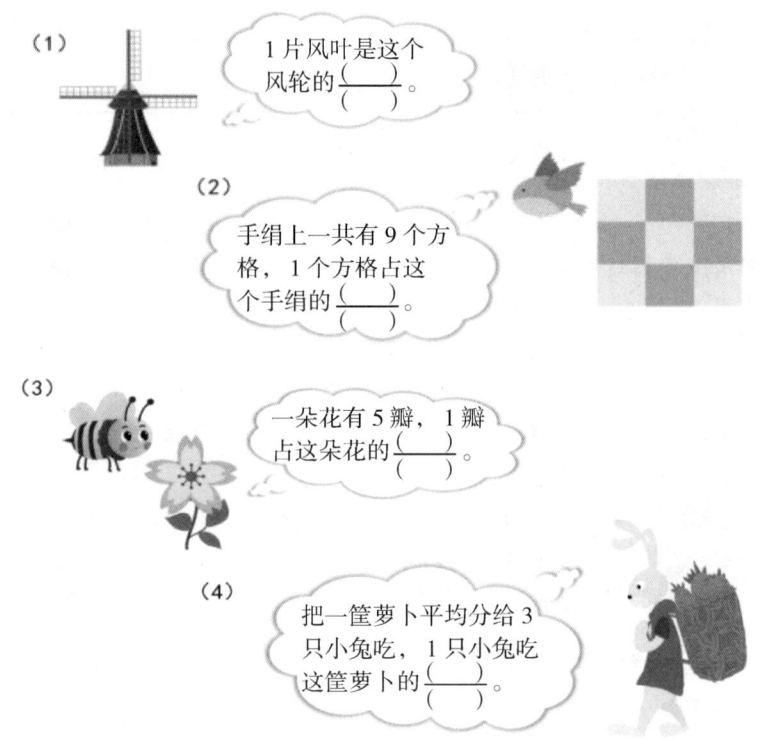

（1）1片风叶是这个风轮的 ( )/( )。

（2）手绢上一共有 9 个方格，1 个方格占这个手绢的 ( )/( )。

（3）一朵花有 5 瓣，1 瓣占这朵花的 ( )/( )。

（4）把一筐萝卜平均分给 3 只小兔吃，1 只小兔吃这筐萝卜的 ( )/( )。

【设计意图】启发学生从多角度表示分数，利用直观图形加深对分数的认识和理解。同时，数学来源于生活，服务于生活，让学生在实际生活中灵活运用，实现迁移，培养学生发现生活中数学知识的习惯和应用意识。

【操作建议】第 1 题学生独立完成后，学生代表到平台前展示。第 2 题学生用应答器完成，利用后台显示数据，请学生说说判断理由。第 3 题学生独立完成后追问："你是怎么想的？"第 4 题学生独立完成，跟同桌说说这样填的理由。

> 👍 学习评价
>
> 1. 我还知道其他分数，例如（   ），它表示的意思是（   ）。（口述）
> 2. 我能找到生活中用分数表示的例子（   ）。（口述）

【设计意图】让学生回顾所学知识，加深对新知的印象，让学生自己发表意见，给他们一个梳理知识、自我评价的机会。

第二节 "数的运算"教学范式

一、范式背景

《义务教育数学课程标准（2011年版）》中关于"数与代数"这部分内容的编排呈现了一些新的改变与尝试，主要表现在四个方面：一是重视对数的意义的理解，培养学生的数感和符号感；二是淡化对学生记忆的要求，重视在具体情境中去体验、理解有关知识；三是注重知识形成过程的构建，提倡在学生的自主活动中提高发现规律、探求模式的能力；四是注重应用，加强对学生数学应用意识和解决实际问题能力的培养。仔细解读这些变化，我们发现"数的运算"作为"数与代数"中的重要内容，需要探求一种能落实数学课程标准的范式，使学生通过数学运算能力的发展，有效促进其自身数学思维的发展，进而养成科学严谨、求真务实的重要品质。

基于以上分析，我们对"爱种子"教学平台中已有的导学案设计进行再加工，优化"数与代数"领域中"数的运算"这一板块的教学，形成了"爱种子"实验背景下"数的运算"的教学范式。

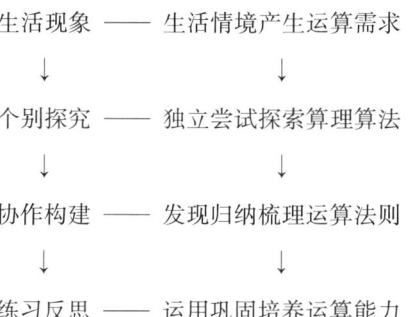

二、适用范围

以北师大版小学数学教材为例,"数的运算"贯穿小学阶段 1—6 年级共 11 册(不含六年级下册)教材,主要包括整数、小数和分数的意义、运算及其应用。以下教学内容作为"自主学习"课型时,均可应用此教学范式(见表 3-2-1)。

表 3-2-1 "数的运算"教学范式适用内容

分类	运算	应用
整数的运算	① 10 以内数的加减法 ② 20 以内数的加减法 ③ 100 以内数的加减法 ④ 100 以内数的连加、连减、加减混合运算 ⑤ 万以内数的加减法 ⑥ 万以内数的连加、连减、加减混合运算	① 运算律 ② 认识及运用计算器 ③ 百分数的应用
	① 乘法口诀及表内乘法 ② 一位数乘两位数、三位数 ③ 两位数乘两位数 ④ 三位数乘两位数	
	① 用口诀求商 ② 有余数除法 ③ 乘(除)法和加、减法的两步混合运算 ④ 一位数除两位数、三位数 ⑤ 三位数除以两位数 ⑥ 混合运算	
小数的运算	① 在元、角、分背景下,一位小数的加减法运算 ② 小数加减法 ③ 小数乘法 ④ 小数除法 ⑤ 小数的混合运算	
分数的运算	① 同分母(分母小于 10)分数的加减法运算 ② 分数加减法 ③ 分数乘法 ④ 分数除法 ⑤ 分数的混合运算	

三、运用策略

(一) 生活现象——生活情境产生运算需求

数的运算的教学之所以会给学生"枯燥乏味"的印象，很大一部分原因是学生没有运算的兴趣和需求，也就是没有运算的内驱力。正如托尔斯泰曾说的："最成功的教学是激发学生的学习兴趣而非教师的强制执行。"如何赋予学生进行运算的驱动力呢？我们仔细解读教材就不难发现："数的运算"的编排是配合着"数的认识"进行的，"数的认识"每扩展一次，就有相应的"数的运算"的教学。结合教材编排和学生年龄特点，应当注重引导教学，可以尝试用以下两种方式去激发学生的运算需求。

(1) 利用"数的认识"的教学，激励学生挑战这类新学的数该如何运算，激发学生学习"数的运算"的兴趣，形成较为长期的持续的驱动力。

(2) 联系熟悉的生活实际，通过情境创设或现象剖析，促使学生在解决问题的过程中产生运算的需求，并转化为探究学习的动力。

(二) 个别探究——独立尝试探索算理、算法

有了学习动力，就要给予学生理解算理、发现算法的独立探索空间，这个探究过程既不能固定算法、限制思维，也不能漫无目的、天马行空，教师要设计能够帮助学生更有效开展算理与算法独立探究的学习任务单，使学生在任务驱动下提高发现运算原理和计算方法的成功率，从而建立学习信心。好的学习任务单是学生达成学习目标的催化剂，设计这个环节的学习任务单可以从以下几个方面考虑。

1. 突出口算训练，培养口算意识

《义务教育数学课程标准（2011年版）》提出，在第一和第二学段都要特别重视口算。口算具有很高的实用价值，日常生活中会经常使用到。它具有方便、快速、灵活的优点，是数字运算和代数运算的基础。在制定任务单时要结合教学内容培养口算意识，使用多样化形式突出口算训练。

2. 加强估算训练，培养估算意识

估算在计算中占重要位置，估算能力强的学生，其计算能力也相应较强。《义务教育数学课程标准（2011年版）》中也提出了明确的要求："能结合具体的情境进行估算，并解释估算的过程。"在个别探究环节，要有目的、有计划地培养学生的估算意识，鼓励学生通过运用估算去合理估计运算结果，也可以用估算去判断自己的运算结果是否合理，从而发展学生的数感。

3. 渗透转化思想，沟通新旧迁移

在"数的运算"中渗透转化思想，主要方式是"化新为旧"。通过旧知识的迁

移转化，获取新知识，使学生初步具备利用所学知识解决新问题的能力，帮助学生养成数学思维。例如，把"除数是小数的除法"转化为"除数是整数的除法"，把"分数除法"转化为"分数乘法"等，加强旧知识与新知识的联系，使每个知识点衔接自然，从而降低解决新问题的难度。

4. 注重数形结合，促进思维过渡

"数"和"形"是数学中两个最基本的概念。"数"属于数学抽象思维范畴；而"形"主要指几何图形，属于形象思维范畴。它们既对立又统一，数形结合的实质就是将抽象的数学语言与直观的图形结合起来，使抽象思维和形象思维相结合，化难为易、化抽象为直观，进而深入发展人的思维能力。在设计学习任务单时，可以用"以数变形""以形变数""形数互变"等方式，尽量把抽象、枯燥的运算教学内容与图形语言加以融合，引导学生变静态思维方式为动态思维方式，通过加深对算理的理解，获取解决问题的思路，获得创造解决方法的灵感。在持之以恒的数形结合教学中，帮助学生由形象直观性思维过渡到抽象逻辑性思维，引导学生掌握解决数学问题的规律，让学生通过自主探究掌握新知识，从而对"数的运算"的学习建立强烈的自信心。

（三）协作构建——发现、归纳、梳理运算法则

在核心素养教育的大背景下，教师应当对教学方式进行不断地创新与完善。在数的运算教学中，教师除了引导学生通过自己的深入思考和分析来理解算理、发现算法，享受独立探索的成功喜悦，还要组织开展小组合作学习，让学生在小组中充分发挥自身的能力，在相互学习、相互帮助的良好氛围内掌握运算方法与技巧，实现共同进步。

如果说算理是说明计算的依据和合理性，它适合在个别探究中开展，那么，运算法则是说明计算过程中的规则和逻辑顺序，它的发现和整理在小组协作构建学习中能更有效地开展。因此，在协作构建环节，教师要有意识地培养学生有根据、有条理地进行思维活动的习惯。

1. 掌握基本算法，探寻运算法则

在数的运算教学中，常常会把算法多样化刻意地放大，但算法多样化只能作为培养学生思维能力的一个教学方式，实质上，运算教学到最后还是要掌握最基本的算法。在设计学习任务单时，要有意识地引导学生透过多种算法看到运算的本质，侧重对基本算法的整理，只有掌握基本算法，才能进一步探寻运算法则。

2. 渗透优化思想，培养简算意识

简算不仅仅是一种技能，更是一种思想、一种意识，意识不是一天或几天可以教会的，它需要不断地积累才能获得。简算意识的培养不仅是简便计算这一部分内容的任务，它同时还需融入解决问题的教学中，要求学生探讨解法的最优化。在协作构建的学习任务中可以多问一问："哪种方法更简便？你是怎么想的？"逐渐把

优化思想由教师的提示变为学生自发的思维方式。

3. 规范计算书写，以理促法运算

数的运算教学要重视计算书写的规范，在规范的过程中要注意结合运算原理帮助学生理解"怎么写？为什么要这样写？"。规范格式的过程其实就是用算理促进对算法的认识和掌握的过程。这样，不但有利于提高学生计算的速度和正确率，而且有利于学生"最优化"思想的建立与良好学习习惯的培养。

（四）练习反思——运用、巩固、培养运算能力

运算能力的培养不等同于简单的计算训练，反复地训练虽然可以提高计算的熟练程度和减少计算的错误率，但这种反复训练得到的"效果"更多的是指向运算的方法，而不是运算思维，更谈不上运算能力的培养。

从培养运算能力的目标出发，在设计练习时不能为了计算而计算，不要仅仅停留在一般性、普适性的机械计算模仿式练习上，还应该设计一些理解算理的基础练习、运用算理的变式练习和拓展思维的挑战练习，将计算练习的目的从单纯追求计算的准确性和熟练程度，向培养学生的运算思维和运算能力转变。

落实到每一节运算课，我们可以设计以下三种类型的练习。

1. 说理题

学生在课堂上已经初步懂得了算理，但算理的学习不能止步于课堂教学，还需要通过练习继续思考，进一步内化、加深对算理的理解，这样，学生对算理的认识才会更透彻。因此，教师在设计计算练习时，可以增加一些理解算理的练习来帮助学生"明理"。

例如，认识分数乘法（除法）意义时，可以让学生判断"分数乘法（除法）的意义与整数乘法（除法）的意义是否完全相同"。学生在辨析的过程中再一次明晰分数乘法（除法）意义与整数乘法（除法）意义的异同，为后续学习搭好"理"的基础。

又如，学习用竖式计算两位数乘两位数的运算时，可以设计这样的填空题：

$$
\begin{array}{r}
4\ 5 \\
\times\ 2\ 1 \\
\hline
4\ 5 \quad \cdots\cdots (\quad)\ 个\ (\quad) \\
9\ 0 \quad \cdots\cdots (\quad)\ 个\ (\quad) \\
\hline
9\ 4\ 5 \quad \cdots\cdots (\quad)\ 个\ (\quad) \\
\end{array}
$$

学生在思考算式中每个数是怎么来的、分别表示什么的过程中，加深了对两位数乘两位数算理的理解，也就不需要用死记硬背的方式去记住数位该如何对齐了。

2. 变式题

变式其实就是创新，设计练习时抓住问题的本质特征，遵循学生认知心理发展

规律，恰当地变更问题情境或改变思维角度，培养学生的运算思维，提高学生思维的灵活性，让各种计算方法、运算定律在学生的头脑里运转起来，引导学生从不同途径寻求解决问题的方法。通过多问、多思、多用等方式激发学生思维的积极性和深刻性。

例如，在学习了乘法运算律后，可以设计这样一道练习：
不计算，从下面算式中找出和"$180×25$"计算结果相同的算式。
① $18×250$　　　　　② $180×20+5$　　　　③ $180×20×5$
④ $180×30-180×5$　⑤ $90×5×2×5$　　　　⑥ $180×5×5$
⑦ $200×25-20×25$　⑧ $1800×2.5$　　　　　⑨ $180×20+180×5$

一般的简便计算练习题只能对简便计算的方法进行巩固，而这道变式练习则需要学生从简便方法的本质，即"简便运算的算理"展开思考。9个算式的呈现，拓宽了学生的视野、活跃了学生的思维。通过各种变式的辨析，学生会惊奇地发现，原来不管用怎样的简便方法进行计算，都是在计算"25个180之和"。在这个认识基础上，还可以激励学生对与"$180×25$"计算结果不同的算式进行最简易的"再加工"，使其也变成计算"25个180之和"的算式。"辨析—发现—应用"的思维活动带给学生的深刻体会与领悟，是简单的一题一解基础练习题所无法比拟的。

3. 挑战题

挑战题旨在通过练习使学生扩展思维广度、提高运算能力，把新知识及时纳入学生原有的知识系统中，并在解决日常生活的实际问题中加以运用。

例如，在学习了小数乘法后可以设计这样一道挑战题：
想一想、算一算，下面三道题的积分别是几位小数？
① $□□.24×□.12$　　② $□□.24×□.15$　　③ $□□.24×□.25$

学生在解决问题的过程中，对小数点定位的知识、小数的性质及最简小数的意义进行了综合考虑和运用，教师还可以让学生结合解决问题的经验介绍积的小数点定位秘密，在提高学生的运算能力的同时也促进学生的数学思考。

教学终归要依纲靠本，教师要充分利用教材后面的练习题，充分挖掘习题智力因素，发展学生智能，培养学生素质。设计的习题要体现层次性、针对性、启发性和多样性，注意面向大多数学生，并富有"弹性"，尽力让学生"练准、练好"。

四、多元评价及错题收集

（一）多元评价

在教学过程中，教师要灵活应用"爱种子"平台特有的应答器评价方式及时对学生在各个环节中的表现进行评价，更要结合学生的学习行为、过程和效果，采取生生评价、师生评价、学生自评等形式进行多元评价，让学生获取最为客观的认知反馈，增加学生学好数学知识的信心和获得自身努力方向的指引。

1. 学习行为评价

在传统的课堂教学中，学生的学习行为很难被教师全部捕捉，教师也不可能在一节课中关注到每一个学生的课堂学习行为表现，对于学生的专注程度、学习速度、领悟能力及与他人的互动合作等不能全面了解，这时就可以利用"爱种子"平台的应答器进行学习行为情况的反馈，在不同的教学环节采取不同的评价方式对学生多个方面的学习行为进行不同角度的评价（见图3-2-1）。

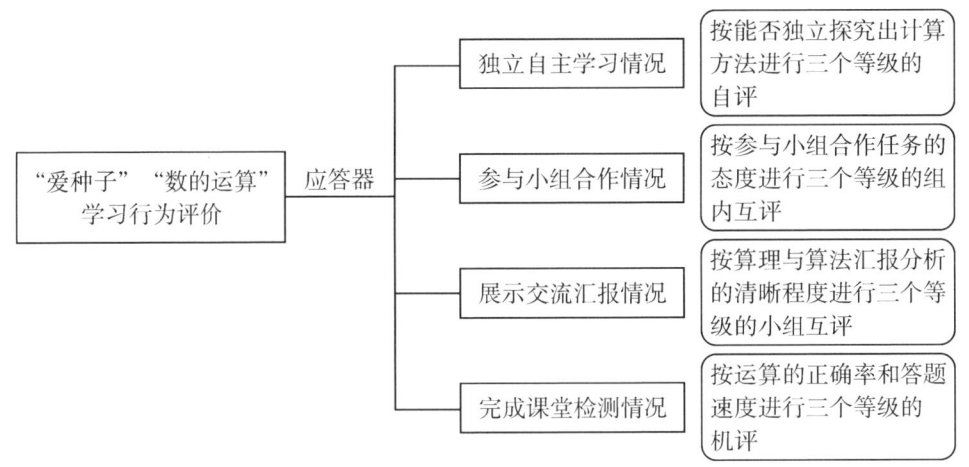

图3-2-1 "爱种子""数的运算"学习行为评价

此外，课堂提问时也可以采用学生在应答器上抢答的方式，这样后台就可以准确记录每一位学生的回答数据，教师可以通过后台数据统计每个学生的学习情况，在一个星期或一个单元学习结束时进行学生学习状态评比，进而激发学生的学习积极性。

2. 学习内容评价

关于"数的运算"教学，对学习内容评价要侧重对学生运算能力的评价。在新课标实施以前，教学大纲对学生运算能力的评价标准是"快速、准确、简便、灵活"，主要以准确率和速度作为衡量运算能力的标准。新课改以来，与运算能力密切相关的数感、符号感进入数学教育的视野，运算不仅指掌握算理进行笔算、精算，还包括在获得知识和技能的基础上更深刻、更概括、更具有个性地体现数学思想方法的综合运用。随着运算及运算能力内涵的深化和拓展，有专家结合我国中小学运算内容标准，把小学数学运算能力水平划分为三个等级，因此，我们在对小学数学运算能力进行评价时也可以参考这三个水平等级来进行。

第一个等级是全面了解运算的水平，即学生对数学运算的含义有一个初级的认识和了解，对运算法则、运算公式、运算定律与数学题目之间的关系有一个较为精准的认识,也就是说知道为什么用这个运算公式或者运算法则、运算定律来解决这个数学问题。

第二个等级是应用运算的水平,即学生在全面了解运算含义的基础上,通过日常的数学习题练习,形成的一种能够解决一般数学问题的计算能力。

第三个等级是综合运算的水平,即学生能够灵活地、综合地运用多种运算公式、运算法则、运算定律,同时还可以准确地筛选出最为简洁、准确的运算方法。

教师针对学生的具体情况,可以采用不同的评价方式(见表3-2-2)。

表3-2-2 针对学生具体情况的不同评价方式

学生情况	评价方式	具体操作
未达到第一个等级	鼓励式评价	及时关注,多加引导,增强学习信心
达到第一个等级 未达到第二个等级	诊断式评价	寻找差距,分析原因,指明努力方向
达到第二个等级 未达到第三个等级	指导式评价	提出期望,因势利导,注重纵向对比
达到第三个等级	启迪式评价	横向比较,建立目标,激发新动力源

(二)错题收集

在日常教学中,教师要注重收集和整理学生的错题,平时批改作业时要注意记录学生的典型错题,分析错误原因。教师还要利用"爱种子"平台的数据统计了解每一道题的正确率,哪一个选项出错率最高,以及哪些学生出错,结合详细的数据分析,准确获知学生对相应知识点的掌握情况,及时反思教学中的不足并做出适当调整,并形成班级错题库,为"互动探究"课型做好"雷点"素材储备。

同时,教师也要引导学生设置个人错题本,每天摘录自己作业中的错误,教师要帮助其分析错误的方法和思维根源。一个阶段后,可以让学生根据错题本的内容自主设计一份计算练习,自己做一做,同伴相互批一批。这样"量身定制"式的练习题一方面能实现精准查漏补缺功能,另一方面也更能充分激发学生的学习积极性和自主性。

【教学案例5】

"数的运算"教学范例
——以北师大版小学数学四年级下册"比身高"导学案为例
清远市清城区凤翔小学　周荣华

一、课前慎思

"比身高"是北师大版小学数学四年级下册第一单元第六课时的内容,其教学重点是小数进位加法和退位减法的计算学习。学生在学习这节课之前,已经掌握了小数的意义、小数的大小比较和小数不进位加法与不退位减法的计算,我们结合学情拟定了学习目标,并围绕学习目标与"数的运算"教学范式,将两者相融制定了四个教学环节。

二、教学实践

第一个环节:生活现象——生活情境产生运算需求(约3分钟)

1. 谈话:在辽阔的非洲大草原上生活着许多野生动物,有大象、狮子、斑马,还有世界上最高的动物长颈鹿。你们知道长颈鹿有多高吗?今天我们就请来长颈鹿一家,比一比,了解它们的身高情况。

2. 出示主题情境图。

3. 提出问题:你都看到了什么?还想知道什么?
4. 学生各抒己见,说出自己在情境图中看到的数学信息和想解决的数学问题。
5. 呈现两个关注度最高同时也相对容易解决的问题:
(1)鹿爸爸比小花高多少米?
(2)小黑有多高?

【设计意图】创设了解长颈鹿一家身高情况的情境,从谈话中引发学生对世界上最高的动物究竟有多高的兴趣,在图中寻找到长颈鹿的两位家庭成员的身高后,自然而然地激发了"其余两位家庭成员身高是多少"的求知欲,从而产生运算的需求。

【教学建议】①教师要注意语气语调，充分调动学生的参与积极性。②可以先让学生提出不同的数学问题，再从中抽取出本节课要解决的主要问题。

第二个环节：个别探究——独立尝试探索算理算法（约14分钟）

（一）独立探索

1. 提问：你想先解决哪一个问题？怎么解决呢？
2. 学生利用"自主学习任务单"进行独立探索。

自主学习任务单（一）

我要解决的问题（在□打"√"） □鹿妈妈高多少米？ □小黑高多少米？	我是这样算的（可以用方格纸表示，也可以口述）	
我的列式： _____		

【设计意图】充分发挥学生的主观能动性，让学生自由选择，用自己喜欢的方式去解决最想解决的问题，经历动手操作，体验探究的过程，在解决"怎么算"的过程中通过自主学习初步思考"为什么要这样算"，法理相融，在探索算法的同时发现算理。

【教学建议】教师要行间巡视，留意学生是怎么思考、怎么计算的，对于需要帮助的学生可以适当给予其启发。

（二）汇报交流

1. 学生根据"自主学习任务单"上台汇报。

有的学生利用方格纸，摆一摆、圈一圈。

有的学生结合已有知识经验，把以米作单位的小数转化为以分米为单位的整数，运用整数加减法计算出结果再转换回小数。

有的学生根据前一阶段学习的小数意义，通过对数中最小计数单位的计算得出结果。

还有的学生直接列竖式计算……

2. 学生遇到困难未完成探究，或是探究结果与他人不同，可以通过听取同学的汇报或者提出心中疑惑的交流方式寻求解答，进行自我修正。

3. 讨论：你觉得哪种方式解决这两个问题最简洁？（列竖式）

【教学建议】除了让学生说一说哪个方式最简洁，还要多问一问跟其他方法比较，简洁在哪里。

4. 尝试用这种方法解决第三个问题：鹿爸爸比小花高多少米？

【设计意图】学习方法的单一是学生数学思维形成的一大障碍。在数与代数领域内,"数的运算"更需要在算法多样化的对比中发现算理的唯一性。在同一个学习集体里,学生也存在能力和习惯的个体差异,在利用数学思维解决问题的过程中肯定会产生不同的方法和方式,通过自主学习后的汇报交流、沟通有无,可以更好地帮助每一个学习个体去理解算理,也能为算法的归纳做好认知铺垫。

第三个环节:协作构建——发现、归纳、梳理运算法则(约12分钟)

1. 学生在小组长的组织下开展小组合作活动。

自主学习任务单(二)

列式	跟上节课相同和不同的地方	列竖式时要注意
① 2.4＋1.7 ② 2.4－0.8 ③ 6－2.4	相同点:＿＿＿＿＿＿＿＿＿＿ ＿＿＿＿＿＿＿＿＿＿＿＿＿＿ 不同点:＿＿＿＿＿＿＿＿＿＿ ＿＿＿＿＿＿＿＿＿＿＿＿＿＿	

【教学建议】开展小组合作之前提醒学生先独立思考,再跟组内成员交流。

2. 全班展示交流。

【设计意图】掌握小数进位加法和退位减法的计算方法是本节课的重点,这一环节通过小组合作完成学习任务单,发挥学生的主体作用,给学生提供充分的时间和空间进行探索、思考。其中,第一个问题是在观察、比较的基础上发现旧知识与新知识的联系,做到"相同计数单位才能相加减"这一计算原理的正向迁移;第二个问题是在分析交流中发现并归纳小数加减法的计算方法,亲身经历梳理、形成算法的过程,让学生体验到成功的快乐。

3. 组内互评。

学生利用应答器进行互评,教师利用平台评价系统收集评价数据,发挥评价数据的导向作用。

【设计意图】本课注重对学生的评价,特别是充分利用平台的评价系统,即时采集学生的反馈信息,即时评价,暴露存在的问题,引导学生自我反思、合作反思,促进小组成员之间互学、互帮、互促,教师根据反馈的问题精准地指导学习。

【教学建议】评价前要提醒学生进行最真实的评价,让老师更准确地掌握大家的学习情况。

第四个环节:练习反思——运用、巩固、培养运算能力(约10分钟)

1. 想一想、选一选。

①计算 2.06＋1.4,列式正确的是(　　　)。

A.　　　　　　　　 B.　　　　　　　　 C.
$$\begin{array}{r} 2.06 \\ +\ 1.\ \ 4 \\ \hline \end{array}$$ 　　 $$\begin{array}{r} 2.06 \\ +\quad\ \ 1.4 \\ \hline \end{array}$$ 　　 $$\begin{array}{r} 2.06 \\ +\quad\ \ 1.4 \\ \hline \end{array}$$

② $$\begin{array}{r} 1\,9.\,\boxed{5} \\ -\ 1\,3.\,\boxed{4} \\ \hline 6.\,\boxed{1} \end{array}$$ 　左边竖式中的这一步表示（　　）。

A. 5个1减4个1得1个1

B. 5减4得1

C. 5个0.1减4个0.1得1个0.1

【设计意图】以选择题的形式及时反馈学生算理和算法的掌握情况。

【教学建议】学生选择后，教师让学生说一说选择的原因和理由，让学生不仅会正确选择，还能用语言表达算理和算法。

2. 画一画、算一算。

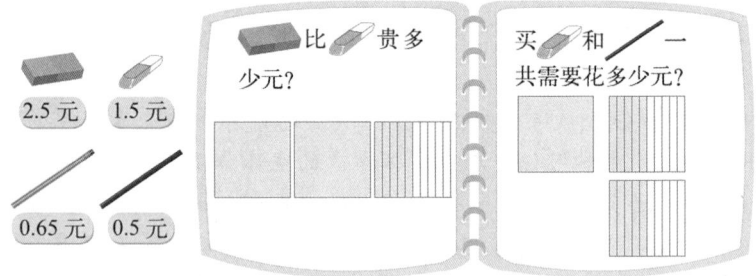

【设计意图】配合问题情境，鼓励学生再次借助直观图形理解算理，加深对算法的认识。

【教学建议】学生练习时，教师巡视查看是否有学生把小数末尾的0去掉，汇报时有意识地让这些学生说一说。

3. 计算。

$$\begin{array}{r} 8.7 \\ +\ 1.5 \\ \hline \end{array}\qquad \begin{array}{r} 7.3 \\ -\ 2.5 \\ \hline \end{array}\qquad \begin{array}{r} 10 \\ -\ 2.4 \\ \hline \end{array}$$

【设计意图】从前一阶段利用直观图计算过渡到直接运用计算方法进行巩固练习，培养学生的算法优化意识。在练习中还要注意对错例的剖析，帮助学生再次理清算理，形成计算技能。

【教学建议】第一次接触要退位的小数减法，建议学生在遇到整数减小数时先给整数右下角点上小数点、填上小数部分的占位 0 后再计算。

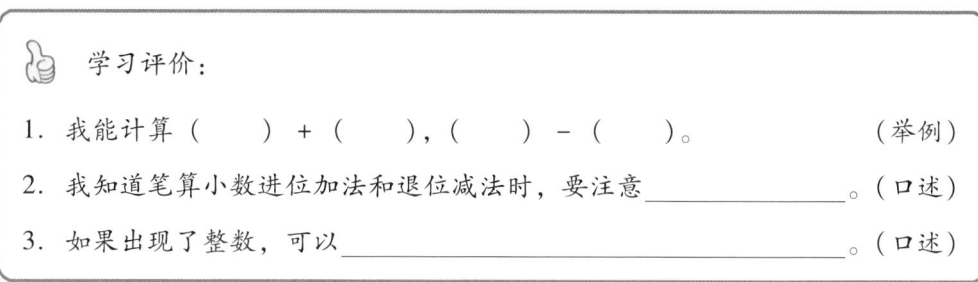

1. 我能计算（　　）+（　　），（　　）-（　　）。（举例）
2. 我知道笔算小数进位加法和退位减法时，要注意＿＿＿＿＿＿。（口述）
3. 如果出现了整数，可以＿＿＿＿＿＿＿＿＿＿＿＿＿＿＿＿。（口述）

【设计意图】让学生回顾本节课的学习过程，谈谈自己在这节课的收获。引导学生及时地内化梳理、反思总结，再次明晰算理、掌握算法，使学生学有所得、学有所思。

第三节　乘法口诀教学范式

乘法口诀表起源于我国，早在两千多年前的《管子》一书中就已经出现。乘法口诀的出现，体现了我国人民的智慧。熟记乘法口诀是小学生应具备的最基本的计算能力。利用乘法口诀熟练口算表内的乘、除法，是学习多位数乘、除法的基础。它同 20 以内数的加减法口算一样，不管是从继续学习的角度，还是从应用的角度，都应该是学生必须练好的基本功之一。

人教版、北师大版、青岛版教材乘法口诀的教学入口是 5 的乘法口诀，苏教版、浙教版、西师大版教材乘法口诀的教学入口是 2 的乘法口诀。这里给我们传递了一个信息，乘法口诀的教学是有规律的，打通 2～9 的乘法口诀之间的联系，梳理总结出乘法口诀的教学范式，教师可以有结构地教，学生可以有关联地学，能大大提高教与学的质量。

研读我们使用的北师大版教材，教科书把乘法口诀分成两个单元进行教学，分别是二年级上册第五单元 2～5 的乘法口诀、第八单元 6～9 的乘法口诀。教材编写这两个单元时主要体现以下特点：一是以"大九九"的形式编排乘法口诀，利于分散学习难点并方便巩固对口诀的记忆和后续学习；二是遵循学生的认知规律，科学编排乘法口诀；三是通过形式多样的练习，巩固所学知识。此外，这两个单元在结构上具有一定的相似性：①由情境引入连加，算出得数；②借助乘法口诀意义编制口诀；③寻找规律，记忆口诀。这种编排便于体会乘法口诀的内在联系与规律性,便于运用知识的迁移学习新知识,并在理解的基础上记忆口诀。

基于以上分析,乘法口诀的教学在遵循"教师有结构地教,学生有关联地学"的思路的基础上,形成了"爱种子"实验背景下"乘法口诀"的教学范式。

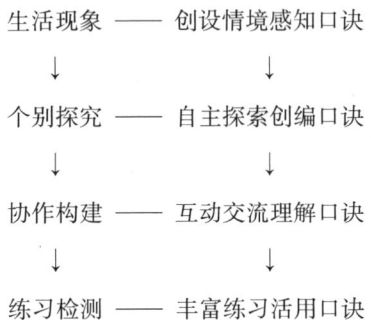

一、范式的适用范围

北师大版教材中乘法口诀的教学内容虽然不多,主要集中在二年级上册第五单元和第八单元,但乘法口诀是小学阶段的一个重要基础知识,是学生必备的基本技能之一,是以后学习多位数乘、除法必备的知识。乘法口诀的两个教学单元中的每个教学内容之间具有一致性和关联性,教师可以运用乘法口诀的教学范式,让学生迁移学习,自主编制并理解乘法口诀。特别是利用范式学习了 5 的乘法口诀后,可通过类比的方法学习其他数的乘法口诀,做到"教师有结构地教,学生有关联地学",促进学生乘法口诀知识的习得。通过梳理,适用本范式的具体课程内容见表 3-3-1。

表 3-3-1 乘法口诀教学范式课程内容

序号	知识点分布	教材分布
1	数松果(5 的乘法口诀)	二年级上册 第五单元
2	做家务(2 的乘法口诀)	
3	需要几个轮子(3 的乘法口诀)	
4	小熊请客(4 的乘法口诀)	

续表 3-3-1

序号	知识点分布	教材分布
5	有多少张贴画（6 的乘法口诀）	二年级上册 第八单元
6	一共有多少天（7 的乘法口诀）	
7	买球（8、9 的乘法口诀）	
8	做个乘法表（探索乘法的规律）	

二、范式的运用策略

（一）生活现象——创设情境感知口诀

遵循二年级学生的认知规律，合理创设学习情境，把各个口诀的教学置于生动有趣的情境中，能有效引导学生在具体情境中感知乘法口诀，为进一步学习乘法口诀做好铺垫。

策略一：以多种情境引发学生的学习兴趣

活动情境：思维往往是从人的动作、活动参与开始的，创设活动情境，最容易激发学生主动参与、动手实践的欲望，让学生在动脑、动手、动嘴等一系列亲身体验中学习新知。

图像情境：二年级学生对五彩缤纷、栩栩如生的动态图画、卡片、实物等都非常感兴趣，思维很容易被激活。教师创设的图像情境，不仅会在学生头脑中留下表象、概念，而且会让学生学习兴趣浓厚，思维活动积极。

操作情境：小学生具有好奇、好动的心理特点，在乘法口诀的教学中，可以结合学生的实际情况和心理特点，巧妙设计操作情境，如数松果、摆筷子、串红果等，既能顺利导入新课，又能提高学生的实践能力，培养学生的创造精神。

策略二：以生活情境激发学生积极思考

数学来源于生活，又服务于生活。以学生熟悉的现实生活为背景，让学生从中读取数学信息，提出数学问题，充分利用生活情境中可学习乘法口诀的一切因素，如 1 个星期有 7 天，1 只手有 5 根手指，等等，这些耳熟能详的生活知识能有效激发学生主动探究、积极思考的欲望。

策略三：以问题情境提高学生思考水平

学生的疑问正是数学知识的生长点，在这个生长点上创设具有趣味性的、数学味的问题情境，可以促使学生主动思考，积极探索。一是在知识矛盾处创设问题情境，二是在知识疑问处创设问题情境。只要把握好时机，认知冲突油然而生，学生发现矛盾，进而积极思考，自主探索。

（二）个别探究——自主探索创编口诀

本环节是学生初步自我习得的过程，须重视学生自主学习的过程，注重发挥学生的主体作用。

策略一：以导学案为支架，孕育口诀，编写口诀

"爱种子"课堂教学的精髓在于使用导学案，导学案是促进学生实现学得、习得，教师实现教得和评得的支架。导学案中个别探究环节设计的"独立学习任务单"是学生自主学习的"脚手架"，学生以学习任务单中的问题导学，进行尝试性学习。教科书中每个乘法口诀的学习都是从整理数据、连加计算开始。如学习2的乘法口诀，学生利用学习任务单，在常见的生活素材"摆筷子"情境中提取出2的连加算式，再通过填表得出1～9双筷子的数量。学生具有丰富的2个2个数的经验，也可以利用学具小棒数一数，在整理数据的过程中探索1个2，2个2……的和的规律。根据第一个问题的得数，填出乘法算式的结果，再根据乘法算式自主编制2的乘法口诀。

策略二：以微课为帮助，释疑解惑，体会规律

在自主编制乘法口诀的过程中，编制乘法口诀的方法及探索乘法口诀的规律是难点，学生可能会出现困难，这时可以播放微课。微课图文并茂、生动有趣，再现了用连加和乘法计算1～9双筷子数量的过程，筷子图、对应的乘法算式、乘法口诀以生动的形式有机地结合起来，在数形结合的过程中，体会筷子的双数与根数之间的关系以及规律，学生的疑惑一一得到解答。可见，微课是学生自主学习的保障。

（三）协作构建——互动交流理解口诀

在学生充分的独立学习的基础上，开展小组合作活动。利用协作构建的策略，让学生结合编写口诀的经历，通过小组讨论、汇报展示，在互动交流中理解乘法口诀并记忆乘法口诀。

策略一：组内讨论

学生在小组内说一说，相邻两句口诀之间有什么关系，有什么好办法帮助记住这些口诀。从自己学到同伴学，从跟微课学到互教互学，有效开展了互学互教，保证了学生的课堂参与度，培养了学生自主学、合作学、协作学的能力。

策略二：小组汇报

各小组派代表进行汇报，让全班同学共同评议，激活全班同学的思维。其他小组有不同意见或想法，可及时进行补充，在互动中总结方法、优化方法。这样，让学生在集体评议中学会倾听，学会思考，取长补短，共同进步。

（四）练习检测——丰富练习活用口诀

练习是学生熟记乘法口诀的基本途径，可以促进知识的巩固和灵活迁移。除了注重练习的层次性、针对性外，还应采用多样化的练习形式，帮助学生熟记口诀，形成技能。低年级学生容易对重复出现的知识产生厌倦感，他们更多地关注"有趣、好玩、新奇"的事物，因此，我们要采取学生喜闻乐见的形式，激发学生的积极性。

策略一：对口令

对口令，可以师生之间进行，老师说前半句，学生说后半句，也可以同桌之间进行；可以先按口诀的顺序进行，然后打乱顺序进行练习，还可以在进行综合练习时，教师出示得数，让学生说出口诀，如出示"12"，学生说出"三四十二，二六十二"。

策略二：运用多种形式进行背诵

例如，横着背，竖着背，拐弯背，等等，增加学生背诵的趣味性。

策略三：开展形式丰富的小竞赛活动

学生的好胜心都是非常强的。在练习巩固阶段开展小组竞赛、四人竞赛、男女竞赛、师生竞赛等活动，可大大增强学生们背诵口诀的动力。

策略四：玩扑克牌背诵

选出1～10这几张扑克牌，如一生拿4，另一生拿9，说四九三十六，比一比谁最快说出口诀。实践证明，这种方法学生非常喜欢，而且课堂上练习的效率也很高。

策略五：运用熟悉的事物、儿歌、童话故事或者游戏，使学生的记忆更形象、更深刻

如学了4的乘法口诀后，利用数青蛙的游戏记忆口诀：1只青蛙1张嘴、2只眼睛、4条腿……朗朗上口、生动有趣的儿歌也使孩子更愿意记忆这枯燥的口诀。这个儿歌也可以迁移到其他口诀的教学中，像5的口诀可以这样记：1只小手5个手指头，2只小手10个手指头……6的口诀：1只蚂蚁6条腿，2只蚂蚁12条腿，3只蚂蚁18条腿，4只蚂蚁……7的口诀：1个星期7天，2个星期14天……

另外，教师还可以向学生介绍我国传承了将近两千年的九九乘法口诀，丰富学生的知识，欣赏古人的智慧，体会自己的成功。

三、其他事项

（一）学习乘法口诀的具体观念

（1）经历关联转化的思维过程，引导学生把乘法口诀的学习与前面学过的连加的计算方法、乘法的意义和数数的方法进行关联，让学生在自主编写口诀与交流口诀的过程中，感受转化、迁移的数学思想。

（2）借助几何，直观理解每句口诀的含义，探索乘法口诀记忆规律，点子图、数形图等直观模型可以把复杂的数学问题变得简明、形象。通过数形结合，更好地帮助学生理解乘法口诀的意义和记忆口诀。

（3）在运用乘法口诀解决问题的过程中，逐步积累运用乘法的有关知识解决生活实际问题的活动经验，强化新知识与旧知识、知识与生活实际、知识与思想之间迁移的能力。

（二）学习乘法口诀的核心要点和关键问题

运用乘法口诀范式教学时，要抓住乘法口诀的核心要点和关键问题，特别是在设计导学案的自主学习任务单和合作学习任务单时，通过核心要点和关键问题的导学，促进学生有效学习、迁移学习（见表3-3-2）。

表3-3-2　学习乘法口诀的核心要点和关键问题

核心要点	关键问题
口诀体现了乘法的意义及算式之间的联系	编制2～9的乘法口诀，说说你是怎么编的？
口诀中蕴含着丰富的规律	你从口诀中发现了什么规律？为什么有这样的规律？
口诀能帮助我们解决更多的问题	乘法口诀为什么就只到九九八十一呢？

（三）易错点（见表3-3-3）

表3-3-3　乘法口诀知识易错点一览

易错点	典型错例	对策
不能很好地理解乘法、加法的意义	一共有多少个○？ (1) ○○○○○ 　　○○○○○ 　　○○○○○ 　　□○□=□ (2) ○○○○○　○○○ 　　□○□=□ 错解：(1) 5+10=15 　　　(2) 5×3=15	关键要分清几个几表示的不同含义，再列出正确的算式

续表 3-3-3

易错点	典型错例	对策
忘记了可以改写成乘法算式的特点	把下面能改写成乘法算式的改写成乘法算式。 (1) $2 \times 2 \times 2$ (2) $2+2+2+2+2+3$ 错解：(1) $2 \times 2 \times 2 = 2 \times 3 = 6$ (2) $2+2+2+2+2+3 = 5 \times 3 = 15$	要看清算式中的运算符号、各个数的特点，再做出判断
乘法口诀掌握不牢	比较大小。 $5 \times 7 \bigcirc 18$ $2+8 \bigcirc 8 \times 2$ $5 \times 5 \bigcirc 5+5$ 错解：< = =	养成认真审题的好习惯，养成认真看清运算符号的好习惯，把口诀牢记在心，学会应用
个别口诀记不牢，得数混淆	计算下面各题。 $3 \times 6 =$ $2 \times 9 =$ $2 \times 6 =$ $2 \times 8 =$ 错解：$3 \times 6 = 12$ $2 \times 9 = 16$ $2 \times 6 = 18$ $4 \times 8 = 32$	加大口诀背诵力度，通过引导学生理解口诀中的规律记忆口诀
分不清几个几加一个数是几个几	填一填。 $7 \times 3 + 7 = (\quad) \times (\quad)$ $7 \times 5 + 5 = (\quad) \times (\quad)$ 错解：$7 \times 3 + 7 = 8 \times 3$ $7 \times 5 + 5 = 7 \times 6$	要根据加数考虑乘法部分表示的是几个几
口诀应用出错	解决问题。 每辆玩具小车9元，小明要买4辆，需要多少钱？ $9 \times 4 = 32$（元） 答：需要 32 元	熟记乘法口诀，正确解决问题

（四）教学建议

1. 重视乘法意义的理解

只有理解了，记忆才更有效。低年级儿童正处于以具体形象思维为主的阶段，由形象思维向抽象思维过渡。因此，创设形象直观、贴近儿童生活、易于动手操作的数学学习活动，是帮助学生理解乘法意义的有效方法。例如，用小棒让学生拼摆三角形、正方形，计算每个小朋友用了几根小棒，让学生列出算式，进而选择相同加数相加的等式引出乘法。把乘法概念建立于学生喜欢的拼图活动之中，并通过相同加数相加的算式与乘法算式对照，以及把加法算式写成乘法算式的学习活动，让学生理解乘法算式的含义是表示几个几相加，明确乘法是相同数连加的简便算法，为学生进一步学习"乘法口诀"打下良好的基础。

2. 让学生经历编制乘法口诀的过程

要让学生经历编制乘法口诀的过程，了解每句乘法口诀的来龙去脉、每句口诀的实际意义，才能记得牢、用得活。以 2 的乘法口诀为例，可借助小棒来摆筷子，1 双筷子用 2 根小棒，再摆 1 双筷子，求一共要用多少根小棒。先算出 2 个 2 的和，强调 2 个 2 根小棒，再写出乘法算式。然后，联系乘法算式引出"二二得四"这句口诀。学生经历归纳口诀的过程，能比较好地理解口诀的来源和它表示的意思。

3. 注重数据的反馈精准导学

"爱种子"教学平台能实现学生自我评价、小组评价及练习完成情况等数据的统计分析，通过平台反馈的数据，可以分析学生的思想状况和对本课知识的掌握情况，顺学而导、以学定教，对本课的教学进行精准的指导，提升学生自我反思和运用知识解决问题的能力。

总之，乘法口诀是我国传统文化的瑰宝，是祖先留下的宝贵财富。我们小学教师要善于开动脑筋，充分发挥创造性，让孩子们又快又好地掌握这一基本工具，激发他们对数学的兴趣，为进一步学好数学打下坚实的基础。

【教学案例6】

"爱种子"背景下的"乘法口诀"教学
——以北师大版小学数学二年级上册"5 的乘法口诀"为例
清远市清城区凤翔山湖学校　陈佩英

一、课前慎思

"5 的乘法口诀"是北师大版小学数学二年级上册第五单元第一课时的内容，是在学生初步理解乘法的意义和已经具备了丰富的数数经验的基础上进行教学的。在北师大版教材中，"5 的乘法口诀"是乘法口诀教学的起始课。教材通过"数松果"的情境，把 5 的乘法口诀的教学置于活动中，引导学生主动探索松果的数量与堆数之间的相应关系和规律，经历 5 的乘法口诀的编制过程，得出 5 的乘法口诀。教材通过三个问题让学生经历编制 5 的乘法口诀的过程，从不同角度感受乘法口诀之间的联系，并记忆乘法口诀。乘法口诀的教学内容具有一定的同构性和规律性，运用"乘法口诀"教学范式，便于运用知识的迁移学习新知识，并在理解的基础上记忆口诀。下面以"5 的乘法口诀"为例，详细进行阐述。

二、教学实践

第一个环节：生活现象——创设情境感知口诀

1. 看一看：秋天到了，松林里的松果丰收了，松鼠妈妈带着它的宝宝到松林里去采松果，我们一起去看看吧！

2. 说一说：从图中你知道了什么数学信息？

3. 想一想：你能根据上面的数学信息提出数学问题吗？

4. 揭示课题。(板书:一共有多少个松果)

【设计意图】学生在富有童趣的情境中发现问题、提出问题,把要解决的问题有机地融入情境中,增强了学生课堂学习的参与度。

第二个环节:个别探究——自主探索创编口诀

1. 数一数:第 1~3 堆各有几个松果。
2. 摆一摆、数一数:第 4~9 堆各有几个松果。
(1) 摆一摆,用小棒摆一摆松果的个数。
(2) 数一数,把结果填在表格里。

自主学习任务单

数一数、填一填。

堆数	第1堆	第2堆	第3堆	第4堆	第5堆	第6堆	第7堆	第8堆	第9堆
松果个数									

【设计意图】通过数一数,得出第 1~9 堆松果的数量,体会 1 个 5、2 个 5……9 个 5 的和的规律,为编制 5 的乘法口诀做铺垫。

3. 写出下图乘法算式的结果。
4. 你能根据乘法算式编一编口诀吗?
5. 微课学习,解答疑惑。

同学们,大家都编好了吗?我们一起来看看微课。

6. 学生自我修正结果。
7. 展示评价。

展示学生编写的口诀,规范乘法口诀的写法,利用系统评价工具表扬口诀编得又对又快的学生。

【设计意图】编写乘法口诀是本节课的重点,应发挥学生的主体作用,给学生提供充分的时间和空间进行观察、思考,通过数形结合的方法自主编制口诀。

🍎🍎🍎🍎🍎	1×5=5	一五得五
🍎🍎🍎🍎🍎	2×5=10	二五一十
🍎🍎🍎🍎🍎	3×5=15	三五十五
🍎🍎🍎🍎🍎	4×5=＿＿	四五 ＿＿
🍎🍎🍎🍎🍎	5×5=＿＿	五五 ＿＿
🍎🍎🍎🍎🍎	5×6=＿＿	五六 ＿＿
🍎🍎🍎🍎🍎	5×7=＿＿	五七 ＿＿
🍎🍎🍎🍎🍎	5×8=＿＿	五八 ＿＿
🍎🍎🍎🍎🍎	5×9=＿＿	五九 ＿＿

第三个环节：协作构建——互动交流理解口诀

1. 找规律，记口诀：小组合作完成合作学习任务单。

合作学习任务单

第（　）小组

成员	说一说、填一填
1（　）	（一）想一想、说一说：
2（　）	（1）相邻两个乘法口诀有什么联系？
3（　）	（2）有什么好方法可以更好地记住这些乘法口诀？
4（　）	（二）我们的方法有：

【教学建议】①独立思考，把你的想法告诉你的小伙伴。②小组长组织小组内交流。③记录员收集、记录方法。④汇报员做好汇报的准备。

2. 全班汇报交流。
3. 教师小结，并进行板书。
4. 利用应答器进行小组评价。
5. 利用应答器进行组内互评，关注每个小组合作学习的开展情况。

【设计意图】本课注重对学生的评价，特别是充分利用平台的评价工具，即时采集学生反馈的信息，即时评价，暴露存在的问题，引导学生自我反思、合作反思，促进再学习、再评价，教师根据问题开展精准的学习指导。

第四个环节:练习检测——丰富练习活用口诀

(一)基本练习

1. 写一写。

一共有多少个杯子?

2. 填一填。

(二)趣记口诀:对口令

(三)活用口诀

说一说:在我们的生活中,有哪些地方可以用到5的乘法口诀?

【设计意图】基本练习,利用实物图、数线图等直观模型,帮助学生通过数形结合理解乘法口诀的意义;趣记口诀,利用有趣、好玩的游戏,激发学生的练习兴趣,强化对乘法口诀的记忆;活用口诀,让学生在实际应用中灵活运用口诀,实现迁移,让学生感受学习乘法口诀的价值。

(四)总结评价,回顾反思

谈话:这节课你有什么收获?

👍 学习评价

1. 我知道 5 的乘法口诀的特点是（　　　　）。（口述）
2. 我还知道记住 5 的乘法口诀的好方法是（　　　　）。（口述）

根据以上评价标准，你觉得这节课自己表现得怎么样？

【设计意图】让学生回望本节课的学习过程，说一说 5 的乘法口诀的特点和记住 5 的乘法口诀的好方法，引导学生及时地内化梳理、反思总结，让学生学有所得，学有体会。

第四节　运算定律教学范式

运算定律指基本运算律，包括加法运算定律和乘法运算定律。运算定律是四则运算的依据之一，更是提高学生运算技能的重要依据。北师大版小学数学四年级上册将运算定律作为一个独立单元，旨在突出运算定律在数与代数领域的重要性，运算定律虽然改变了运算顺序，但运算结果并没有改变，它使一些运算变得简便合理，即算式的等值变形。运算定律是算理，学生理解起来有一定的难度，为此，我们倡导"让律动起来"的课堂教学理念，旨在将互联网与小学数学课堂教学实践有机结合起来，结合"爱种子"教学模式的四个环节，形成运算定律教学范式：

　　　　　生活现象——提取信息，感知规律
　　　　　个别探究——猜想分析，了解规律
　　　　　协作构建——举例验证，理解规律
　　　　　练习检测——实践运用，内化规律

一、实践策略

能够根据法则和运算律正确地进行运算，是培养运算能力的重要依据。学生理解运算算理，能用简洁的运算途径解决问题，是培养学生运算能力的表现。一题多解体现运算的灵活性，恰当使用运算定律进行运算，不仅可以提高计算结果的正确率，而且能使运算做到灵活、合理和简洁。

（一）生活现象——提取信息，感知规律

数学来源于生活，生活中大量的素材都是数学知识的源泉。立足小学生的数学学习实际和数学教学规律,从数学与生活的联系入手,采取符合小学生数学学习需求的生活化手段。将抽象的数学运算定律知识生动直观地呈现在学生面前,使其在已有的生活经验的参考下,初步感知其中所蕴含的数学知识。

1. 现实情境激趣

创设一个贴近生活实际的问题情境,使学生认识到现实生活中蕴涵着大量的数学信息,让学生初步感知规律,为学生探索运算定律提供一个"脚手架"。

如教学加法交换律时,教师可以创设这样一个生活情境:轩轩的弟弟很喜欢吃果冻,导致吃饭很少,妈妈为了限制他吃果冻,对他说:"从今天开始,你早上只能吃3个,下午吃4个。"弟弟一听,大哭大闹。妈妈马上改口:"那早上吃4个,下午吃3个吧。"弟弟立刻破涕为笑。弟弟得到便宜了吗?有趣的生活故事,能激发学生从中提取有用的数学信息"3"和"4",通过计算,初步感知"3+4"与"4+3"的结果是一样的,主动去感知、发现其中蕴含着的规律。

2. 学科整合沟通

小学数学教学既要重视知识的纵向性,又要关注横向知识的生长及不同学科之间的内在联系。如在教学乘法交换律时,可以沟通数学与语文学科之间的联系:"实现"这个词语反过来怎么读?这个词语成立吗?类似这样的词语还有很多,你能举例吗?语文中的词语有这样的规律,数学算式中是否也存在这样的规律呢?简单的谈话,沟通了语文与数学学科之间的联系,让学生回顾语文知识,从而发现有些词语反过来读也是成立的,但反过来读的词语的意思与原来的不一样了。数学算式中,两个因数交换了位置,结果是否改变了呢?受顺向思维的影响,部分学生会脱口而出,教师不用急于做出答复,让规律这颗种子在学生心里萌芽。

除此之外,还可以通过创设与课程内容相关的动画视频、谈话、猜谜语、讲故事等情境,让学生感知规律。

(二)个别探究——猜想分析,了解规律

问题是推动创新的原动力。点燃学生求知的火把,需要教师在教学中别具匠心、巧妙地设置一个个有效的问题,这样才能激活学生的思维,使学生的思维随着问题的解决得到一种令人惊喜的发展。

1. 运用学习单探究规律

学生的潜能是无限的,他们思考问题的方法有时会大大出乎我们的意料。因此,课堂教学中,教师要根据生活现象中得到的信息巧妙设计学习单,让学生通过学习单的指引,主动去探究,获取新知。如教学加法结合律时,可以设计这一学习单(见表3-4-1),让学生自己找出信息,根据问题列出不同的算式。

表 3-4-1 学习单

问题	20元　23元　6元	各买一个，一共需要多少钱？
用两种方法列式计算		
比较两个算式的大小		
我的发现		
我会仿写算式		

学生通过计算，比较两个算式的大小，再反观算式特点，会发现什么？解释自己的发现，再仿写算式。这一系列的自主探究活动，既培养学生的主动学习能力，又发展学生的数学分析能力。数学的分析能力是数学基本能力的一种，是综合运用逻辑推理、转化、联想及猜想的能力。培养学生的观察分析能力可以提高学生的数学成绩，拓宽学生的数学思维，让学生遇到数学问题时能够通过自己的观察分析进行解决；还可以发展学生的创造能力，让学生能够灵活地运用所学的数学知识，充分发挥自己的创造性来解决实际问题。

2. 借助微课了解规律

微课（microlecture），是指运用信息技术，按照认知规律，呈现碎片化学习内容、过程及扩展素材的结构化数字资源。微课能为学生直观呈现某个知识点，花时间少，学生容易接受。如教学小数四则混合运算 $1.72+3.86+2.28+6.14$ 时，让学生独立计算。由于学生已学过整数的四则混合运算，知道含有一级运算的计算顺序是从左往右，很多学生会觉得很简单，埋头计算，也有部分学生会联想到前面学过的整数加法交换律和结合律，于是尝试运用。此时，再播放一个运用运算律可以使计算简便的微视频解说。会用运算律算的学生体会到成功的乐趣，按运算顺序算的学生思维得到启发，对整数运算定律拓展到小数这个知识豁然开朗，了解到整数的运算定律在小数加法中同样适用。

3. 利用复习旧知迁移到新知

数学知识的呈现是连贯的，既有横向的不同学科之间的联系，又有同学科之间前后知识点的联系。教师要善于把握知识的前沿，利用复习旧知迁移到新知这一方法，降低学生学习新课的难度，使学生对知识的掌握水到渠成。如教学乘法结合律时，学生前一节课已经学会了加法结合律，知道三个数相加，可以先算前两个数的和，再与第三个数相加；也可以先求后两个加数的和，再与第一个数相加。教师通过复习旧知识，勾起学生的回忆，他们很自然就会想到，在乘法算式里，这样的规律是否也存在。有了这样的猜想，他们也会仿照之前的学法，通过举例、结合生活实例等去验证猜想，从而得出乘法算式也同样存在类似的规律：三个数相乘，可以先算前两个数的积，再与第三个数相乘，或者先算后两个数的积，再与第一个数相乘，它们的结果不变。乘法结合律与加法结合律不同的只是运算符号而已，新知在学生复习旧知的驱动下顺理成章地迁移并清晰呈现了，使学生了解了规律。

（三）协作构建——举例验证，理解规律

学生通过初步猜想—分析，采用不完全归纳法，对规律有了初步的了解，但对规律的认识还停留在懵懂的状态。学生在个别探究中积累了一定的数学学习活动经验，这时通过小组合作，同伴合作交流，给予学生足够的时间，让学生把心中的猜想、疑惑说出来，大家共同探讨，拨开规律的云雾，使知识进一步明朗。小组合作学习是一种有利于学生主动参与的学习形式，有效的小组合作学习可以形成开放、包容的学习氛围，使小组成员间相互激励、相互促进，可以提高学生的学习效率，培养学生的合作精神。教师可按以下几个步骤开展小组合作学习。

1. 明确要求

开展活动前，一定要让学生明白活动的任务是什么。让学生带着任务开展活动，活动的目标明确，学习活动的有效性会加强。

以"乘法分配律"一课的教学为例（见图3-4-1），生成三个问题：

（1）你能结合上面的例子说明这个等式为什么成立吗？（见表3-4-2）

（2）你还能用画图或其他方式说明乘法分配律是成立的吗？

（3）$4 \times 10 - 4 \times 5 = 4 \times (10 - 5)$成立吗？请你设计一个方案验证你的想法。

图3-4-1 活动任务

表3-4-2 算式及意义

算式	$3 \times 8 + 3 \times 6$	$3 \times (8 + 6)$
表示的意义		

学生带着这三个问题不偏不离地去思考、讨论，在活动中，碰撞出思维的火花。联系乘法的意义，算式"$3×8+3×6$"表示的意义是8个3加6个3，就是14个3；算式"$3×(8+6)$"也是求14个3，从而得出式子是成立的。学生还可以通过画圆圈图或结合具体事例，说明乘法分配律是成立的。最后，学生通过讨论发现：算式"$4×10-4×5$"是表示10个4减去5个4，得5个4；算式"$4×(10-5)$"也求5个4，所以这两个式子相等。学生在独立思考的基础上再与同伴交流合作，算式与事例结合、算式与图形结合，发现：两个数的和与一个数相乘，可以先把这两个数分别与这个数相乘，再把所得的积相加，结果不变，这就是乘法分配律的内涵。

2. 合理分工

小组活动的开展是否顺利，很大程度上取决于合作前的分工是否合理，让每个成员都有任务，在组长的带领下各司其职。既分工又合作，是这个环节学习的关键，突出了"爱种子"教学模式提倡的合作建模方式。

如教学乘法分配律时，学生在个别探究环节已经初步了解一个数乘两个数的和等于这个数分别乘这两个数所得的积的和。在此基础上教师让学生借助合作学习任务单（见表3-4-3）进行协作探究，发现和总结乘法分配律。

表3-4-3　合作学习任务单

第一类方法	第二类方法

小组讨论：

(1) 表3-4-3中，左右两组算式都相等吗？＿＿＿＿＿＿＿

(2) 我们发现：＿＿＿＿＿＿＿＿＿＿＿＿＿＿＿＿＿

(3) 用a、b、c代表三个数，写出通过表3-4-3发现的规律：

＿＿＿＿＿＿＿＿＿＿＿＿＿＿＿＿＿＿＿＿＿＿＿＿＿＿＿＿＿＿

小组长发挥领头作用，让每个小组成员写一个算式，教师巡视时注意启发引导，鼓励学生尝试写出不同的算式来。然后组内讨论，把小组讨论的结果统一，整理写出来，让汇报员汇报。这样一来，分工明确、人人参与学习活动，通过个体的独立思考、组内的讨论，再次明确乘法分配律的真正内涵，乘法分配律的模型有了组内的构建。

3. 提炼规律

让学生用规范、精确的语言概括发现的规律，对学生来说存在一定的难度，是教学的难点。如学习加法交换律和乘法交换律，老师提问：刚才我们利用很多的例子充分证明了这一发现，那你能用一段话概括地说说这一发现吗？学生尝试用自己的语言描述发现的规律，他们通常会说"交换位置"，老师要善于捕捉学生语言的关键信息，在此基础上追问：交换谁的位置？再让学生观察结果，然后让学生把零星的语言组成一句完整的话，学生提炼出来的语言就很接近规律的描述了。只有探寻定律背后的意蕴，学生才能真正掌握乘法分配律的本质内涵，在简便计算及解决问题时才能"以不变应万变"。由算式到语言，再抽象到符号，顺应学生的思维发展，培养学生的符号感。

（四）练习检测——实践运用，内化规律

课堂练习是新课的补充与检测。通过基本练习题的训练，可以检测学生的数学学习素养和学习能力；再通过一些变式的练习，发展学生的思维能力。同时，练习这个环节也是互联网与教学有机整合的关键环节。

1. 基本练习

一节新课教学完后，适当的练习可以帮助学生巩固新知，让学生不至于遗忘太快。如乘法分配律这一课时的教学，先让学生用应答器完成：判断下列哪些算式正确。

（1） $56 \times (19 + 28) = 56 \times 19 + 28$ （　　）
（2） $40 \times 50 + 50 \times 90 = 40 \times (50 + 90)$ （　　）
（3） $32 \times (3 \times 7) = 32 \times 3 + 32 \times 7$ （　　）
（4） $64 \times 64 + 36 \times 64 = 64 \times (64 + 36)$ （　　）

这组练习让学生直观地辨认乘法分配律的结构特征，加深对乘法分配律的认识。教师对学生的反馈数据进行分析、评价，提高教学效果。

根据乘法分配律填空。

（1） $175 \times 36 + 175 \times 64 = 175 \times (\underline{} + \underline{})$
（2） $39 \times 39 + 61 \times 39 = \underline{} \times (\underline{} + \underline{})$
（3） $167 \times 28 - 167 \times 8 = 167 \times (\underline{} - \underline{})$

这组练习让学生学会观察算式的特点，根据乘法分配律的结构特征，把等式的另一半填写完整，难度加大，加强学生分析能力的培养。

2. 变式练习

运算定律是教学中的本与源。通过一组反向练习，加深学生对乘法分配律展开式的认识，培养学生的逆向思维。学生对乘法分配律的模型有了比较清晰的认识，在此基础上，出示：运用乘法分配律计算下面各题。

（1） 21×205

(2) $24 \times 55 + 24 \times 45$

(3) $103 \times 12 - 3 \times 12$

通过计算训练，让学生进一步掌握乘法分配律这一运算定律的特征，学会合理运用乘法分配律，使一些计算更简便。数学的学习与生活紧密联系，在巩固本节课的知识点的同时，把问题延伸到生活中，让学生运用乘法分配律解决类似的实际问题，从而内化规律。

二、教学误区

（一）避免轻知识的由来，重计算运用

实践活动是学生吸取知识的主要来源，也是学生学习的主要根据。因此，教师很容易犯的错误就是把规律——运算定律直接传授给学生，让学生熟记公式，花很多的时间在大量的习题中巩固运算定律。这样强加给学生运算定律，他们只会模仿公式，生搬硬套，遇到公式的模式稍微改变，就会产生困惑。因为机械化地练习，学生对定律的内涵没有真正理解，一旦脱离了公式的原型，稍做改变，学生就不认识了。如教学"整数乘法运算定律推广到小数" $4.25 \times 11 - 4.25$ 和 0.78×10.1 时，要让学生使用运算定律计算，大多数学生会满脸困惑，无从下手。很显然，学生在第一阶段学习整数乘法分配律时，没有弄懂定律的内涵，遇到公式的逆运用，并且稍加"变形"，他们不会找其中隐藏的信息。如第一个算式中的"4.25"可以变身为"4.25×1"，原式变成"$4.25 \times 11 - 4.25 \times 1$"，这时学生都会反向用运算定律进行计算。同样，第二个算式中的"10.1"，利用数的分解也可以写成"$10 + 0.1$"，到这一步，他们会恍然大悟："我会了。"学生不是缺乏"火眼金睛"，而是在开始学习运算定律时没有弄懂定律的内涵。关注学生的学习过程，通过他们亲自猜想和验证，有意识地引导学生亲身经历"做数学"的过程，这样探究得来的知识，才能在他们的脑海中留下深刻的印象。这时再适当进行巩固练习，加深对定律的理解，才能收到事半功倍的效果。

（二）避免轻与现实的联系，重为练而练

学习运算定律，是可以使一些计算简便，但不是计算结果得来的唯一途径，因此不必过于强调运算定律在计算中的重要性。在学习运算定律的过程中，要避免题海战术，练就一个个机械化的刷题能手。数学知识来源于生活，要教会学生用数学的眼光看待生活，生活中的许多情境就是数学学习的素材。如教学整数加法交换律和乘法交换律前，引导学生用数学的眼光看待身边的"乘车换座位"等事情，并提出疑问：这种交换位置、结果不变的现象在我们的数学知识中有没有呢？激励学生从已有的知识结构中提取有效的信息，加以观察、分析，主动获得"加法交换

律和乘法交换律"的知识，在问题解决的过程中，学生既获得了解决问题的方法，又体验了成功的喜悦。同时引导学生把学到的数学知识运用到实际生活中。例如，统计图书馆里的图书册数，可以用"每层册数×层数"算出每个书架的册数，再用"每个书架的册数×书架个数"求出图书总册数；也可以先用"每个书架层数×书架个数"算出总层数，再用"总层数×每层册数"，这个方法算出的图书总册数与第一种方法是一样的。类似这样的生活情境还有很多，如农场里、电影院中、体育馆里等。教师引导学生把所学知识运用到实际，让学生体会到数学学习的实用性。

【教学案例7】
自主学习环境下的小学数学运算定律教学
——以北师大版小学数学四年级上册"乘法分配律"为例

清远市清城区先锋小学　吴雪珠

一、课前慎思

数与代数部分是义务教育阶段数学课程的重要内容，这部分的内容包括数的概念、数的运算和数的估计等，运算力是数学五大核心能力之一，是学生思维品质的体现。其中，运算定律的学习是学生在混合运算中能熟练并准确地实施巧算，运算能力提升的依据。乘法分配律是在学生已经学习掌握了乘法交换律、结合律，并能初步应用这些定律进行一些简便计算的基础上进行学习的。学好乘法分配律是学生以后进行简便计算的前提和依据，对提高学生的计算能力有着重要的作用。它是小学阶段一个非常重要的运算定律，也是学生最难掌握的一个运算定律。借助"爱种子"教学模式，让这个枯燥乏味的运算定律动起来，使学生牢固掌握，灵活应用到运算中。

基于以上的分析，本文将以北师大版小学数学四年级上册"乘法分配律"为例，谈谈教师应如何上好"运算律"这一类的课。

二、教学实践

活动一：生活现象——提取信息，感知规律

1. 出示主题图，提出自主学习要求：

（1）观察这幅图，厨房里左右两边分别贴了什么颜色的瓷砖？

（2）图中有哪些数学信息？

（3）用两种方法解决。

2. 学生根据自主学习任务

单的要求自主学习。

3. 指名回答，学生评价。

【教学建议】①教师应引导学生用不同的方法来解决问题，感受方法的个性化和多样性。②帮助学生梳理四种不同思路的算式：$3\times10+5\times10$、$4\times8+6\times8$、$(3+5)\times10$、$(4+6)\times8$，从实际问题抽象出算式。

【设计意图】利用学生熟悉的生活情境导入，既符合生活实际，又体现数学来源于生活的理念。结合解决实际问题的过程，交流、感受不同的列式与算式的方法。

活动二：个别探究——猜想分析，了解规律

1. 学生借助自主学习任务单独立猜想分析。

自主学习要求：

(1) 每位同学选择完成其中一个任务单。

(2) 每种方案用两种方法分别算出贴瓷砖的总数，并记录自主学习任务单。

自主学习任务单

贴砖方案	求总数	
	第一种方法	第二种方法
我想按颜色贴：蓝色瓷砖有（　）行，每行＿＿＿块；白色瓷砖有（　）行，每行＿＿＿块。共有（　）行，每行＿＿＿块	先求什么？ 再求什么？ 列综合算式	先求什么？ 再求什么？ 列综合算式

2. 交流汇报探究结果。

3. 教师引导归纳，初步了解规律。

【教学建议】①教师适时帮学生归纳、概括规律。例如，可以怎样概括等式左边的特点？（两个数的和与一个数相乘）右边呢？（用一个乘数分别与两个数相乘，再把积相加）②在教师的引导下，学生通过语言表述，逐渐认同规律。

【设计意图】让学生发现每一组的两种算式是相等的，即发现乘法分配律的两个特例。感受等值变形的特点，初步发现规律。从这两个特例出发，根据类比，还可以写出更多符合乘法分配律的特例。

活动三：协作构建——举例验证，理解规律

(一) 用字母表示乘法分配律

1. 出示合作学习任务单（一），提出合作要求。

(1) 每个成员举两个例子，组长记录在学习单中。

(2) 观察比较每组算式，说一说你们的发现。

（3）尝试用字母表示你们的发现。

合作学习任务单（一）

第一类方法	第二类方法

2. 组内讨论交流。
3. 汇报各组交流结果。
（二）请你结合"$4×9+6×9$"这个算式，说明乘法分配律是成立的
1. 出示合作学习任务单（二），提出合作要求。
（1）先独立思考，可以从画图或乘法的意义等方面思考。
（2）小组内交流各自的想法，择取正确的说明方法，记录员记录。

合作学习任务单（二）

想一想，算一算	$4×9+6×9$
画图	
观察算式的特点	（　）个（　）加（　）个（　），一共（　）个（　），也就是（　）个（　）

2. 教师巡查。
3. 学生代表汇报。
4. 教师归纳小结：无论是通过画图还是根据算式的含义，都是要理解4个9和6个9的总和是10个9。

【教学建议】先向学生提供点子图的材料，在点子图上画一画、圈一圈，然后鼓励学生说一说。应尊重学生个性化的想法，只要表达清楚，说出依据，都应该鼓励。

【设计意图】利用小组活动的方式，体会用字母表示运算规律的简洁性和优越性，让学生在说理的过程中再次体会本节课所学知识的规律。

活动四：练习检测——实践运用，内化规律

（一）基本题型

1. 根据乘法分配律把式子填完整。（应答器）

(32 + 35) × 4 = ____ × 4 + ____ × 4

(62 + 12) × 3 = ____ × ____ + ____ × ____

8 × (125 + 9) = 8 × ____ + 8 × ____

2. 判断对错。（应答器）

56 × (19 + 28) = 56 × 19 + 28　　　　　　　　　　　　（　　）

40 × 50 + 50 × 90 = 40 × (50 + 90)　　　　　　　　　　（　　）

32 × (3 × 7) = 32 × 3 + 32 × 7　　　　　　　　　　　　（　　）

64 × 64 + 36 × 64 = 64 × (64 + 36)　　　　　　　　　　（　　）

（二）变式练习

学校要给 28 个人的合唱队买服装。

（1）下面是淘气、笑笑列的算式，和同伴说说他们是怎么想的。

（2）请你算算买服装共要花多少钱。

【教学意图】根据本节课的内容，教师利用客观题和主观题，对学生的知识、能力和素养三方面进行发展性的评价。

"爱种子"实验背景下"运算定律"教学范式，从学生熟悉的情境出发，使学生经历"猜想—验证—应用"一系列活动，由传统教学的重视结论的记忆、算法的模仿，转变为引导学生在探索活动中发现、感悟、体验数学规律，进而学会应用规律。教学过程充满情趣，学生积极参与，真正落实"四得"。

第五节 "解方程"教学范式

在小学阶段，算术思维很早被植入学生的头脑，因此，大部分学生在刚认识"方程"时，较难形成代数思维。方程就是代数思维的代表，它在数学学习中占有核心的地位，它既是数学思维的载体，又是形成运算能力的工具。

方程的认识离不开两个关键词——代数、等量关系。寻找等量关系的关键是理解并灵活地运用等式的性质,而等式的性质这一重要概念一直贯穿于方程、解方程及运用方程解决问题三大板块,可见,"等式的性质"的教学至关重要。等式的性质是解方程的重要方法,许多学生在运用等式的性质解方程的过程中容易出现错误,学习效率低。仔细思考这些问题,我们发现"爱种子"教学模式能突破当前的困境,能帮助学生更深入理解等式的性质,形成解方程技能,也能帮助学生逐步地将算术思维发展为代数思维。故此,我们通过反复地进行课堂实践研究,优化"数与代数"领域中"式与方程"的导学案,形成了"爱种子"实验背景下"解方程"的教学范式。

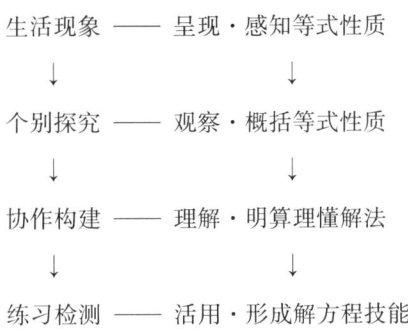

一、适用范围

《义务教育数学课程标准(2011年版)》中将"式与方程"单独作为"数与代数"的一项重要的课程内容。北师大版小学数学教材安排了四次"式与方程"的学习。第一次是在四年级下册,学习的主要内容有用字母表示数、认识方程并用方程表示简单的等量关系、等式的性质、解方程、初步用方程解决简单的实际问题;其他三次分别安排在五、六年级。纵观四次"式与方程"的内容安排,"解方程"只占了四年级下册第五单元的两课时。虽然这一内容所占的比例少,却至关重要。解形如 $x+5=12$ 的简易方程,为后续解形如 $4x+8=24$、$ax\pm x=b$ 的稍复杂方程奠定了基础,四年级解整数方程的知识也为五、六年级解小数、分数的方程的知识奠定了基础。

基于以上分析,四年级解方程的知识是非常重要的转折点,这部分内容可应用"爱种子"实验背景下"解方程"的教学范式,帮助学生在算理上掌握解方程的方法,大大促进后面知识的正迁移,运用方程解决更加复杂的问题。现罗列出适用于"解方程"教学范式的课程内容(见表3-5-1)。

表 3-5-1　适用于"解方程"教学范式的课程内容

册次	所在单元	内容	课时数
四年级下册	第五单元	解方程（一）（解形如 $x+5=12$ 的方程）	1
		解方程（二）（解形如 $2x=10$ 的方程）	1

二、运用策略

（一）生活现象——呈现·感知等式性质

学习不仅要知其然，还要知其所以然。很多学生出现解方程计算错误，并不只是因为粗心，大部分原因是学生还没弄懂解方程的算理。从现实生活中或具体情境中抽象出数学问题，有助于学生初步形成模型思想。我们要让学生从具体情境中感知等式的性质，体会和理解数学与外部世界联系的基本途径。因此，结合教材编排和学生年龄特点，应当注重帮助学生构建现实生活与方程的联系，可以尝试从以下两方面引导教学。

1. 利用"天平"，直观感知等式性质

天平是架起学生算术思维和代数思维的"桥梁"，让学生从已知世界走进未知世界。教师教学前可准备天平等操作工具，组织学生借助天平进行实际的操作活动。

2. 把"已知"变为"未知"，间接感知等式性质

在教学时，以问题串+操作演示来表示天平两边的关系。以核心问题"你能用一个等式来表示天平两边的关系吗"为导向，呈现天平的演示过程：从砝码中不含字母的天平过渡到砝码中含有字母的天平。这个观察天平的学习活动要引导学生认真观察、细心思考，理解天平从不平衡到平衡状态、从已知到未知的过程，是构建等式性质的模型。

（二）个别探究——观察·概括等式性质

学生的自主学习是以单引学，直击数学的本质。在初步感知等式性质后，要让学生概括等式性质，这样才能初步建立方程的模型思想。这一个过程不能蜻蜓点水，浅尝辄止，要注重等式性质的生成过程。观察天平现象只是一个感知、初步认识的过程，要真正建立等式性质的概念，还需要学生用自己的语言抽象概括等式性质。在引导学生概括等式性质时，利用自主学习任务单设置的核心任务，给予每一位学生独立思考的时间和空间，放手让学生自主探究，使学习单成为学生自主学习的"脚手架"，为学生初步建立方程的模型打下基础。

1. 观察比较总结规律

《义务教育数学课程标准（2011年版）》提出：归纳概括得到猜想和规律，并加以验证，是创新的重要方法。在学生已完成自主学习任务单的基础上，根据等式的特点进行分类，引导学生观察比较，找出等式的共同点，从而概括提炼出关键词"同时""相同的数"，最后鼓励学生用一句话说出对等式性质的理解。

2. 动手操作验证规律

概括等式性质后，再让学生用天平或画图的方法动手操作验证等式性质。验证规律是培养创新意识的重要方法，发现规律后验证规律，有利于培养学生思维的严谨性。

（三）协作构建——理解·明算理、懂解法

学者徐斌认为，算理直观，解法抽象，我们要在算理和解法中架起一座桥梁，做好算术思维到代数思维过渡的衔接，让学生在充分体验中逐步完成"动作思维—形象思维—抽象思维"的发展过程。利用等式性质解方程既是教学重点，又是难点，为了更好地突破教学重难点，我们根据学习单设置的任务，通过合作、相互学习、相互借鉴、相互交流，从而提高学生的学习效率，培养学生的合作精神，最终达到使学生学会、会学、乐学的目标。合作学习符合《义务教育数学课程标准（2011年版）》数学学习方式的要求，教师在开展合作学习时要有意识地培养学生小组合作意识及有根据、有条理进行思维活动的习惯。

1. 数形结合明算理

小学阶段，学生思维以形象思维为主，因此，借助"形"深入理解解方程算理是很重要的学习方法。要想学生能深刻明白解方程的算理，我们不妨延续"天平"的方式，通过学生画图的形式或者直接呈现天平的图像直观模型的形式，帮助学生理解运用等式的性质解方程的算理。在呈现天平的图像直观模型时，让学生边观察边说出每一步的依据，这样数形结合的方式可以有效帮助学生直观地体验运用等式的性质解方程的过程，并深入地理解解方程的算理渗透了方程模型。

2. 去情境化，探寻运算法则

前面都是让学生在情境中感受用等式性质解方程，算法是抽象的，有了方程模型的渗透，现在我们可以抛开情境及图形，放手让学生通过小组合作，发挥学生的主体作用，给学生提供充分的时间和空间进行探索，思考解方程的方法。我们预设学生受等式性质启发，可能用天平图类比解方程的过程来求出方程的解，也可能受以前的知识经验影响，会用"逆运算法"推出方程的解。当有学生用"逆运算法"求出方程的解时，我们可以引导学生分析这两种方法的共性，追问用"逆运算法"的学生："这是我们以前就会的知识，那么你能用等式的基本性质来解释这样算的道理吗？"无论哪种方法，目的是要让方程变成"$x=?$"的形式。

对比这两种方法，思考这两者间的联系，主要是让学生深刻地理解用等式性质

求出方程的解的算理，帮助学生打破思维定式，改变原来生硬套用等式性质的方法，进而内化形成技能。

3. 规范解方程书写，以理促运算

解方程的教学属于数的运算领域的教学，数的运算的教学要重视书写的规范。教师在对解题过程进行示范时，要关注"解"和"等于号"的书写要求。规范格式的要求其实就是用算理促进对算法的认识和掌握，这样，有利于培养学生良好的学习习惯和思维的完整性。

4. 代入检验，深化解法

《教师教学用书》明确要求，要培养学生对方程的解进行检验的习惯。检验不仅是一种良好的学习习惯，更是帮助学生提高计算正确率的好方法。教师教学方程的检验方法时，要帮助学生体会把未知数的值带入原方程，看等式是否成立的检验方法。通过检验让学生明确所求的值使方程两边相等，这个过程也是在进一步帮助学生认识等量关系。

（四）练习检测——活用·形成解方程技能

当学生经历了方程解法多样化，并且对解方程的道理有所了解，能运用等式性质的运算法则计算时，还需要一定的巩固练习，才能内化及形成解方程技能。

为了让学生更好地内化、形成解方程技能，我们不应该只设计一些机械化的解方程的题目，不能为了计算而计算。学生能解决机械化地解方程的题目，只能说明学生能运用运算法则求出方程的解，并不能说明学生已内化解方程的技能。因此，我们可以本着由易到难的原则从解方程的算理、计算法则及应用三方面设计练习题目。

1. 算理题

直观模型对于学生探索方法有很大的帮助，特别对于学习有困难的学生，借助直观模型比较容易探索解方程的方法。有利于探索解方程方法的是天平的图形，我们可以鼓励学生再次经历通过画图或举例的方式来说明等式性质的过程，进一步加深对等式性质的理解。例如教学解方程（一）时，可以让学生画图或举例说说"等式两边都加上（或减去）同一个数，等式仍然成立"这句话的意思。又如设计一些看图列方程并解方程的题目，让学生再次经历借助天平解方程的过程，进一步体会等式性质解方程。

2. 运算法则题

运算法则题实际就是让学生运用运算法则解方程的题目，一方面可以巩固解方程的方法、对算理的理解，另一方面可以提高学生解方程的技能。解方程方法是多样化的，我们鼓励学生用等式性质解方程，以加深对解方程算理的理解。

以下两种情况是学生常见的错误（见图3-5-1）。通过访谈，我们知道出现错误的原因是学生"顾此失彼"，这与小学生思维片面性的特点有关系，他们虽然理解等式性质，但运用的时候却会有偏差。基于此，我们可以引导学生借助天平模型分析错误原因，用数形结合的方法发现这样的等式是不成立的，从而加深对等式性质的理解，提高解方程技能。

$$2x+5=5$$
$$2x+5-5=5+5$$

$$x-18=2$$
$$x-18-18=2-18$$
$$x-36=$$
学生算不下去

图3－5－1　学生常见错误

3．应用题

数学源于生活，也必须回归于生活。解方程的知识是枯燥无味的，如果只有抽象的计算题，不但会让学生失去学习的兴趣，更会让学生不了解学习解方程的意义。联系生活设计关于解方程的练习，一方面可以巩固学生解方程的方法，另一方面更重要的是可以培养学生的思维能力，提高学生解决问题的能力。因此，在设计练习时，可以创设实际性的生活中解方程的练习，促进学生从数学角度使用方程解决问题，体会到数学就在身边，内化、形成解方程技能。

三、其他事项

1．发展性评价

"爱种子"教学模式下的发展性评价是在知识与技能，过程与方法，情感、态度与价值观三个维度上展开的，教师可以灵活使用"爱种子"平台工具及时对学生各个环节进行评价，更好地激励学生学习行为的产生，为学生学习提供一定的向导（见图3－5－2）。

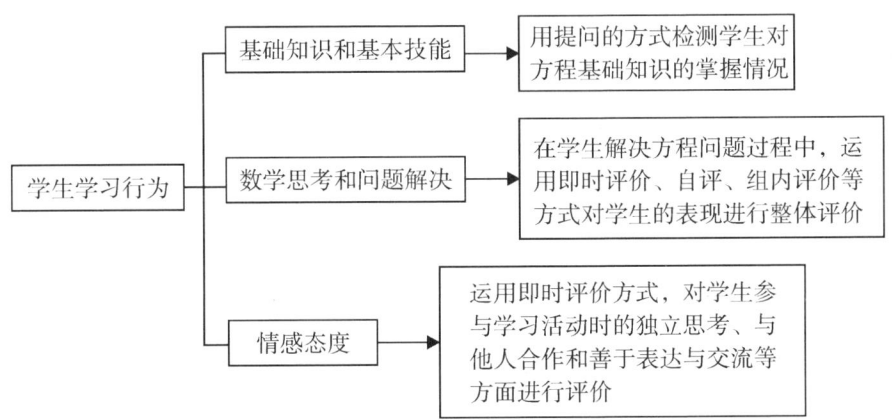

图3－5－2　发展性评价

基于三个方面的评价标准相互交融、密不可分，在力求实现三维目标的前提下，我们认为"爱种子"模式下，教师可以灵活使用"爱种子"平台工具及时对学生列方程解决问题的内容（自主学习课型）制定具体、对应的评价标准，对每个环节进行评价（见表3-5-2）。

表3-5-2　对各环节进行评价

评价环节	评价内容			评价方式	评价工具
生活现象	能独立思考找出数学信息	能表达数学信息	提出的问题有新意	"即时"评价形式：及时的口头表扬或批评；对学生回答问题的反馈；对学生成果欣赏式的解读；学生之间的鼓掌支持；学生在集体面前的展示报告	利用平台评价工具对学生表现进行评分，这样后台可以记录每一位学生的课堂表现情况，在一个星期或一个月后统计学生表现，可以将统计的结果以纸质形式在班级展示
个别探究	能独立思考、主动质疑	能有条理地表述问题	能总结、发现知识间的联系		
协作构建	能专心听同伴说话	能主动讨论、分享问题	能有条理地讲解问题		学生利用"爱种子"应答器及时完成练习，在学生用"爱种子"应答器选择答案后，教师一定要及时地在平台统计和反馈练习的情况，看看学生练习的正确率，较多学生选错的那个选项就是易错点，及时调整教学策略
练习检测	能用应答器选择正确答案	能运用方程知识解决问题	能实践、设计方程问题		

2．易错点汇集

由于学生的解方程技能未达到内化、熟练阶段，学生在做解方程题目时，难免会出现各种错误。当学生出现错误时，我们不能全盘否定学生，也不能将学生的错误简单地归咎于"粗心"或者"不认真听课"等。他们计算时出现错误也是能理解的，我们应该因势利导，有效利用学生在课堂上生成的错误资源，转化为学生学习的有效资源。以下是解方程知识易错点汇集（见表3-5-3）。

表3-5-3　解方程知识易错点汇集

易错点	错例	解决对策
书写格式不正确	$4x = 48$ 解　$= 48 \div 4$ 　　$= 12$	解方程时，不能用混合运算的脱式写法进行计算，等号要上下对齐，未知数一般写在等号的左侧

续表 3-5-3

易错点	错例	解决对策

不能理解和正确运用等式的性质解方程	$9x - 3x = 15$ $x - 24 = 50$
	解：$6x = 15$ 解：$x - 24 + 24 = 50 + 50$
	     $x = 15 \times 6$ $x = 100$
	     $x = 90$
		在解方程时，先要明确方程中各部分数量之间的关系，然后根据等式的性质一步一步进行运算

未掌握解方程的方法	$5x + x = 48$ 解：$5x = 240$ $x = 48$	解形如 $ax \pm bx = c$ 的方程时，应运用乘法分配律，$ax \pm bx = (a \pm b)x$

忘记先把 ax 看成一个数	$5x - 3 = 12$
	解：$2x = 12$
	     $2x \div 2 = 12 \div 2$
	     $x = 6$
		解形如 $ax \pm b = c$ 的方程时，首先要把 ax 看成一个数，然后两边同时减 b 或加 b，最后把等号两边除以 a 就可以求出方程的解了

3. 平台反馈数据

学生利用技术手段（应答器）及时地完成评价后，通过后台即时采集反馈的数据，分析学生的思维状况和知识掌握情况，对学生的学习情况进行精准的施教。利用平台的反馈数据，通过基础题、能力题、素养题，动态检查学生数学基本知识、技能的掌握情况和数学核心素养的形成情况，教师根据问题开展精准指导，以达到提升学习的效能，培养学生自主学、反思学和合作学能力的目的。

【教学案例8】

"解方程"教学范式
——以北师大版小学数学四年级下册"解方程（一）"为例
清远市清城区后街小学　陈敏儿

一、课前慎思

北师大版小学数学教材安排了四次式与方程的学习，学习的主要内容有用字母表示数、认识方程并用方程表示简单的等量关系、等式的性质、解简单的方程、初步用方程解决简单的实际问题。北师大版小学数学四年级下册第五单元认识方程是学生第一次认识方程，也是学生由算术思维迈向代数思维的新起点。无论是用字母表示数，还是寻找数量间的数量关系，对于小学生而言都是很抽象的。同时，此单元内容又是学生后面学习代数相关知识的基础，所以这部分的教学至关重要。

"解方程（一）"是北师大版小学数学四年级下册第五单元第五课时的内容，学习这节课之前，学生已经学习了用字母表示数、等量关系、方程的知识，在

"会用方程表示简单情境中的数量关系"的基础上开展解方程的学习,让学生经历用天平模拟等式变形的过程,抽象等式的性质,理解解方程的过程和方法,进而让学生利用等式性质解简单的方程。结合解方程的内容特点,下面以"解方程(一)"为例介绍解方程教学范式。

二、教学实践

第一个环节:生活现象——呈现·感知等式性质

1. 谈话:同学们,喜欢玩游戏吗?今天我们一起来玩一个平衡游戏。

2. 学生提出问题:什么是平衡游戏?教师以第一组等式 $5=5$、$5+2=5+2$ 为例介绍平衡游戏的玩法。

3. 出示天平实物,师生一起玩平衡游戏,教师边玩边提问:在天平的左右盘增加或者减去相同质量的砝码,天平会如何?用等式怎样表示?

4. 呈现游戏的结果:课本的四组等式。

5. 自我评价。

👍【生活现象】	我能在生活现象中找数学信息,感知方程现象	☆☆☆☆

【设计意图】由学生喜欢的游戏引入,在游戏中让学生清楚地看到天平两边的变化,加深学生对"等式"的理解,为学生能更好地发现、总结规律埋下伏笔。

第二个环节:个别探究——观察·概括等式性质

(一)独立探索

1. 提问:同学们,请认真观察"自主学习任务单(一)"上的几个等式,你有什么发现?

2. 教师引导学生利用"自主学习任务单(一)"进行独立探索,并根据要求填写。

自主学习任务单(一)

学习指南:先把等式分类,再观察等式的特点,写出你的发现。

① $5+2=5+2$　　　② $x+5=x+5$ ③ $12-2=12-2$　　④ $x+5-5=x+5-5$
我是这样分类的:
我的发现: 等式两边都(＿＿＿ 或 ＿＿＿)同一个数,等式仍成立

3. 让学生利用"自主学习任务单（二）"进行独立探索。

自主学习任务单（二）

学习指南：先选出你想到的方法，然后解出方程。

你能运用发现的规律解出前面列出的方程吗？	
我想用的方法是（在□打"√"）： □用规律解方程 □画图法	我是这样解方程的： $x + 2 = 10$

（二）汇报交流

1. 学生根据"自主学习任务单（一）"上台汇报。在汇报的过程中，其他学生通过倾听、交流，不断修正自己的发现，概括出等式性质。

2. 学生模仿老师的实验过程，举例验证这个规律的普遍性。学生根据"自主学习任务单（二）"上台汇报，在汇报的过程中，其他学生通过倾听、交流，不断补充、修正用等式解方程的方法。

（三）自我评价

👍【个别探究】	我能主动探究方程知识，并能自主发现和归纳等式的性质	☆☆☆☆

【设计意图】利用自主学习的形式，放手让学生自己去发现、归纳、总结并动手操作验证规律，使他们的动手能力和思维能力得到提高。

第三个环节：协作构建——理解·明算理懂解法

1. 利用等式性质，小组合作尝试解方程。

合作学习任务单
（　　）组

组长：　　　　记录员：　　　　检验员：　　　　汇报员：

合作指南：先独立解方程，小组交流解方程的依据，并总结出解方程的注意事项。

$y - 7 = 12$ 解：$y - 7 + 7 = 12$ 〇 □ 　　　$y = $ □	$23 + x = 45$ 解：

续上表

$y - 7 = 12$ 解：$y - 7 + 7 = 12$ ◯ ▢ $y =$ ▢	$23 + x = 45$ 解：
检验方程的解：	
说一说为什么这样解？依据是什么？	

2. 全班交流，剖析算理。

预设学生受等式性质启发，可能会用天平图类比解方程的过程来求出方程的解，也可能受以前的知识经验影响会用"逆运算法"推出方程的解。教师肯定学生方法的多样性，但必须明确等式的性质是解方程的重要基础和方法，而且用等式的性质解方程体现了代数的思维，关注的是方程的结构和关系，与中学解方程的方法是一致的，这也是《义务教育数学课程标准（2011年版）》提倡这种方法的理由。

3. 教师规范解方程的书写格式。
4. 小结方程的检验方法。
5. 小组评价。

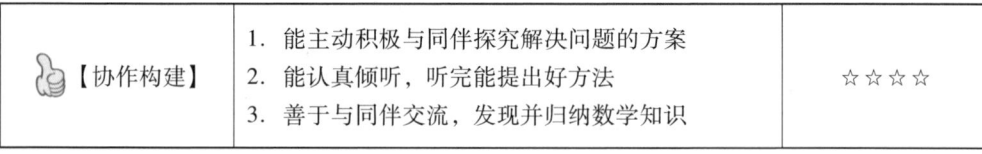

【协作构建】	1. 能主动积极与同伴探究解决问题的方案 2. 能认真倾听，听完能提出好方法 3. 善于与同伴交流，发现并归纳数学知识	☆☆☆☆

学生利用应答器，根据评价的标准进行互评，教师利用平台系统收集评价数据，发挥评价数据的导向作用。

【设计意图】利用等式性质掌握解方程的方法是本节课的难点，通过小组合作，发挥学生的主体作用，给学生提供充分的时间和空间进行探索、思考。让学生通过画一画、说一说、议一议等活动理解解方程的算理、掌握解方程的方法。学生亲身经历明理懂法的过程，能体验到成功的快乐。

第四个环节：练习检测——活用·形成解方程技能

1. 看图列方程，并解方程。

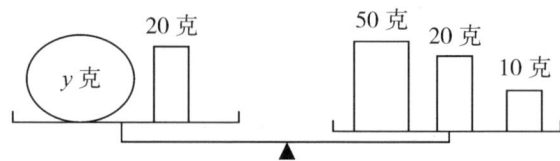

【设计意图】延续"天平"的方式，通过画图的形式进一步理解运用等式性质解方程的算理。

2. 解方程。

$23 + x = 45$　　　　$x - 19 = 2$　　　　$x - 12.3 = 3.8$

【设计意图】直接利用等式性质解方程，在练习中还要学生说一说解方程的方法，剖析学生的错例，让学生养成检验的好习惯，从而形成解方程的技能。

3. 看图列方程，并解方程。

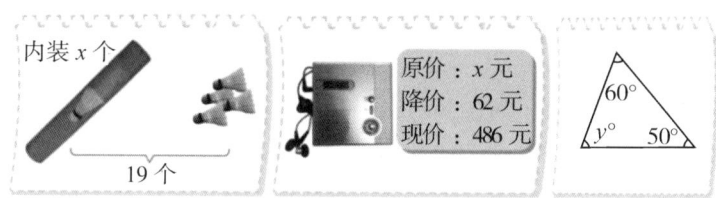

【设计意图】让学生运用列方程和解方程解决实际问题，加深对方程意义和解方程方法的认识，提高分析和解决问题的能力。

4. 自我评价。

【练习检测】	我能运用知识解决数学问题并能通过练习提升数学技能	☆☆☆☆

及时地内化梳理、反思总结，再次明晰解方程的依据，掌握解方程的解法和检验方法，使学生学有所得、学有所思。

学习评价

（1）我能解方程（　　）$+ x =$（　　），$y -$（　　）$=$（　　）。（举例）

（2）我知道解方程的依据和检验的方法_____。（口述）

（3）我还想解其他形式的方程_____。（口述）

【设计意图】让学生回望本节课的学习过程，谈谈这节课的收获。

第六节 "常见的量"教学范式

《义务教育数学课程标准（2011年版）》将小学数学课程划分为"数与代数""图形与几何""统计与概率""综合与实践"四个领域。在"数与代数"中的"常见的量"的教学中，教师要引导学生学会联系自己身边具体、有趣的事物，通过观察、操作、解决问题等一系列丰富的活动，感受数的意义、量的变化，体会数在生活交流中的作用。

受传统教学模式的影响，教师的教学设计轻视"数与代数"领域中"常见的量"教学活动中学生的探究过程，学生被动接受知识，习惯于记概念、背公式，在长期的机械练习中容易降低学生的学习兴趣和探究事物中隐含的量的简单规律的能力。

基于以上分析，为了突破"常见的量"的教学困境，实现以学定教，促进学生学习能力的发展，构建"常见的量"课堂教学创新方法，我们在"爱种子"教学模式引领下，以"爱种子"互动探究平台资源为中心，对小学数学进行了教学范式的研究。在研究的过程中，我们遵循教学内容的整体性、结构性和规律性，以导学案为核心，通过"爱种子"教学模式优化"数与代数"领域中"常见的量"这一板块的教学，形成了"爱种子"实验背景下"常见的量"的教学范式。

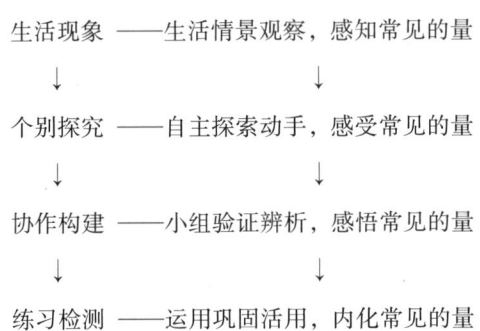

一、适用范围

在北师大版小学数学教材中，"常见的量"的教学内容虽然不多，主要集中在一至三年级的数学教材中，但"常见的量"是人们在日常生活中经常面对、感知最多的数学知识。首先，学生要在具体情境中理解常见的量，能选择适当的单位进行简单的估算；其次，学生能运用数及适当的度量单位解决现实生活中的简单问题。

以北师大版小学数学教材为例，"常见的量"贯穿小学阶段一至六年级共十一册（不含六年级下册）教材中，主要包括的课程内容见表3-6-1。

表3-6-1 "常见的量"主要课程内容

常见的量	教材位置	具体内容
元、角、分	二年级上册第二单元	认识人民币：① 认识人民币 ② 简单的换算
时、分、秒	一年级上册第八单元	认识钟表：认识钟表整时
	二年级下册第七单元	时、分、秒：① 秒的认识 ② 时间的计算
年、月、日	三年级上册第七单元	年、月、日：① 年、月、日 ② 24时计时法
克、千克、吨	三年级下册第四单元	克、千克、吨的认识

我们在小学数学教学中深入研究"常见的量"，以表3-6-1课例作为教学内容的"自主学习"课型均可应用"爱种子"实验背景下"常见的量"的教学范式。

二、运用策略

（一）生活现象——生活情景观察，感知常见的量

依据中低年段学生的认知规律，常见的量是很抽象的概念，不容易理解，在教学中要尽可能地联系生活实际，使用一些学具、教具等实物模型，让学生在实际观察和操作中掌握概念和知识。教学中要充分利用学生已了解量的概念的知识，在新旧知识之间建立一座桥梁，使学生达到更深层次的理解。

我们通过对学生生活经验的关注，课堂上选用一些符合学生年龄的与生活实际相关的素材，并设计了丰富多彩的适合数学学习的生活情景活动，力图将抽象的常见的量变为能够具体感知的"量"。如在北师大版二年级下册第七单元"时、分、秒"的课堂教学中，对二年级学生而言，时间的量还是很抽象的，为了帮助学生建立时间的量的联系，教师在教学时要充分运用生活素材，使抽象的时间的量的概念变成他们看得见、摸得着的东西，如钟表等实物教具，让学生在亲身参与中建

对时间单位的准确感知，丰富对时间长短的体验，掌握估计时间的方法，初步建立对常见的量的直观感知。

（二）个别探究——自主探索动手，感受常见的量

本环节的主要目的是让学生初步自主探索常见的量，重视学生自主学习的探索过程，注重发挥学生课堂上的主体作用。

下面以北师大版数学三年级下册"有多重"为例谈一谈自主探索的过程。学生在生活中都接触过关于质量的生活现象，也建立了较模糊的质量观念，但是对质量单位还是缺乏足够认识。质量单位不像长度单位那样直观、具体，不能靠眼睛观察到，只能靠掂一掂、称一称等行为来感知。因此，我们需要运用"爱种子"小学数学教学模式，采取多种认知方式帮助学生建立1克和1千克的量的概念。

策略一：通过活动帮助学生建立1克和1千克的表象。如在课堂上让学生掂一掂1个1元硬币和2个砝码等，感知1克和1千克分别有多重，还可以抱一抱同桌，感知比1千克重的物品。

策略二：通过观看微课"学习工具的使用方法"，初步感知生活中重1克和1千克的物品。

策略三：给学生提供实际测量物品的机会。如在课堂上要让学生知道物品的轻重，引出秤等称量工具，让学生说一说认识哪些秤，再通过课件演示介绍一些常用的秤及盘秤的使用方法。再如让学生自主动手操作，称出1千克的玉米、1千克的梨、1千克的酱油等。

策略四：采用估测方法。在学生初步理解1克和1千克的量的概念后，给他们提供先估算再实测（先掂一掂、估一估，再称一称）的练习，让学生对估算与实际测量所得结果的误差进行比对，使学生在这一过程逐步建立起质量单位与生活物品的桥梁。

策略五：运用对比的方法建立知识间的联系。如一手掂两袋大米，一手掂1个鸡蛋，通过比较，学生对这两个量的实际"轻重"形成较鲜明的印象，也容易掌握常见的量之间的关系。

（三）协作构建——小组验证辨析，感悟常见的量

在"爱种子"小学数学教学模式下，教师应当对教学方式进行不断的"改改用"与"创创用"，在常见的量的教学中，除了引导学生通过自己的深入思考和分析来理解含义以外，教师还可以组织开展小组合作学习，在课堂上提倡自主、探究与合作的学习方式，促进学生创新思维和实践能力的发展。在教学中可运用小组合作实践（如量一量、称一称）、小组验证（验证测量的结果）、小组交流（统一测量的意见）的方式，让学生在小组中充分发挥自身的能力，在互相学习、互相帮助的良好氛围内辨析常见的量，感悟量之间的关系，实现共同进步。

通过组织开展小组体验活动，认识量之间的关系。如在北师大版小学数学二年级下册第七单元"时、分、秒"的课堂教学中，让学生知道1分等于60秒，进行简单的时间单位的换算是本节课的难点之一，通过"1分能干什么"的小组实践活动，体验1分的长短。小组之间进行数脉搏、眨眼睛、踢毽子等活动，来感受1分的长短；再听一听秒针走动的嘀嗒声，感受1秒的时间长短，让每个学生都有体验的机会，以引导学生自己发现分与秒的关系，培养时间观念。

（四）练习检测——运用巩固活用，内化常见的量

在"爱种子"教学模式下，课堂练习检测是数学课堂教学不可或缺的部分，是学生学习过程中的重要环节，也是检验"爱种子"模式课堂教学是否有效的最佳方式。

策略一：练习检测应当强调针对性，紧扣常见的量教学内容，围绕常见的量教学重难点进行设计，有利于学生对常见的量的掌握，提高练习及学习的有效性。

例1：在括号里填上适当的数。

1张1元可以换（　　）张2角；也可以换（　　）张5角。

1张20元可以换（　　）张2元；也可以换（　　）张5元。

例2：在括号里填上合适的质量单位。

一个西瓜重5（　　）　　　一瓶墨水重100（　　）

一本故事书重210（　　）　　一个梨重200（　　）

一支铅笔重5（　　）　　　一只鸡重3（　　）

一只山羊重35（　　）　　　一头牛重200（　　）

策略二：练习可结合生活实际，激发学生兴趣，使学生体会数学在日常生活中的作用与联系。

例3：爸爸买了4千克桃子用去20元，1千克桃子多少元？

例4：一袋酸奶重500克，一袋苹果味牛奶重400克，一袋桂果味牛奶重600克。

（1）一袋酸奶比一袋苹果味牛奶重多少克？

（2）一袋苹果味牛奶比一袋桂果味牛奶轻多少克？

从例题可知，例1和例2涉及的题型是类似的，紧扣教学重难点，而例3和例4是以学生的现实生活为素材，更为学生所喜爱。

（五）教学建议

1. 让学生提前预习，学习常见的量，积累生活经验

由于常见的量的学习内容对于未接触过这一内容的学生来说比较抽象，因此，生活经验是否充足，将会影响学生对这部分知识的学习。如果学生平时经常接触常见的量的生活知识，他就能在学习过程中得心应手。例如，学生平时有经常跟随家

长购物的经验，学习人民币的相关知识就会轻松很多；反之，生活经验不够丰富，会使学生不能很好地理解这一内容，造成学习上的困难。

2. 运用多种教学策略，将"常见的量"与现实生活有机结合

教学中应注重运用多种教学策略，使常见的量的学习更贴近学生生活。要注重为学生提供尽可能多的生活现象素材，充分利用好学具，调动学生多种感官参与到学习中去，为学生提供动手实践、自主探索、观察与思考、发现问题、表达汇报的机会，激发学生的学习积极性，让学生学会运用所学常见的量的知识解决生活中简单的数学问题。

总之，通过课堂上"常见的量"的学习，使学生学会从生活中发现常见的量的问题，并具备提出问题的能力，这是"爱种子"小学数学教学模式下所要培养的学生的基本能力。我们在课堂上创造多种生活情景和给予协作构建的时间，给学生更多的经历、交流与思考过程，从而激发他们发现问题、解决问题的能力。这样的学习才能真正有效促进学生应用能力的提升和达成。

【教学案例9】

"常见的量"教学范式
——以北师大版三年级下册"有多重"为例

清远市清城区锦兴小学　邓远程

一、课前慎思

"有多重"是北师大版小学数学三年级下册第四单元"克、千克、吨"的第一课。其教学重点是了解1千克和1克的实际质量，能根据实际情况选择合适的质量单位，初步建立起1千克和1克的质量概念。在学习本课之前，学生在日常生活中已经对质量的概念有了感性的认识，建立了初步的、模糊的质量观念，会用看一看、掂一掂等方法比较两个物体的轻重，但由于学生在日常生活中对千克和克这两个质量单位直接接触很少，不了解千克、克是用来代表实际质量，没有千克、克的概念；而且质量单位不像长度单位那样直观具体，不能靠观察得到，所以认识克和千克有一定的难度。结合以上学情，我们拟定教学目标，并围绕教学目标与"常见的量"的教学范式，制定以下四个环节的教学活动。

二、教学实践

第一个环节：生活现象——生活情景观察，感知常见的量（约3分钟）

1. 出示主体情境图。
2. 谈话：在你的身边看过这样的单位标识吗？说说在哪里看过呢？
3. 猜一猜：1千克、1克哪个更重呢？说出理由。

【设计意图】采用学生熟悉、喜爱的生活现象引入，使学生将知识迁移到日常生活中体会到的一些物体的质量，唤起学生的感性经验，让学生思考生活中的称量的问题，在有猜想、有根据的讨论中，初步感知"千克"和"克"，并为后面的探

究活动做准备。

【教学建议】①引用生活中称量的现象导入,提出在"你的身边看过这样的单位标识吗"的问题。②围绕问题展开讨论,让学生初步认识"千克"和"克"等常见的量。

第二个环节:个别探究——自主探索动手,感受常见的量(约10分钟)

1. 学生动手拎一拎1千克和1克的物品并说出感受。
2. 学生利用"自主学习任务单"进行独立探索。

自主学习任务单

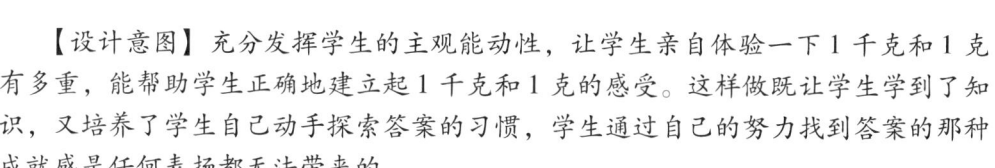

【设计意图】充分发挥学生的主观能动性,让学生亲自体验一下1千克和1克有多重,能帮助学生正确地建立起1千克和1克的感受。这样做既让学生学到了知识,又培养了学生自己动手探索答案的习惯,学生通过自己的努力找到答案的那种成就感是任何表扬都无法带来的。

3. 猜一猜:我能拎起大约重( )的物品。
4. 生活中在哪见过"千克"和"克"。
5. 提示:如果学习遇到困难,可以打开微课学习哦!

【设计意图】让学生在亲自实践、亲身体验的掂一掂、拎一拎、称一称和估一估等实际操作过程中，直观具体地获得关于"千克"和"克"的感性经验，强化学生的真实体验，给予学生充分的活动时间和空间，让学生原本模糊的生活经验逐步转化为清晰的知识体验，从而帮助学生逐步建立 1 克和 1 千克的质量概念。让学生深刻地体会到数学知识跟生活密切相关，进一步认识学好数学对生活的重要意义。

第三个环节：协作构建——小组验证辨析，感悟常见的量（约 12 分钟）

同桌交流：用两个质量单位说一句话，例如，我的体重是 25 千克，并完成合作学习任务单。

合作学习任务单

1. 把"千克"和"克"两个质量单位按从小到大的顺序排序：
2. 称一称，写出它们之间的进率：
3. 分一分： 生活中，哪些物品的质量通常使用千克做单位？ 哪些物品的质量通常使用克做单位？

【设计意图】在学生建立了千克和克的质量概念后，让其与小组中的同学互动探索。通过算一算、称一称等活动发现千克和克之间的进率关系，更能激发学生潜在的学习积极性，对今后学习相关常见的量的换算进率关系有积极的推动作用。同时，通过小组互动合作的学习方式，更好地培养学生合情推理能力和归纳能力。

第四个环节：练习检测——运用巩固活用，内化常见的量（约 10 分钟）

1. 在（　）里填写重量。

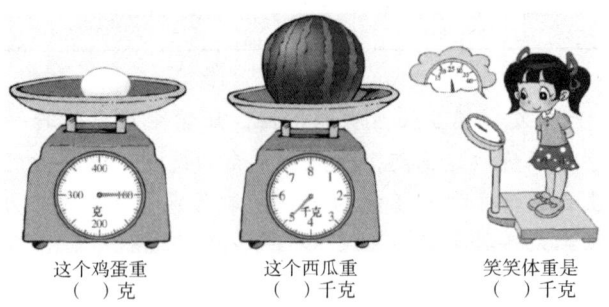

这个鸡蛋重　　　这个西瓜重　　　笑笑体重是
（　）克　　　（　）千克　　　（　）千克

【设计意图】秤是我们生活中测量物体的重要工具。让学生借助情境图，加深对千克和克的理解。

2. 在（　）里填上合适的单位。

260（　）　　400（　）　　10（　）　　2（　）

【设计意图】让学生广泛接触生活中的物品，引导学生用数学的眼光看待周围的事物。在练习中还要注意对错例的剖析，帮助学生再次理清思路。

3. 在（　）里填写对应的质量。

3 千克 =（　　）克　　4000 克 =（　　）千克　　8000 克 =（　　）千克

【设计意图】通过基础练习、综合练习以及生活应用，目的在于促进学生活用、内化"千克"和"克"常见的量的特点，同时引导学生用数学的眼光观察生活、亲近生活，体会知识的实际应用价值。

> 👍 学习评价
>
> 1. 我能说出 2 个称质量的工具。（口述）
>
> 2. 我还能说出更多的质量单位。（口述）
>
> 3. 我还想学 1 个单位。

【设计意图】通过学习评价回顾本节课的知识，让学生谈谈本节课的收获。结合生活现象，我们可以从三个层面评价、引导学生进行交流与反思，培养学生的应用意识。

综上所述，在"爱种子"教学模式引领下形成的"常见的量"的教学范式，让不同的学生在观察生活现象、动手操作、小组交流、知识内化等各种教学实践活动中真正实现"学得、习得、教得、评得"，深化了学生主体对"常见的量"的认识，加深了"常见的量"与实际生活之间的联系。

第七节 "解决问题"教学范式

在新课程改革背景下，小学数学教学在许多方面发生了重大变化，"解决问题"的教学便是其中之一。实验教材不再专门设置应用题教学单元，而代之以"解决问题"的称呼，并把它渗透在"数与代数""图形与几何""统计与概率""综合与实践"四大领域中。《义务教育数学课程标准（2011年版）》提出："使学生能够解释和掌握所学知识，并且能够用这些知识去解决日常生活和生产劳动的一些实际问题。"解决实际问题是数学教学的一个重要目标，更是数学教学的一个重要内容。然而，目前小学数学"解决问题"的教学现状并不乐观，多数数学课堂还停留在传统教学中，主要表现为以下几个方面：①教师片面注重数学知识的讲解，忽视了学生的主体性。教师的教学模式较为单一，学生的学习较为被动。教师出示完题目，学生开始做题，接着教师进行讲解。②为了实现教学目标，忽视了学生的认知规律。在教学过程中，教师没有考虑学生的年龄特征和思维水平，传授给学生一些抽象的数学术语或数学思想方法。③学生之间缺乏交流。④教学策略比较匮乏，使得学生的解题思路较为狭隘。问题过于单一、结构封闭、缺乏开放性，不能给学生提供创新的机会。这些现象严重影响数学课堂教学，直接影响学生解决问题能力的发展，阻碍学生"四得"的实现。因此，研究出一套"解决问题"的教学范式，来促进学生"四得"的实现显得至关重要。

《义务教育数学课程标准（2011年版）》对"解决问题"的教学提出了许多新要求：①初步学会从数学的角度发现问题和提出问题，综合运用数学知识解决简单的实际问题，增强应用意识、提高实践能力。②获得分析问题和解决问题的一些基本方法，体验解决问题方法的多样性，发展创新意识。③学会与他人合作交流。④初步学会评价与反思。这四点要求与"爱种子"小学数学教学模式下的"四得"（学得、习得、教得、评得）非常吻合。

基于以上的分析，我们通过主题研讨、集体备课、多次磨课、评课议课等活动，对"爱种子"教学平台中已有的导学案设计进行再加工，优化"解决问题"这一板块的教学，形成了"爱种子"实验背景下"解决问题"的教学范式（见图3-7-1）。

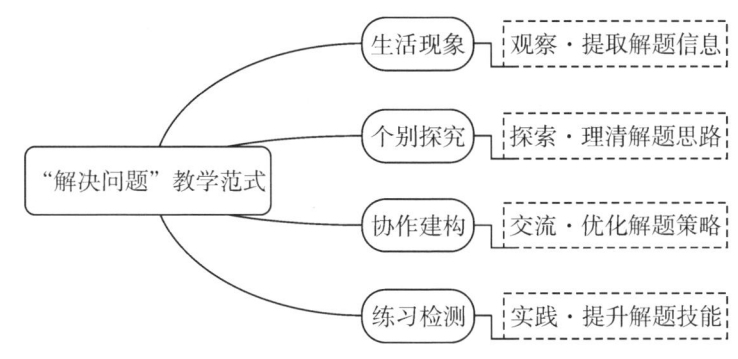

图 3-7-1 "解决问题"的教学范式

一、适用范围

在《教育大辞典》中,"解决问题"(problem solving)亦称"问题解决",泛指机体获得对问题情境的整个处理过程。课改后,"解决问题"代替了"应用题",承载着概念建立、算法算理学习、法则推导、性质理解等教学内容。数学中的解决问题是指在具体情境中运用相关数学知识来创造性地解决从实际生活中抽象出来的、与实际贴近的、实际的数学问题。培养学生的问题意识、解决问题的能力、实践能力和创新精神是"解决问题"教学的要求。在教材编排上,以往的应用题根据问题难易集中编排,整体看来脉络清晰,体系严谨。其中,低段为整数简单应用题,中段为整数复合应用题,高段为分数和百分数应用题。而"解决问题"则是分散在教科书各个部分,打破了以往根据解题步数难易编排教学内容的模式。

在呈现方式上,新教材采用画图、对话、表格和文字等多种形式呈现问题,还原了问题的起始状态,有助于学生自己去发现问题、提出问题,这也更贴近学生的生活实际。

从北师大版教材中看,"解决问题"这一板块贯穿小学数学四大内容领域,主要以"数与代数"领域为主,但教材中并没有明确标明"解决问题",也没有集中在一个单元进行教学。通过研读教材,笔者发现以下内容有明显体现"解决问题"(见表 3-7-1)。

表 3-7-1 "解决问题"在北师大版小学数学教材中的具体分布

册数	单元	内容
一年级上册	第三单元 加与减（一）	一共有多少？（试一试）
	第三单元 加与减（一）	还剩下多少？（试一试）
	第三单元 加与减（一）	可爱的企鹅
	第三单元 加与减（一）	乘车（试一试）
一年级下册	第一单元 加与减（一）	开会啦
	第一单元 加与减（一）	跳伞表演
	第一单元 加与减（一）	跳伞表演（试一试）
	第一单元 加与减（一）	美丽的田园
	第三单元 生活中的数	小小养殖场
	第五单元 加与减（二）	回收废品
	第六单元 加与减（三）	图书馆（试一试）
	第六单元 加与减（三）	阅览室（试一试）
二年级上册	第一单元 加与减	谁的得分高
	第一单元 加与减	秋游
	第一单元 加与减	星星合唱队
	第二单元 购物	买衣服
	第二单元 购物	小小商店
	第三单元 数一数与乘法	动物聚会
	第五单元 2—5 的乘法口诀	课间活动
	第五单元 2—5 的乘法口诀	回家路上
	第六单元 测量	教室有多长
	第七单元 分一分与除法	分物游戏
	第七单元 分一分与除法	分苹果
	第七单元 分一分与除法	分糖果
	第七单元 分一分与除法	分香蕉
	第七单元 分一分与除法	小熊开店
	第七单元 分一分与除法	快乐的动物
	第七单元 分一分与除法	快乐的动物（试一试）
	第七单元 分一分与除法	花园

续表 3-7-1

册数	单元	内容
二年级上册	第九单元 除法	长颈鹿与小鸟
	第九单元 除法	长颈鹿与小鸟（试一试）
	第九单元 除法	农家小院
二年级下册	第一单元 除法	租船
	第一单元 除法	租船（试一试）
	第三单元 生活中的大数	有多少个字
三年级上册	第一单元 混合运算	过河
	第一单元 混合运算	过河（试一试）
	第三单元 加与减	捐书活动
	第三单元 加与减	运白菜
	第三单元 加与减	节余多少钱
	第三单元 加与减	节余多少钱（试一试）
	第三单元 加与减	里程表（一）
	第三单元 加与减	里程表（二）
	第六单元 乘法	去奶奶家
	第六单元 乘法	买矿泉水
	第八单元 认识小数	能通过吗
三年级下册	第一单元 除法	买新书
	第一单元 除法	讲故事
四年级上册	第三单元 乘法	有多少名观众
四年级下册	第一单元 小数的意义和加减法	歌手大赛
	第三单元 小数乘法	买文具
	第三单元 小数乘法	手拉手
五年级上册	第一单元 小数除法	人民币兑换
	第一单元 小数除法	人民币兑换（试一试）
	第一单元 小数除法	调查"生活垃圾"
	第五单元 分数的意义	分数与除法

续表 3-7-1

册数	单元	内容
五年级下册	第一单元 分数加减法	星期日的安排
	第二单元 长方体（一）	分数乘法（二）（试一试）
	第五单元 分数除法	分数除法（三）
	第五单元 分数除法	分数除法（三）（试一试）
	第七单元 用方程解决问题	邮票的张数
	第七单元 用方程解决问题	相遇的问题
	第八单元 数据的表示和分析	平均数的再认识
六年级上册	第二单元 分数的混合运算	分数的混合运算（一）
	第二单元 分数的混合运算	分数的混合运算（一）（试一试）
	第二单元 分数的混合运算	分数的混合运算（二）
	第二单元 分数的混合运算	分数的混合运算（二）
	第二单元 分数的混合运算	分数的混合运算（三）
	第二单元 分数的混合运算	分数的混合运算（三）
	第四单元 百分数	合格率
	第四单元 百分数	合格率（试一试）
	第四单元 百分数	营养含量
	第四单元 百分数	这月我当家
	第四单元 百分数	这月我当家（试一试）
	第六单元 比的认识	比的应用
	第六单元 比的认识	比的应用（试一试）
	第七单元 百分数的应用	百分数的应用（一）
	第七单元 百分数的应用	百分数的应用（一）（试一试）
	第七单元 百分数的应用	百分数的应用（二）
	第七单元 百分数的应用	百分数的应用（二）（试一试）
	第七单元 百分数的应用	百分数的应用（三）
	第七单元 百分数的应用	百分数的应用（三）（试一试）
	第七单元 百分数的应用	百分数的应用（四）

续表 3-7-1

册数	单元	内容
六年级下册	第二单元 比例	比例的应用
	第二单元 比例	比例尺（试一试）
	第四单元 正比例与反比例	正比例（试一试）
	第四单元 正比例与反比例	反比例（试一试）

以表 3-7-1 中的内容作为教学内容的"自主学习"课型均可应用"爱种子"实验背景下"解决问题"的教学范式，本书重点研究"数与代数"领域下"解决问题"的教学范式。

二、运用策略

本书主要研究"爱种子"实验背景下关于"自主学习"课型的"解决问题"教学范式，针对每个环节提出具体的教学策略。

（一）生活现象——观察·提取解题信息

1. 激活学生的已有经验

新课程标准指出：数学教学活动必须建立在学生的认知发展水平和已有的知识经验基础之上。学习内容和学生熟悉的生活情境越贴近，学生自觉接纳知识的程度就越高。因此，教师要善于捕捉数学内容中的生活情境，让数学贴近生活。要尽量地去创设一些生活化情境，从中引出数学问题，让学生感悟到数学问题的存在，引发学习需求，激活学生的学习思维，从而使学生更积极主动地投入学习、探索之中。以小学数学一年级上册"一共有多少（试一试）"为例（见图 3-7-2）。

图 3-7-2 试一试

创设学生熟悉的交警维持交通的场景，激活学生已有的认知经验，帮助学生提取解题信息。

2. 培养学生的理解能力

教师在教学中明确要求学生必须自己读题、独立理解题意。解析数学题时，教师都是让解题容易犯错的学生读题，再全班齐读，这样把书面文字转化成有声语言，让学生的眼、耳、口、心并用，多种感官共同参与。需要强调的是，在读题时必须让学生重读关键词，这有助于学生理解题意。小学低年级学生对于题目的理解仍然处在表象上，对于关键字词的把握不能做到精确，造成文字理解上的偏差，最终导致做题错误。因此，教师需要教会学生抓住关键字词，学会圈一圈，帮助学生理解（见图3-7-3）。

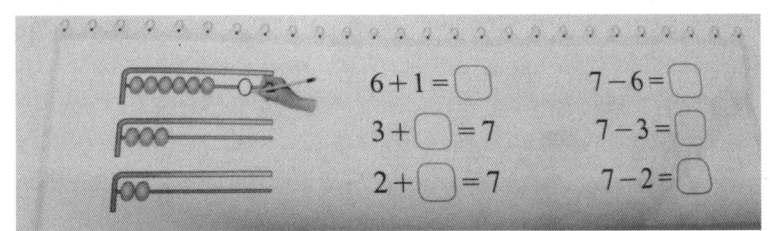

图3-7-3　画一画、填一填

3. 培养学生的问题意识

爱因斯坦曾说过："提出一个问题往往比解决一个问题更重要。"因此，教师要鼓励学生大胆提问，通过创设问题化情境，营造敢于提问的氛围。另外，教师要善于引导，激发提问的兴趣。例如，根据刚刚这些数学信息，可以提出一个加法的数学问题吗？这样具体明确的问题指向，学生可提出相应的数学问题。

（二）个别探究——探索·理清解题思路

1. 关注过程，引导学生有序思考

在个别探究环节，学生是自主探究、自主解决问题的。因此，教师要特别关注学生的学习过程，引导学生进行有序思考。在学生进行自主学习前，教师要明确学习要求，再发放自主学习任务单。在巡视时，教师重点关注学生知识生成过程，帮助学生构建自己的系统的数学认知。

2. 注重方法，帮助学生理清思路

在解决问题过程中，解题方法至关重要。当题目中的信息比较繁杂或者较难理解时，学生找不到解题的突破口。教师应提醒学生解题的方法，来帮助学生理清解题的思路。可借助画图、列表、假设、逆推、列方程、逻辑推理等方法，帮助学生更好地找到解题的一些策略。以北师大版小学数学五年级下册"分数除法（三）"为例，已知有6名同学在跳绳，是操场上参加活动总人数的$\frac{2}{9}$，求操场上参加活动

的总人数是多少。说一说,你是怎么想的?

教师在设计自主学习任务单时,可从画一画、找等量关系、列方程解决问题三方面进行设计(见表3-7-2)。

表3-7-2 自主学习任务单

自主学习任务单	
班级:　　　　　　　姓名:	
画一画	
写出等量关系	
列方程	

3. 分析解答,促进学生自主构建

在个别汇报时,学生把自己的方法分享给全班同学,说出自己是如何分析并解答的,这有利于学生自主构建数学关系和数学模型。教师应激发学生的学习积极性,向学生提供充分参与数学活动的机会,帮助他们在自主探索的过程中真正理解和掌握基本的数学知识与技能、数学思想和方法,获得最广泛的数学活动经验。以北师大版小学数学五年级下册"分数除法(三)"为例,学生具体汇报情况如图 3-7-4 所示。

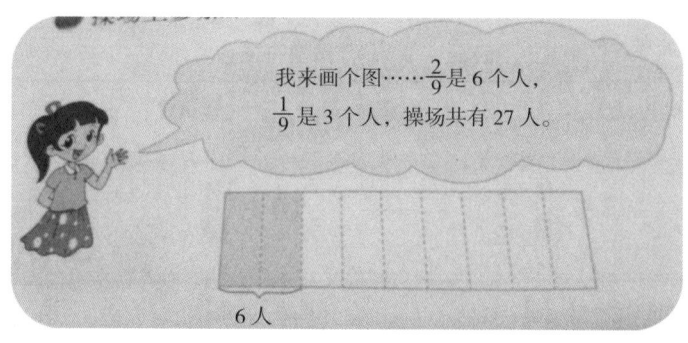

图 3-7-4 分析解答

学生汇报画图的过程,初步建立数学模型,根据图示,写出具体的等量关系(参加活动总人数 $\times \dfrac{2}{9}$ = 跳绳总人数),从而确定数量关系。

（三）协作构建——交流·优化解题策略

1. 因材施教，提倡解决问题策略的多样化

在教学中，教师应当尊重学生的个性特征，允许不同的学生从不同的角度去认识问题，采用不同的方式表达自己的想法，用不同的知识与方法解决问题。在小学阶段，可以通过画图、列表及线段图分析的方法对问题中的数量关系进行分析。画图法相较于其他方法，学生掌握起来比较简单，而且画图的形式多样，学生易于接受。因此，教师在教学中应重视画图法在解决问题与反思交流中的作用，发展学生的画图意识，鼓励学生用自己的方式画示意图，并关注学生画图时的思维发展水平。由于低年级学生还处于具体形象思维阶段，因此他们可以借用学具，更好地解决数学问题。以北师大版小学数学一年级上册"一共有多少（试一试）"为例，求一共有多少时，学生可用摆小棒的方法数出物体的数量，也可直接用点数法求出数量。再以北师大版小学数学一年级上册"可爱的企鹅"为例，求冰山后面有几只企鹅时，学生可以通过画圆圈的方式，或者画其他图形的方式，求出冰山后面还有6只企鹅。这样可以训练学生思维的变通性和灵活性。

2. 合作交流，提升对解决问题的认识

在这一环节中，教师先要出示合作学习的要求，接着发放合作学习任务单，再组织学生进行合作学习。由于每个学生都有自己的解题方法，因此，小组成员进行交流，可以得出多样化的解决策略，从而更好地提升对解决问题的认识。以北师大版小学数学三年级上册"节余多少钱（试一试）"为例，设计如下的合作学习任务单（见表3-7-3）。

表3-7-3 合作学习任务单

合作学习任务单	
班　级：_____	组　名：_____
小组长：_____	记录员：_____
激励员：_____	汇报员：_____

画一画	
算一算	
我们的发现	

在教学中,要提倡解决问题思路的多、新、活,开导学生敢于除旧布新,敢于用多种思维方式探讨所学知识。为培养学生的发散思维和创新意识,在教学中,教师安排小组合作学习,让学生把自己的结论依据展示出来,每个同学都从其他的同学那里了解到解决问题的不同思路,培养学生全面考虑问题和取长补短的习惯。

3. 回顾反思,优化最佳解题策略

培养学生的反思意识是"解决问题"教学中非常重要的一点,对整个解题过程的反思,不仅有助于加深学生对问题的认识,更可以培养学生良好的解题习惯。教师在教学中可以从以下方面引导学生进行反思。首先,从不同角度启发学生用不同方法检验和反思结果的合理性,建立不同方法之间的联系,再引导学生分析不同解题方法的优势和不足之处,并对自己的解题方法进行全面的评价,进而深化对不同方法的认识,形成自己的解题策略。其次,引导学生回顾整个解题过程,着重分析其中的数学思想和方法,并进行归纳和总结。最后,引导学生反思整个解题中的关键点是什么,难点又是如何突破的,此次解题有什么收获,等等。以北师大版小学数学一年级下册"回收废品"为例,数学信息:小林收集了13个塑料瓶,小红收集的比小林多3个,小青收集的比小林少4个。数学问题:小红收集了多少个塑料瓶?学生通过合作交流得出,可以用小棒代替塑料瓶,也可用画圆圈的方式验证小红收集的瓶子数确实是16个。此外,在计算"一个数比另一个数多几,求这个数是多少"时可以用加法计算。(见图3-7-5)

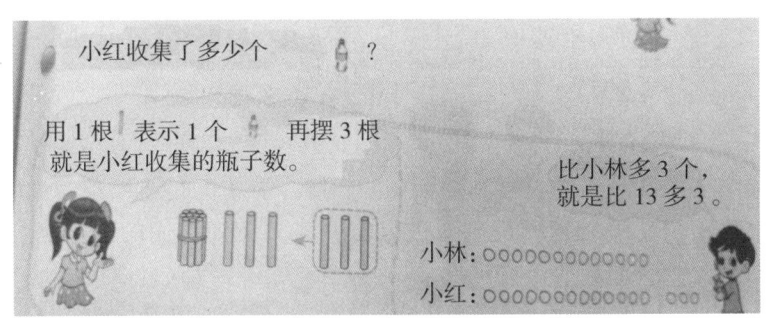

图3-7-5 加法计算

(四) 练习检测——实践·提升解题技能

1. 设计"生活化"练习,积累数学活动经验

《义务教育数学课程标准(2011年版)》强调指出:数学学习应从学生已有的生活经验和知识出发,让学生亲身经历将实际问题抽象成数学模型并进行解释与应用。练习的设计应该把每一个知识点与学生感兴趣的生活情境联系起来,激发学生用所学知识来解决实际问题的欲望,这样,在整个过程中,学生是主动地去分析、研究、讨论、反思,所以能更彻底地体会到数学知识的产生、形成与发展。

(1) 李阿姨买了橘子和香蕉各 1 千克,共花了 7.2 元。如果香蕉的价钱是橘子的 2 倍,每千克香蕉和橘子各多少元?先写出等量关系,再列方程解决问题。

(2) 小明生病了,医生开给他 10 粒药丸,每天早、中、晚各吃 1 粒,这些药能吃多少天?

以上数学问题更贴近学生的生活实际,更能激发学生用已有的知识经验解决数学问题。这样不但巩固了新的知识,而且让数学更加生活化了!

2. 设计变式型练习,发展学生的数学思维

无论是哪个阶段的数学教育,变式都是教学重点与难点,因为数学并不是一门生搬硬套公式的学科。"解决问题"教学在课堂上更需要学生主动地动脑思考,灵活运用所学知识,提高动手能力。变式是学生能力的体现形式之一,活用变式能够发展学生的数学思维、提高教师的教学水平。(见图 3 - 7 - 6)

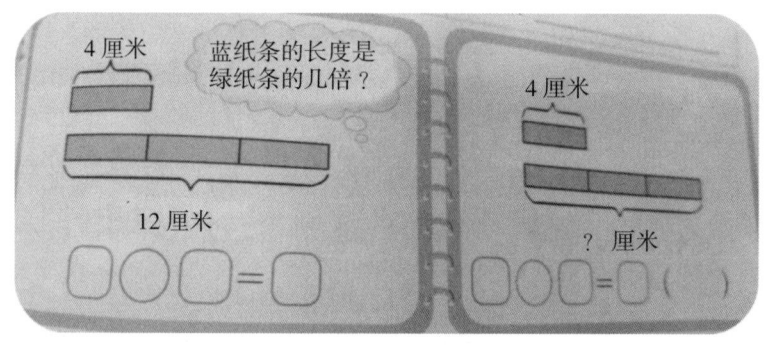

图 3 - 7 - 6 活用变式

第一幅图已知蓝纸条的长度和绿纸条的长度,要求的是蓝纸条的长度是绿纸条的几倍。第二幅图在第 1 题的基础上进行了变式,已知它们的倍数和绿纸条的长度,要求的是蓝纸条的长度。这样设计可防止学生思维定式,以更好地掌握这一类题型。

3. 设计综合性练习,发掘学生的内在潜力

综合性练习对学生挑战较大,能考察学生的知识灵活应用能力和知识掌握的全面性。因此,设计综合性练习题时,可以把本节内容根据知识发生发展的规律设计几个大题,每题之间有着密切的内在联系,使知识由浅入深,由单个知识点到综合运用,形成综合性练习。

例如,实践活动。找一些棱长为 1 厘米的小正方体,做下面的活动。

(1) 用 4 个这样的小正方体可以摆成一个大正方体吗?

(2) 最少要用多少个这样的小正方体才可以摆成一个再大一点的正方体?

(3) 那你能再摆一个更大一点的正方体吗?用了多少个小正方体?

又如,帽子 12 元、手套 4 元、袜子 3 元、鞋 24 元。

（1）买 6 副手套需要多少元？
（2）鞋的价钱是袜子的几倍？
（3）30 元正好可以买什么？请给出两种买法。
（4）请你再提出一个数学问题，并尝试解答。

三、"解决问题"课教学的教学建议

1. 重视学生基本解题策略的培养

俗话说："授之以鱼不如授之以渔。""解决问题"的教学更要重视学生基本解题策略的培养。基本解题策略相当于解题方法。解决问题的价值不只是获得具体问题的解，更多的是学生在解决问题过程中获得发展。其中主要的一点在于使学生学习一些解决问题的基本策略，体验解决问题策略的多样性，在分析与解决问题的过程中，学生能形成自己的基本策略、构建自己的知识网络。在"解决问题"的教学中，经常会用到以下策略：画图、列表、假设、列方程、逆推、逻辑推理、猜想和尝试等。

2. 重视信息技术的融合

信息技术作为现代社会进步的重要标志，对人类社会各个领域都产生了重要的影响，对当前的数学教育教学也产生了深刻影响。现代信息技术怎样更好地应用到数学教育教学中，已经成为研究的热点问题。"爱种子"平台刚好符合现代教育理念。教师要把"爱种子"平台与"解决问题"教学范式相融合，恰当使用微课和平台评价方式（自我评价、小组评价、个性化评价）进行教学，充分发挥信息技术的功能，从而更好地让学生实现"四得"。

3. 重视数量关系的分析

在"解决问题"的教学中，学会分析数量关系至关重要。学生只有找到其中的数量关系，才能正确进行解答。"数量关系"的教学是一个循序渐进、逐步积累和感悟的过程，要提高学生分析数量关系的能力，不是一朝一夕的事。因此，在教学中，教师要重视数量关系的分析。例如，在"列方程解决问题"的教学中，学生需要找到等量关系，才可以列出方程。在关于总和问题、路程问题、工程问题的教学中，引导学生推导这一类的数量关系（单价×数量＝总价、速度×时间＝路程、工作效率×工作时间＝工作总量）。这样使抽象的知识直观化，抽象的数量关系具体化、形象化，学生便于理解与掌握。

4. 重视学生之间的合作交流

在"解决问题"教学中，教师要重视小组合作的学习环节。通过小组合作学习，让学生充分发挥自己的主观能动性，学会表达自己的观点，深化对当前问题的认识。在合作交流前，教师要明确合作学习要求、小组内人员的分工、讨论主题、讨论问题等。在合作交流的过程中，教师适时介入，帮助有困难的小组，还要营造民主、和谐的数学课堂。在小组汇报时，学生之间互动答疑，培养学生的质疑精神，激发学生数学学习的热情。

【教学案例10】

"解决问题"教学范例
——以北师大版小学数学三年级下册"讲故事"为例

清远市师范学校附属小学　肖春梅

一、课前慎思

下面以"讲故事"一课为例进行具体介绍。

"讲故事"是北师大版小学数学三年级下册第一单元的第十课时内容。学习这节课之前，学生已经掌握了两位数、三位数除以一位数的计算方法和连除运算顺序，会运用这些知识解决实际问题，在此基础上开展乘除混合两步运算的"解决问题"的学习。我们结合学情拟定了学习目标，并围绕学习目标与"解决问题"教学范式，两者相融制定了以下四个教学环节。

二、教学实践

第一个环节：生活现象——观察·提取解题信息

1. 谈话：2020年的春节，一场没有硝烟的战争打响了，新型冠状病毒在中华大地蔓延，打破了本应祥和的节日气氛，更牵动了全国人民的心。医护人员冲在了抗疫第一线，他们就是最美的逆行者。语文课上开展以"致敬逆行者"为主题的讲故事比赛。

2. 出示主题图。

语文课上学生轮流"讲故事"，淘气选了一个850字的故事。

我在课前试讲时，用了5分。

同学们约定讲每个故事的时间不超过3分。

3. 谈话：你能从中找到哪些数学信息呢？你知道淘气遇到了什么困难吗？

4. 谈话：你能提出数学问题吗？

5. 学生各抒己见，说出自己在情境图中看到的数学信息，提出想解决的数学问题。

6. 学生提出的问题：淘气3分钟讲多少个字？给淘气提出的建议：

（1）请淘气少讲一些字就能讲完。

（2）请淘气讲快一些。

【设计意图】用谈话的方式以及学生熟悉的话题引入新课的学习，不仅能吸引学生的注意力,而且能使学生产生对数学的亲切感,为后面的学习做好铺垫。该环节设计可以发展学生提取和表达信息的能力,以便更好地理解题意、解决问题。

第二个环节:个别探究——探索·理清解题思路

(一)个别探究一

1. 提问:要想知道这两条建议是否可行,还要先解决"淘气3分钟能讲多少个字"这个问题。请同学们在自主学习任务单上用画一画的方式表示出题目中的信息,再尝试列式计算。

2. 学生利用自主学习任务单进行独立探索。

自主学习任务单一

| 1. 画一画,表示出题目中的信息: |
| 2. 算一算,结合图意列出算式: |

3. 汇报展示。

(1)学生根据"自主学习任务单一"上台汇报。

有的学生汇报用小方块表示题目中的信息,有的学生汇报用表格来表示题目的数学信息。(教师适时点拨这两种方法分别是图示法和表格法)

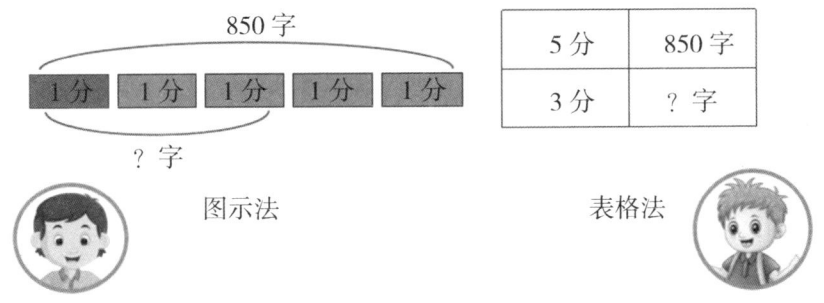

结合图意,有的学生汇报分步算式,有的学生汇报综合算式。

$$850 \div 5 = 170（字）\qquad 850 \div 5 \times 3$$
$$170 \times 3 = 510（字）\qquad = 170 \times 3$$
$$= 510（字）$$

（2）学生说说列式的理由，并理清这两种算式的解题思路。

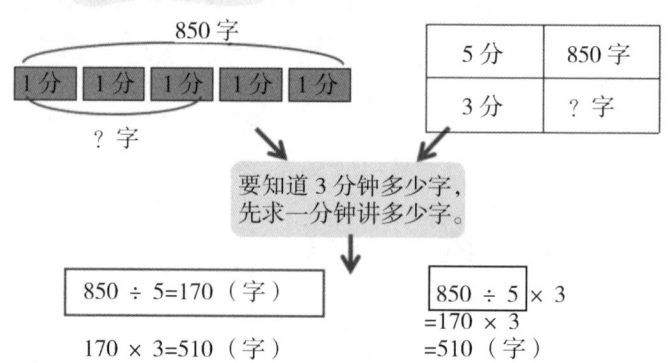

【设计意图】通过自主探索，学生的自主学习能力得到了提高，体现了学生学习的主体性。通过汇报展示，学生的表达能力和思维水平得到了提高。

（二）个别探究二

1. 提问：笑笑讲一个故事用了4分钟，平均每分钟讲150字。如果要3分钟完成，每分钟应讲多少字呢？

2. 学生利用自主学习任务单进行独立探索。

自主学习任务单二

1. 画一画，表示出题目中的信息：
2. 算一算，结合图意列出算式：

3. 学生汇报交流。

（1）学生根据"自主学习任务单二"进行汇报。

基于"个别探究一"的活动，大部分学生会使用图示法来表示，列出算式为：

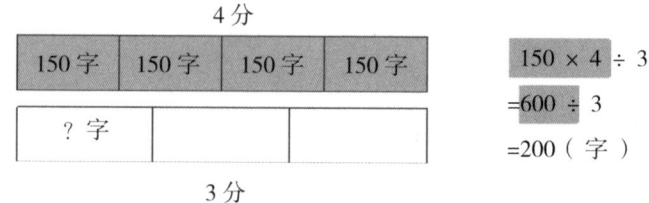

(2) 学生说说列式的理由，并理清这种算式的解题思路。

【设计意图】在解决"个别探究一"的基础上，学生已经有了学习的经验。再次通过自主学习，学生已获得分析问题和解决问题的一些基本方法，学生的自主学习能力和解决问题的意识增强。

第三个环节：协作构建——交流·优化解题策略

1. 谈话：我们要在解决问题的过程中优化我们的解题思路，找到适合这一类问题的解决办法，这才是我们最终想要的结果。好了，我们来看看淘气和笑笑面临的这两个问题，他们之间有什么相同点吗？请先独立思考，然后小组内同学互相交流。

2. 学生在小组长组织下开展小组合作活动。

出示学习要求：①独立思考；②4人小组合作交流。

合作学习任务单

解决淘气这个问题的特点是：先求（　　　　），再求（　　　　）。	
解决笑笑这个问题的特点是：先求（　　　　），再求（　　　　）。	

3. 全班展示交流。（生生之间的交流）

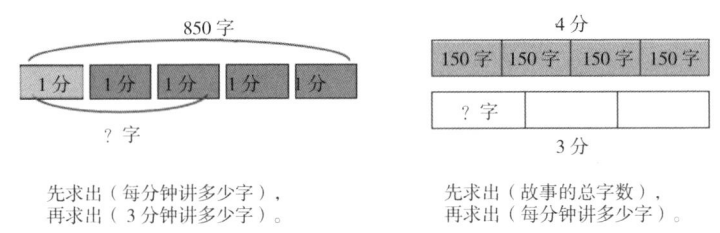

先求出（每分钟讲多少字），　　　　先求出（故事的总字数），
再求出（3分钟讲多少字）。　　　　再求出（每分钟讲多少字）。

4. 师生小结，优化解题的策略。（师生之间交流）

【设计意图】通过生生之间的合作交流，发挥学生的主体性，给学生充分的时间去思考和交流，学生的合作意识和交流能力得到提高。此外，通过生生、师生之

间的双向交流，使得教师的教学策略变得多样，学生的解题思路变得开放，从而优化解题策略。

5. 组内互评。（形成评价与反思意识）

学生利用应答器进行互评，教师利用平台评价系统收集评价数据，发挥评价数据的导向作用。

【设计意图】本课注重对学生的评价，特别是充分利用平台的评价系统，即时采集学生反馈的信息，即时评价，暴露存在的问题，引导学生自我反思、合作反思，促进学生再学习、再评价，教师根据问题精准开展学习指导。

第四个环节：练习检测——实践·提升解题技能

1. 说一说，再列式算一算。

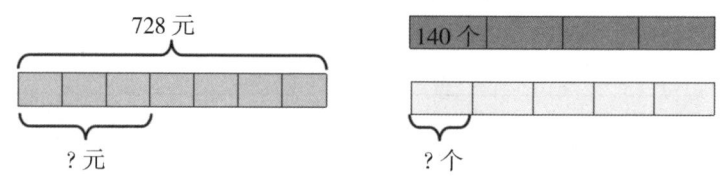

【设计意图】主要引导学生学会读懂图中的信息，利用直观图，加深学生对一份量不变和总量不变这两类题的理解。

2. 画一画、算一算。

(1) 买9辆这样的玩具汽车需要多少元？

买5辆玩具车要120元。

(2) 如果排成4排，每排多少人？

排成6排，每排正好8人。

【设计意图】数学来源于生活，服务于生活，让学生在实际应用中灵活运用数学，实现迁移，培养学生发现和应用生活中数学知识的习惯。学生进一步熟悉用画图的方式分析数量关系，分析问题和解决问题的能力得到提升。

> 👍 **学习评价**
>
> (1) 今天的新知识我能总结它们的特点：_____。（口述）
>
> (2) 我能用这些知识解决_____。（口述）
>
> (3) 我还有其他的收获：_____。（口述）

【设计意图】让学生回望本节课的学习过程，谈谈这节课的收获。引导学生及时地内化梳理、反思总结，再次明晰解决问题的策略，从而巩固和提升解题技能。使学生学有所得、学有所思。

综上，数学教学归根结底就是"提出问题"到"解决问题"的一个过程，并以"解决问题"作为核心和关键。结合"爱种子"小学数学教学模式，形成了"爱种子"实验背景下"解决问题"的教学范式，力求从学生的生活经验出发，让学生学会从数学的角度提取信息和提出问题，关注学生分析问题和解决问题的能力，重在让学生学会自主学习、合作交流、评价反思，实现师生在"解决问题"学习中"学得""习得""教得""评得"能力的提升。

第八节 "列方程解决问题"教学范式

列方程是一个把现实世界提炼成数学模型的过程，也是一种重要的数学思想，它能全面地阐述建模思想，能够培养学生的代数思维能力、提高学生分析及解决问题的能力。因此，学习方程的价值在于会用方程解决问题，通过方程把生活中一些复杂的数量关系直观地表达和求出。列方程解决实际问题既是小学代数教学中的重点，又是难点，它要求学生根据具体问题进行抽象，提炼出未知数与已知数之间具有的等量关系，列出方程。只有让学生经历列方程解决问题的全过程，才能建立数学建模思维，从而体会方程是刻画现实世界的一个有效的数学模型，为学生进入中学后的方程、函数知识的学习打下良好的基础。

基于以上分析，以优化"数与代数"领域中"式与方程"的导学案为支架，通过课堂实践，梳理和提炼出"爱种子"实验背景下"列方程解决问题"的教学范式。

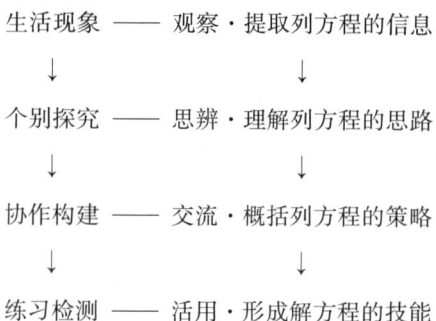

一、适用范围

北师大版小学数学教材在第二学段的"数与代数"中新增了"式与方程"的要求：结合简单的实际情境了解等量关系，并能用字母表示。其目的是让学生能够把握一般性地数量关系，感悟模型的思想，并且体会基于一般性的等量关系解决具体问题的思维过程。由此可见，方程在小学"数与代数"中的地位尤为重要，它是学生在掌握了整式的运算、数的意义知识的基础上进行学习的，它不仅是算术向代数的重要过渡与转折，同时也是小学学习顺利过渡到中学学习的关键因素之一。

在北师大版小学数学教材中，方程知识的学习主要安排在四年级下册、五年级下册及六年级上册。四年级下册是认识简易方程，五年级下册、六年级上册是用方程解决实际问题。具体内容安排见表3-8-1。

表3-8-1 第二学段（4—6年级）

册数	单元	主要内容
四年级下册	第五单元	用字母表示数 认识方程 等量关系 等式的性质 初步用方程解决简单的实际问题
五年级下册	第五单元	分数除法
	第七单元	进一步运用方程解决分数问题
六年级上册	—	运用方程解决简单的百分数问题

北师大版小学数学教材这样编排的目的是让学生架起从算术思维到代数思维再到方程思维的一座桥梁，让学生更好地接受方程知识。《新课程标准》强调：数学

教学要紧密联系生活实际，要避免计算与应用分离的情况。在教材编排上，北师大版小学数学教材把解方程的知识与解决实际问题整合在一起，除了利用等式性质解方程的例子外，其他的方程解法都被融入实际问题当中，所以学生不只要学习其他的方程解法，还要解决实际问题。

二、运用策略

（一）生活现象——观察·提取列方程的信息

在学习列方程解决问题之前，学生已经积累了一些解决问题的经验与方法。教师要贴近学生的实际，激活学生已有的生活和知识经验，引导学生初步感知解决问题的原生态方法，为策略的形成做好铺垫。

策略一：整理、提取有效的信息

整理、提取有效的信息，为学生列方程解决问题提供了一个"脚手架"。在一些解决问题中所给出的信息、条件并不是适用的，这就需要根据问题来选择和整理有效的信息。整理和提取信息，实际上是要弄懂题目表达的是一件"什么事情"，理解"事情"的重要因素。在教学中，教师要引导学生结合整理、提取到的有用信息，用自己的语言把"这件事情"完整地说清楚、说明白，为准确寻找等量关系服务。

策略二：读懂题目

读懂题目、理解题意是分析数量关系的基础和关键。由于教材中很多信息都运用主题图、文字、表格等形式表达，多样的呈现形式给学生带来了一定的阅读困难，从而导致学生不能准确地捕捉到有效的信息。此时教师先鼓励学生多读几遍题目，可以从"局部"读题到"整体"读题，或者由个人读题直接过渡到全班读题；再让学生根据题意尝试用自己的语言完整地叙述出来，明确所要解决的问题是什么。教师可以采取情景表演、动作操作等方式帮助学生理解题目中一些不易读懂的词语或句子。如"相遇问题"教学中，我们可以通过语言指导学生从哪些角度获取路程、速度的信息，采取情景表演的方式让学生理解"相遇、同时出发"等比较难理解的词语。

（二）个别探究——思辨·理解列方程的思路

列方程解决应用问题是数学建模的过程，它是用数学符号表示现实生活中特定关系的过程，是培养学生逻辑思维能力的良好载体。在自主学习环节中，通过以单引学，直击本节课的教学重难点，让学习单成为自主学习的"脚手架"。在自主学习过程中，给予每一位学生独立思考的时间和空间，经历寻找实际问题中的等量关系、列方程求解的全过程，理解、明确列方程的思路，从而让学生能够真正地体会到列方程解决应用问题是联系现实生活的重要体现，在数学建模的过程渗透方程思想。

策略一：方程法

方程法就是在解决问题时，让未知量与已知量处于平等的地位，即把未知量当作一个已知量看待，然后根据题中已知量和未知量之间存在的等量关系，列出相应的方程，最终求未知量是多少的一种方法。

方程法能带来一种全新的问题解决策略和思维方式，利用方程解决应用问题可以化解应用问题的难点，学生理解起来会更容易一些。结合方程法的意义，以"自主学习任务单"为导向，让学生经历列方程解决问题的全过程，理解和确定列方程解决问题的步骤（解题思路）：一审（审题，弄清题意）；二设（引进未知数）；三列（列出方程）；四解（解方程，找出未知数的解）；五答（检验并写出答案）。上述的每一个步骤都折射出了数学思想方法的渗透和指导。学生借助具体的数量关系来理解具体的数学模型，体现出方程教学中的建模思想；学生根据线段图找出等量关系，再把等量关系"翻译"成方程，将复杂的信息化归到统一的数量关系模型中，体现了化归思想；教师引导学生通过画线段图来表示问题中的数量关系，是渗透了数形结合思想进行方程教学。

策略二：转变思维

算术方法从一年级开始就植根于学生的头脑中，学生已经形成了算术思维的定势，想改变这种算术思维定式，就要让学生体会到用方程解决问题的优势和乐趣，让用方程解决问题成为学生解题的一种内需。算式方法和解方程方法大致是相同的，主要的区别是：算式方法是一种逆向思维，这种思维方式不能够一次性地将结果计算出来；而解方程方法是一种顺向思维，有利于学生的思考，能够一次性地将方程式列出并解答。因此，教师在教学过程中一定要加以引导，循序渐进地帮助学生做出思维上的转变。例如，在平时做练习题过程中，要求学生多用方程解题，使学生在不断练习中经历、熟悉列方程的过程，慢慢改变以往算术法的习惯，习惯用等号将相互等价的两件事情联系起来，久而久之，学生就会发现列方程解应用题的好处。尤其是到了高年级，学生已经具备了一些解决问题的思想、方法、技巧，积累了一定列方程解决问题的经验。当用字母 x 表示未知数后，所求的未知量和已知量处于平等的地位，数量关系明显、思考容易、解题思路清晰。他们通过与算术方法对比，认为对于稍微复杂的应用问题用方程法来解答比较简便，正确率较高。

此外，还要让学生明确"＝"不仅是一个从左到右的运算符号，也是构建等式两边左右相等的连接符号，渗透等价思想。

（三）协作构建——交流·概括列方程的策略

解决问题的策略不能直接教给学生，学生只能在协作构建的过程中通过体验而获得。这一环节的重点是要让学生经历将实际问题抽象成数学模型并进行解释和应用的过程，经历策略的形成过程，让学生通过小组合作、交流、反思，概括出列方程的策略。

策略一：画图策略

画图策略是列方程解决问题中常用的一种解题策略，是学生根据数学具体问题，采用画图的方法，把抽象问题具体化、直观化，从而达到"化复杂为简单，化隐性为显性"的目的。画图既是一个理清思路、寻找数量关系的重要手段，也是一种非常主要的分析问题和解决问题的策略，对学生正确解答方程问题和培养解决问题的能力有重要价值。在列方程解决问题时，教师可以引导学生借助画图这个"脚手架"，将抽象的数学问题"图像化"，帮助学生理顺解题思路，把数学问题中的数量关系直观地显示出来，明确建模思想，为学生正确解题创造条件。通过画图，抽象、枯燥的纯文字表述立刻变得直观、形象，学生更能准确地理解题意，纷繁复杂的数量关系一目了然。

策略二：寻找等量关系

在列方程求解应用题中，等量关系是方程建立的突破口。找准等量关系是解决方程应用题的基础和关键步骤，它是架设在"问题"与"方程"之间的"桥梁"。然而大部分学生都没有架好"等量关系"的"桥梁"，主要原因是缺乏寻找等量关系的方法。因此，让学生学会对情境中的等量关系进行"翻译"，是寻找等量关系最直接、最有效的方法。学生在解决实际问题的过程中一般要经历两次"翻译"，首先是把具体情境中蕴涵的等量关系"翻译"为"数学语言表达的等式"，然后是把"数学语言表达的等式"用数学符号加以表达，"翻译"为方程。这不仅是列方程解决问题的基础，也是培养学生把实际问题抽象为数学问题。在日常教学中，教师通过这样的"翻译"训练加强学生对数学语言和代数式之间的"互译"，为列方程扫除障碍。

此外，在平常的例题、练习题的讲解中，教师还要适当地传授给学生一些找关键词的技巧，如红花的数量是黄花的数量的 3 倍还多 16 朵，将这个数量关系用数学术语表示出来就是"比某数的 3 倍多 16"，接着就可以写出数量关系式"$3x + 16$"。有了这个"抓手"，学生找等量关系就简便很多。

我们一般通过画线段图→确定数量关系→找出等量关系→列出方程来解决数量关系不明确的问题；对于常见的问题类型，如图形的面积、行程等，引导学生可以直接把学过的公式作为等量关系，帮助列出方程解决问题。常见、固有的数量关系有：

路程问题的等量关系：路程 = 速度 × 时间；

工程问题的等量关系：工作量 = 工作效率 × 工作时间；

价格问题的等量关系：总价 = 单价 × 数量。

在教学时教师应该有意识地将提炼出来的等量关系作为列方程解决问题的突破口，让学生在进行相关类型应用题的求解过程中可以根据等量关系列出方程。

策略三：检验

对解方程内容的编排上，北师大版小学数学教材中并没有相应的提示要求学生去检验。因此，教师在平时的教学中应该要有检验的意识，提高对检验的重视程度，还要注重鼓励学生对问题的解加以检验。检验问题的解可以从以下两方面进行：一是检验解是否正确，是否为所求。教师可以让学生将问题的解带入题目进行检验。二是考察问题的解是否符合实际。在检验的过程中，教师不仅要注重让学生积累列方程解决问题的经验，还要让学生养成反思、检查等良好的解决问题的习惯，从而降低学生计算的出错概率。

（四）练习检测——活用·形成解方程的技能

学生只有在实际中尝试应用，才能达到真正理解与熟练掌握的目的，从而形成解方程的技能。因此，可以通过例题变式和巩固应用性练习，让学生运用初步获得的策略、技能，去解决与例题类似的实际问题。在练习时，学生利用技术手段（应答器）及时地完成练习，平台即时采集学生反馈信息，即时评价暴露存在问题，引导学生自我反思、合作反思，教师根据问题开展精准指导学习，提升学生的学习效能，培养学生自主学、反思学和合作学能力。

1. 对点训练

针对基础知识点设计训练题目，如重点题、难点题、变式题、生活运用题等，以达到巧练重点、突破难点的目的。如在学习"相遇问题"后，分别设计一道对点题、难点题和变式题，目的是让学生再次经历解决问题的过程：先读懂题意，根据信息找出等量关系，再根据等量关系列出方程求解，形成解方程的技能。

对点题：两人同时从两地出发相向而行，两地距离为5600米，一人骑摩托车每分行600米，另一人骑自行车每分行200米，经过几分两人相遇？

难点题：要制作一批零件420件，师徒两人同时开始制作。师傅每时能做24件，徒弟每时能做18件，几时后能完成这项任务？

变式题：两地相距330千米，两辆汽车同时从两地出发，相向而行，2时后相遇。甲车每时行驶75千米，乙车每时行驶多少千米？

2. 能力训练

为了让学生积累分析数量关系并把实际问题抽象为方程的经验，提高学生解决问题的能力，在学习"相遇问题"后让学生设计题目：请你结合生活中的情景，设计一道有关"相遇问题"的题目，并列方程解决。这样帮助学生积累可以用类似等量关系列方程解决的生活原型例子，启发学生的思维，拓展学生的思考路径，适时把获得的知识和方法应用于解决生活中更多的类似的问题，并积累用方程解决问题的经验。

三、其他事项

1. 发展性评价

"爱种子"教学模式下的发展性评价是在知识与技能,过程与方法,情感、态度与价值观三个维度上展开的,教师可以灵活使用爱种子平台工具及时对学生各个环节进行评价,更好地激励学生学习行为的产生,为学生学习提供一定的导向作用(见图3-8-1)。

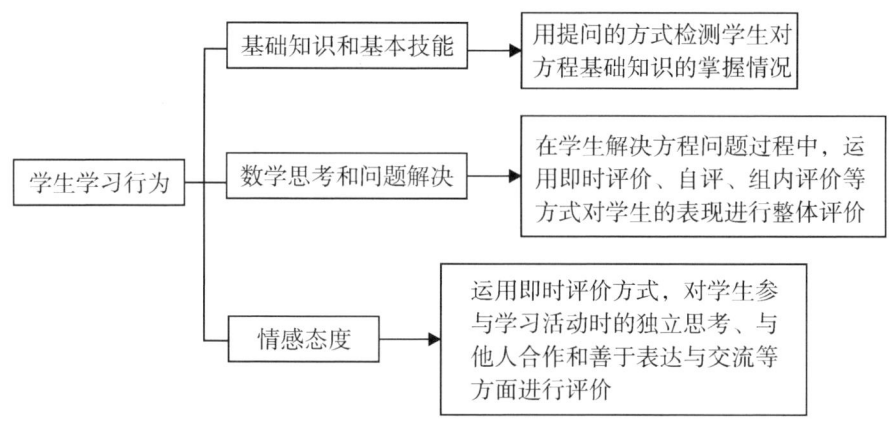

图3-8-1　发展性评价

基于三个方面的评价标准相互交融,密不可分,在力求实现三维目标的基础上,我们认为基于"爱种子"模式下,教师可以灵活使用"爱种子"平台工具及时对学生列方程解决问题(自主学习课型)的每个环节进行评价(见表3-8-2)。

表 3-8-2 评价标准

评价环节	评价内容			评价方式	评价工具
生活现象	能独立思考找出数学信息	能表达数学信息	提出的问题有新意	"即时"评价形式：口头表扬或批评；对学生回答问题的反馈；对学生成果欣赏式的解读；学生之间的鼓掌支持；学生在集体面前的展示报告	利用平台评价工具对学生表扬进行评分，这样后台可以记录每一位学生的课堂表现情况，在一个星期或一个月后统计学生表现，可以将统计的结果以纸质形式在班级展示
个别探究	能独立思考主动质疑	能有条理表述问题	能总结、发现知识联系		
协作构建	能专心听同伴说话	能主动讨论、分享问题	能有条理讲解问题		学生利用"爱种子"应答器及时地完成练习，在学生用"爱种子"应答器选答案后，教师一定要及时地在平台统计和反馈练习的情况，看看学生练习的正确率，较多学生选错的那个选项就是易错点，及时调整教学策略
练习检测	能用应答器选择正确答案	能运用方程知识解决问题	能实践设计方程问题		

2. 易错点汇集（见表 3-8-3）

表 3-8-3 易错点汇集

序号	易错点	错例	解决对策
1	设句和答句含糊不清	张强有汽车模型和飞机模型共 40 个，其中汽车模型的个数是飞机模型的 1.5 倍，两种模型各有多少个？ 解：设两种模型各有 x 个。 $1.5x + x = 40$ $2.5x = 40$ $x = 16$ $1.5x = 1.5 \times 16 = 24$ 答：两种模型各有 16 个和 24 个。	当两个量都是未知数，且存在倍数关系时，先设 1 倍量为 x，再把另一个量用含有 x 的式子表示出来，最后列方程解答

续表 3-8-3

序号	易错点	错例	解决对策
2	没有找到题目中的等量关系式	莲花小学有学生 1152 人，比红花小学人数的 2 倍多 32 人。红花小学有多少人？ 解：设红花小学有 x 人。 $2x - 32 = 1152$ $2x = 1184$ $x = 592$ 答：红花小学有 592 人。	列方程解应用题关键是找准等量关系。这就需要从题中找到能表示等量关系的关键句，然后根据关键句确定等量关系，最后列方程解答

【教学案例 11】

"列方程解决问题"教学范式
——以北师大版小学数学五年级下册"邮票的张数"为例

清远市清城区后街小学 李锦萍

一、课前慎思

学习方程的价值在于会用方程解决问题，逐步学会运用代数的方法思考问题，即培养学生代数思维的能力。用方程解决问题是在"方程"的基础上编排的，学习方程最重要的方面是能够根据具体问题中的数量关系，找出等量关系列出方程。在解决实际问题的过程中，经历将现实问题抽象为方程的过程，为以后运用方程解决较复杂实际问题打下坚实基础。

"邮票的张数"（自主学习）是北师大版小学数学五年级下册第七单元第一课时的内容，是教学利用形如 $ax \pm x = b$ 的方程来解决相关的实际问题。下面以《邮票的张数》为例介绍"列方程解决问题"的教学范式。

二、教学实践

第一个环节：生活现象——观察·提取列方程的信息

1. 谈话：同学们，你们都有哪些爱好？能和老师交流一下吗？（学生自由说）
2. 出示主题情境图中的信息，让学生解读信息并发现信息间的关系。
3. 提出问题。
4. 自我评价。

【生活现象】	我能在生活现象中提取数学信息	☆☆☆

【设计意图】从师生谈话中自然地引入问题情境，为本节课的学习提供素材。

第二个环节：个别探究——思辨·理解列方程的思路

1. 出示问题，引发"不知道该怎么办"的疑问，让学生交流分析问题的思路，从而形成在题目中找等量关系的解题方法。

2. 学生利用"自主学习任务单"进行独立探索。

自主学习任务单

学习指南：先画图分析等量关系，再根据等量关系列出方程并解答。

问题	弟弟和姐姐各有多少张邮票？尝试用方程解决。
找等量关系 （画一画、写一写）	
列方程解答	

3. 学生根据"自主学习任务单"上台汇报。在汇报的过程中其他学生通过倾听、交流不断修正自己的发现，学会分析数量关系，列方程解决实际问题。

交流找等量关系时，学生呈现了不同的思考过程，有的学生是用画图的方式表示；有些学生用文字描述，根据"姐姐的邮票张数是弟弟的 3 倍"这一条件可找到"姐姐的邮票张数 = 弟弟的邮票张数 ×3"这一等量关系。在此基础上，学生通过倾听同学的汇报或者提出心中疑惑寻求解答的交流方式进行第一次自我修正，最终找出"姐姐的邮票张数 + 弟弟的邮票张数 = 180 张"的等量关系，明白如果设弟弟的邮票为 x 张，姐姐的就有 $3x$ 张，为后面列方程解决问题做好准备。

学生在找出等量关系列出方程后对于形如 $x + ax = b$ 的方程不会解，学生通过生生对话后再次进行自我修正。

4. 自我评价。

👍【个别探究】	我能主动探究方程知识并能自主发现和归纳解方程的思路	☆☆☆

【设计意图】引导学生根据有关信息解决问题。说一说、画一画能帮学生正确理解题意，使他们可以找出等量关系，并正确地列出方程，从而顺利地解决实际问题。

第三个环节：协作构建——交流·概括列方程的策略

1. 变换问题中的数学信息，小组合作尝试解方程。

合作学习任务单

（　　）组

组长：　　　　　　记录员：　　　　　　汇报员：

合作指南：先根据等量关系列出方程解决问题，再交流梳理列方程解决问题的方法。

题目	姐姐比我多90张邮票，姐姐的邮票张数是弟弟的3倍，姐姐和弟弟各有多少张邮票？
列方程解答	
列方程解决问题的方法	

2. 全班交流解题思路和过程。
3. 梳理概述列方程解决问题的方法。
4. 小组评价。

【协作构建】	1. 能主动积极与同伴探究解决问题的方案 2. 能认真倾听，听完能提出好方法 3. 善于与同伴交流发现并归纳数学知识	☆☆☆☆

学生利用应答器根据评价的标准进行互评，教师利用平台系统收集评价数据，发挥评价数据的导向作用。

【设计意图】通过小组合作、画图等方式，帮助学生进一步理解方程的意义，学会用方程来表示生活中的实际问题。

第四个环节：练习检测——活用·形成解方程的技能

1. 根据下列题中的信息写出等量关系，再列方程解决问题。

（1）这幅画的长、宽各是多少厘米？

(2) 白键和黑键各有多少?

2. 解方程。

$2x + x = 3$ $2x + 3x = 70$ $5y + y = 96$

$2m + m = 9$ $2n - n = 50$ $6x + 3x = 4.8$

3. 自我评价

【练习检测】	我能运用知识解决数学问题并能通过练习提升数学技能	☆☆☆☆

【设计意图】难度适中的练习可以帮助学生运用列方程和解方程解决实际问题,加深对方程意义和解方程方法的认识,提高分析和解决问题的能力。

👍 学习评价

1. 我能解方程（　　）$x + x = (\quad)$,（　　）$x - x = (\quad)$。（举例）
2. 我知道列方程解决实际问题的方法。（口述）
3. 我还想知道方程能解决生活中的什么问题。（口述）

【设计意图】让学生回望本节课的学习过程,谈谈这节课的收获。引导学生及时地内化梳理、反思总结,再次明晰根据条件画图分析等量关系的方法,会用方程解决简单的实际问题,使学生学有所得、学有所思。

第四章
图形与几何教学范式构建

  数学是研究数量关系和空间形式的科学，因此，"图形与几何"是数学重要的组成部分，它对培养学生的思维能力有不可替代的作用。课程标准把"图形与几何"分为"图形的认识""测量""图形的运动""图形与位置"四个模块，并确定了以发展学生空间观念、几何直观、推理能力为核心的课程目标，特别指明了"图形与几何"的教学活动是师生积极参与、交往互动、共同发展的过程。这一课程内容的学习评价，应建立目标多元、方法多样的评价体系，运用信息技术帮助实现教学目标。本章通过对"爱种子"图形与几何教学范式课型的研究，优化教学策略，改进教与学的方式。根据实验学校的实践与应用，对不同模块的知识提出具体的、可操作的建议。我们期望通过范式的引领，帮助教师更好地落实课程标准的理念，培养学生空间观念和推理能力。

第一节 "图形的认识"教学范式

一、立足学生生活经验，确立教学范式

课堂教学改革已经自上而下轰轰烈烈地开展多年，大家都在不断探索，创建了不少的模式。但是，很多地区的课堂教学改革还是停留在传统思维和传统模式下，基本上都强调课前、课中和课后，没有把学生自主学习放在一体化学习模式中。而"爱种子"这个新型课堂教学模式则摒弃了传统的教学模式，以"学生的学作为主线，坚持素质教学，教为学而服务"的思想转变教学理念，明晰学习方法，重构教学流程，用"互联网+"信息技术进行流程优化、再造。

如何利用短短的40分钟，结合我们的学生实际情况来优化导学案，教给学生有"根"并且能"生长"的知识呢？如何通过"三环"来落实"四得"，提高教育教学质量呢？基于以上思考，我们对"图形的认识"这个版块的教学进行集中研讨，根据"爱种子"自主学习课型特点，通过主题研讨、集体备课、教学实践、教学反思、评课议课等活动，对导学案进行"改改用""创创用"。我们发现"图形的认识"教学中要关注学生"认""辨""识""用"的过程，形成了以下的教学范式。

生活现象 —— 生活情境初步感知图形
⇩
个别探究 —— 问题驱动探究图形特征
⇩
协作构建 —— 活动探索描述图形特征
⇩
练习检测 —— 知行合一拓展图形应用

二、关注知识内涵，规划教学范围

"图形的认识"是"图形与几何"的四大模块之一，这个模块的内容包括线和

角、图形的特征及观察物体。由于图形是人类长期通过对客观物体的观察逐渐抽象出来的，因此，图形认识的课程安排是分学段逐层完成的。第一学段主要是通过观察实例或情境、操作实物或具体模型，直观地、整体地认识常见的立体图形和平面图形。第二学段需要更多的抽象思维和想象思维的参与，一方面有些概念没有实物模型（如直线），另一方面有助于学生发展抽象能力和空间观念。

以北师大版小学数学教材为例，对"图形的认识"内容进行梳理，具体见表4-1-1、表4-1-2。

表4-1-1 "图形的认识"第一学段内容

学段	教学内容	教学目标
第一学段	一年级上册 认识图形 （立体图形）	1. 整体感知长方体、正方体、圆柱和球等各种立体图形的形状，能辨认这些形体，形成初步表象 2. 初步感知平面形体和曲面形体的区别
	一年级下册 认识图形 （平面图形）	1. 能在长方体、正方体、圆柱这些立体图形上找到长方形、正方形、圆、三角形等平面图形，体会"面在体上" 2. 能辨认长方形、正方形、三角形、平行四边形、圆等简单图形，形成初步的表象 3. 初步感知直边图形和曲边图形的区别 4. 会用长方形、正方形、三角形、平行四边形或圆拼图
	二年级下册 认识图形 （角、直角）	1. 初步直观认识角，知道角的各部分名称，建立角的表象 2. 明确角有大小，掌握角的大小的比较方法 3. 能区分直角、锐角和钝角，知道这三种角的基本特点 4. 会用不同的符号来标注角
	二年级下册 认识图形 （长方形、正方形、平行四边形）	1. 通过观察、操作，初步认识长方形、正方形的特征，进一步认识长方形和正方形，沟通长方形和正方形之间的联系和区别 2. 初步认识平行四边形，形成初步表象 3. 能对简单几何体和图形进行分类
	三年级上册 观察物体	能根据具体事物、照片或直观图辨认从不同角度观察到的简单物体

表 4 - 1 - 2 "图形的认识"第二学段内容

学段	教学内容	教学目标
第二学段	四年级上册 线的认识	1. 结合实例了解线段、射线和直线 2. 体会两点间所有连线中线段最短，知道两点间的距离
	四年级上册 相交与垂直、平移与平行	1. 结合生活情境，了解同一平面上两条直线之间的位置存在平行和相交（包括垂直）两种关系 2. 认识平行线和垂线，知道点到直线的距离 3. 能利用辅助工具画平行线和垂线，并确定和测量点到直线的距离
	四年级上册 旋转与角	通过"活动角"知道平角与周角，了解周角、平角、钝角、直角、锐角之间的大小关系
	四年级下册 认识三角形和四边形	1. 在动手操作的过程中发现和了解三角形、平行四边形和梯形的本质特征，进一步认识三角形、平行四边形和梯形 2. 认识等腰三角形、等边三角形、直角三角形、锐角三角形、钝角三角形 3. 通过观察、操作，了解三角形两边之和大于第三边、三角形内角和是 180°
	五年级下册 长方体	1. 通过观察、操作等活动，进一步认识长方体和正方体的本质特征，理解它们之间的关系 2. 认识长方体和正方体的面、棱、顶点，以及长、宽、高或棱长，理解它们的含义 3. 通过展、折和想象，认识这些立体图形的展开图
	六年级上册 圆的认识	1. 通过观察、操作，认识圆，知道扇形，会用圆规画圆，理解圆心和半径的作用，感悟圆的特征 2. 掌握圆各部分的名称，会用字母表示圆心、半径 3. 理解并掌握同圆（或等圆）中半径的特点
	六年级上册 观察物体	能辨认并绘制从不同方向（前面、侧面、上面）看到的物体的形状图
	六年级下册 圆柱与圆锥	1. 通过观察、操作，认识圆柱和圆锥，认识圆柱的展开图，掌握圆柱和圆锥的本质特征 2. 沟通圆柱和圆锥的联系和区别

以上内容均可以用"爱种子"实验背景下"图形的认识"的教学范式进行教学。

三、聚焦教学环节，形成教学策略

（一）生活现象——生活情境初步感知图形

《义务教育数学课程标准（2011年版）》十分强调数学与现实生活的联系，在教学要求中增加了"使学生感受数学与现实生活的联系"，不仅要求选材必须密切联系学生生活实际，而且要求"数学教学必须从学生熟悉的生活情境和感兴趣的事物出发，为他们提供观察和操作的机会"。"图形的认识"在生活中都可以找到实际的模型，在教学过程中教师可以结合生活实例传授知识，学生不仅可以对所学习的知识有全面的了解，同时也能够吸引学生的注意力，提高他们的学习兴趣。例如，在教学"认识图形"时，课前教师可以为学生准备长方体、正方体、圆柱和三棱柱，让学生根据已有的知识经验对立体图形进行介绍（其中三棱柱学生没有学过，教师可直接介绍）。通过摸一摸立体图形，初步感知"面"在体上，为学习"从立体图形上得到平面图形"的知识做好铺垫。从学生已有的生活经验和认知基础出发，采用学生熟悉的立体图形引入，激发学生的学习兴趣，这样将数学问题联系生活实际更容易帮助学生解决学习中存在的问题。

（二）个别探究——问题驱动探究图形特征

数学课堂教学实质上是思维活动的教学，是教师以问题驱动学生自主探究，在探究中引发数学思考，在思考中促进学生思维进一步发展的过程。数学课堂教学的实效性有赖于问题的精心设计，"好问题"成就好课堂。在教学"认识图形"时，让学生观看微课"切土豆"，边看，边摸，边认识"面、棱、顶点"。接着问"你都认识它们了吗？你有什么发现？你是怎样数的"一串的问题，让学生经历联想、交流，通过尝试动手操作把平面图形"留（描、印）"在纸上的方法，初步认识长方形、正方形、圆、三角形，体会"面"在体上。教学中，我们要反复理解教材设计意图，注重挖掘教材背后所蕴含的教学价值，设计"好问题"，以问题驱动学生积极主动地参与数学探究活动，引发学生的深度思考，发展学生的数学能力，提升学生的数学素养。而问题的设计要考虑以下几点。

1. **问题设计的目标性**

课堂教学目标是课堂教学的核心，教师的提问是实现特定的教学目标、完成特定教学内容的手段。教师设计问题必须锁定教学目标，服务于教学目标、教学内容。脱离教学目标、教学内容，纯粹为了提问而设计问题的做法是不可取的。

2. **问题设计的层次性**

认知领域的分类法把学生行为分为六个不同层次：识记、理解、应用、分析、综合、评价。教师需要根据教材特点与学生的实际水平，把难问题分解成易理解、更有趣的容易问题，或者把大问题分解成一组小问题，层层深入，一环扣一环地递进，逐步引导学生的思维向纵深发展。

3. 问题设计的开放性

教师设置的问题可以分为封闭性问题和开放性问题。封闭性的问题要求学生以一种限定型的方式来回答，许多封闭性的问题被直接用于教学中，教师在课堂中有80%的提问属于这种类型。事实证明，教师在课堂中使用过多的封闭性问题不仅不能给教学带来生机，反而给课堂教学带来"满堂问"的干扰，"满堂问"与"满堂灌"相比，虽然形式上学生参与到教学中，但本质上是一致的，都限制了学生的思维，都不承认学生是可以自主学习的人，没有从根本上变革学生被动接受的传统教学模式。开放性的问题能够激发一般的、开放性的回应，开阔学生的思维，激发学生学习的欲望，使教学更为新颖有趣。

（三）协作构建——活动探索描述图形特征

小学生空间观念的培养主要落脚在图形与几何这部分内容上。我们知道，图形是人类通过长期对客观物体的观察逐渐抽象出来的，图形的认识过程不像拍照那么一蹴而就，是一个较为漫长的过程，是一个需要经历抽象的过程。小学生的几何思维具有具体性和抽象性相结合的特点，这就需要在图形的认识过程中，通过一定的方法和途径，让学生在有效操作中对空间观念经历一个从初步感知到牢固建立的升华过程，从而提高学习效率。比如，在教学"认识图形"时，可以通过对话、讨论等方式鼓励学生用自己的语言描述平面图形的特征，在进一步辨析长方形、正方形、圆、三角形中引起思维的碰撞，在碰撞中不断构建数学的思考。

1. 操作应注重联系，形成空间观念

要形成空间观念，操作时除了要关注学生需要，更要注重不同空间表象间的联系，由此及彼，加深感知。要利用丰富的现实生活模型，开展丰富的操作活动，这样才能不断积累图形的空间表象；更要关注客观世界中物体的几何属性，即点、线、面和体之间的关系，对图形的认识，是基于这些关系所抽象出的概念的操作感知，形成空间表象，发展空间观念。如认识长方形、正方形、三角形和圆形的教学，充分利用学生在一年级上册已经认识的立体图形安排一系列的操作活动。一是摸一摸，让学生摸一摸积木的各个面，让学生从已有的"体"的概念转移到"面"，初步体会立体图形和平面图形的区别和联系；二是画一画，用长方体、正方体、三棱柱和圆柱积木，分别画出相应的长方形、正方形、三角形和圆形，让学生亲历将"面"从"体"上剥离下来的过程；三是找一找，根据所给出的平面图形找出它们分别是从哪个积木上取下来的。这样的操作活动，既丰富了对图形特点的感知，又沟通了面和体之间、直线图形和曲线图形之间的联系，使学生空间知觉不断丰富，空间观念不断加强。

2. 操作需思维参与，强化空间观念

有效操作同样离不开思维参与，只有思维的参与才能提升操作的高度。我们不难发现，课堂上教师利用学生熟悉的事物或者现实场景，经历摸一摸、描一描等操作活动来认识图形，可到最后需要学生将其头脑中的表象反映出来时往往不够准确，说明真正建立起空间观念，光靠多种感官的操作是不够的，特别是浅表的不触及本质的操作，那只是为操作而操作，不能建立起正确、完整的空间表象。图形的认识需要达到一定的抽象水平，需要让学生真正把握图形本质特征进行操作，并进行分析、比较、推理，在思维能力得到发展的同时而提高抽象水平，才能使空间观念得到进一步发展。

（四）练习检测——知行合一拓展图形应用

知行合一，就是要将"学"与"做"统一起来，学以致用。教学中，应结合教学内容，加强课堂知识与实际生活的联系，重视知识的运用，促进对知识的理解，使学生在课堂内外均能够完成对知识的应用和探索，实现空间观念的完整塑造，使学生空间观念得以深化。在实际教学中，通过教与练活动，课堂教学效率得到一定的提高，学生对有关的知识与技能掌握扎实，空间观念、思维能力及解决实际问题的能力得到提高，学习兴趣有明显增强。

1. 基本练习，巩固认识，建立表象

表象是感性认识的一种高级形式，它是从具体感知到抽象思维的过渡，是形象思维的基础，影响几何图形学习的因素之一就是感性材料和感性经验的熟练度与质量。例如在"长方体的认识"的基础练习设计上，可以让学生在身边找一个形状是长方体或正方体的物体，并与同桌说说它有什么特征，这样可在生生交流中再次巩固长方体和正方体的特征。有效的几何图形教学就是要给学生提供丰富的感性材料，帮助学生通过直观把握几何图形的本质属性，剔除其非本质属性，引导学生建立正确的表象，促进对图形的认识。

2. 练习素材，生活原型，易于接受

《义务教育数学课程标准（2011年版）》强调："数学学习内容应当是现实的、有意义的、富有挑战性的。数学教学要从学生已有的生活经验和知识出发，让学生亲身经历将实际问题抽象成数学模型并进行解释与应用的过程。"因此，在设计练习时，教师应努力寻找生活原型的素材，将"新知识"与"现实生活"紧密联系，利用生活中学生耳熟能详的实例，尽可能地将数学学习内容"生活化"，从而帮助学生建立表象，正确解决问题。例如在教学"正方体的认识"时，可以设计这样的练习：兰兰生日快到了，妈妈送给她一件漂亮的礼物（见图4-1-1），如果接头处的彩带长12厘米，包扎这个礼物至少需要多少厘米长的彩带？这样结合"包礼物需要多长的彩带"的生活情境，让学生利用新知解决简单的生活问题，发现生活中处处有数学，学会用数学的眼光看待身边的事物。

图 4-1-1　正方体的认识

3. 对比练习，层次多样，内容开放

为了加强知识间的联系和区别，在实际教学中设计一些有针对性的练习，便于学生进行理解和分析，通过对比，加深对不同题型的掌握。所有的练习设计都要从教材和学生的实际出发，有针对性地设计练习，充分考虑学生的差异，在练习数量和质量的要求上做一些机动处理，使练习具有层次性，可以满足各层次学生的需要。练习有坡度，由易到难，从简单到复杂，使每个层次的学生都有"事"可做。例如在教学"图形的认识"时，可让学生说一说生活中的一些组合平面图形，然后再涂一涂。通过让学生自己动手操作，解决生活中的实际问题，在这个过程中，学生不仅会认识各种图形的特征，而且还会具体问题具体分析，能从不同的角度思考问题，使我们的活动更具数学意义。

"爱种子"教学模式在小学数学教学中的应用，能够彰显以学生为本的教学理念，更加关注小学生的身心特点、性格特点，提供一个开放的学习环境。我们根据"爱种子"教学模式，结合自身的教学经验，浅显地对"图形的认识"教学范式进行了思考与探索。针对不同学段"图形的认识"的教学特点，结合"爱种子"教学模式，"图形的认识"教学范式仍需进一步实践与完善。

【教学案例12】
"爱种子"模式下小学数学"图形的认识"教学范式探讨
——以北师大版小学数学一年级下册"认识图形"导学案为例
清远市新北江小学实验组　罗碧毅　梁秋怡

一、课前慎思

"认识图形"是北师大版小学数学一年级下册第四单元第一课时的内容，学生在这之前已经初步认识了"长方体、正方体、圆柱、球"这些立体图形。同时，大部分学生在平时的生活中已经认识了"长方形、正方形、三角形和圆"这几种图形，但只是停留在初步感知阶段，没有更深入地了解。结合学情，我们拟定教学目标，并围绕教学目标与"图形的认识"教学范式，实施以下教学实践。

二、教学实践

第一个环节：生活现象——生活情境初步感知图形

1. 学生介绍立体图形。

● 你能说出它们是什么图形吗？

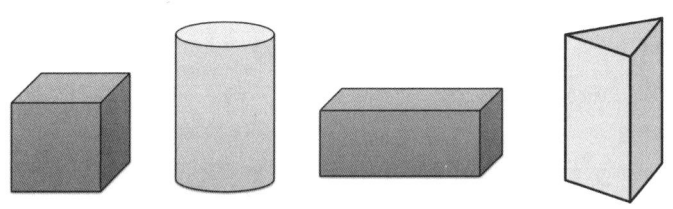

2. 摸一摸立体图形，感受"面"在体上。

【教学建议】课前教师可以为学生准备长方体、正方体、圆柱和三棱柱，让学生根据已有的知识经验对立体图形进行介绍（其中三棱柱学生没有学过，教师可直接介绍）。通过摸一摸，学生感受到立体图形上有各种各样的面，摸起来平平的面就叫作平面。

【设计意图】从学生已有的生活经验和认知基础出发，采用学生熟悉的立体图形引入，激发学生的学习兴趣；通过摸一摸立体图形，初步感知"面"在体上，为学习"从立体图形上得到平面图形"的知识做好铺垫。

第二个环节：个别探究——问题驱动探究图形特征

1. 过渡语：请你想想，如果我们想把这些平平的面移下来，你有什么办法吗？
2. 学生说方法，并动手尝试描一描，印一印。
3. 交流方法。
4. 教师小结。
5. 自主学习，分一分。

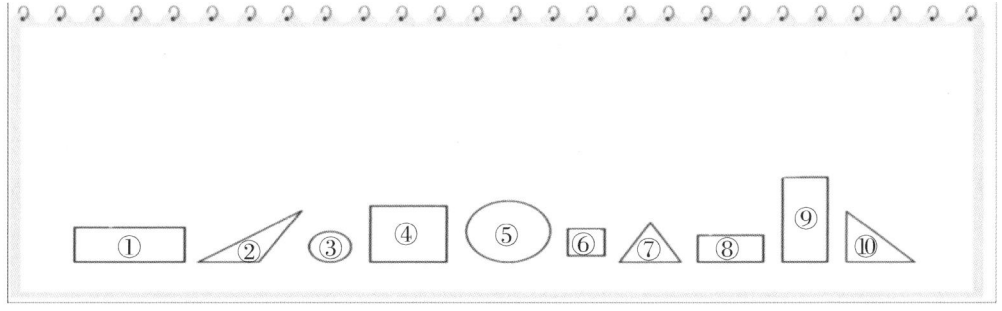

【教学建议】先让学生交流方法（描一描、印一印），再利用手中的工具，尝试在纸上画或印出自己刚才摸的面。学生上台展示成果并汇报过程，说一说自己是怎样得到想要的面的，这些图形又分别是从哪些物体上得到的。教师利用课件小结：我们从长方体、正方体、圆柱和三棱柱上的一个面分别找到了长方形、正方形、圆和三角形。同学们，你都认识这些图形了吗？建议让学生说一说这些图形都是什么图形，再根据自己的想法分类。

【设计意图】学生尝试动手操作把平面图形"留（描、印）"在纸上的方法，初步认识长方形、正方形、圆、三角形，体会"面"在体上。接着，将不同大小、不同形状的图形放在一起，通过分类活动让学生进行辨认，明晰图形的特征，帮助学生建立对四种平面图形的正确表象。

第三个环节：协作构建——活动探索描述图形特征

1. 小组合作，看看大家的分类结果是否一样，交流自己的想法，并说说图形的特征。

图形名称	平面图形	特征（口述）
长方形	▭	
正方形	□	
三角形	△	
圆	○	

【教学建议】学生先在组内交流分类的结果，可利用上述表格描述图形的特征，也可以利用手中的平面图形，指一指、说一说。派小组代表进行全班汇报，先说图形分类的答案，再请其他小组补充不同的意见。出现不同意见应追问："哪个同学说的有道理"以此梳理出图形的特点，强调用图形的特点来辨别。

【设计意图】通过对话、讨论鼓励学生用自己的语言描述平面图形的特征，在进一步辨析长方形、正方形、圆、三角形中引起思维的碰撞，在碰撞中不断构建起数学的思考，让孩子的交际能力、合作能力也在悄然无声中得以提升。

2. 全班交流，说一说，你还在什么地方见过这些图形？

3. 教师小结"面从体出"，所找的图形都是某个物体的一个面。

【教学建议】组织学生联系生活，说说生活中的长方形、正方形、圆、三角形，再通过课件欣赏生活中的平面图形。

【设计意图】通过寻找生活中的平面图形，教师再次强调"面从体出"，所找的图形都是某个物体的一个面，并且帮助学生体会数学的应用价值，激发学生学习的积极性，提高学生在生活中观察和探究数学现象的意识和能力。

第四个环节：练习检测——知行合一拓展图形应用

1. 基础练习：连一连。

【教学建议】教学时，可以组织学生做游戏，通过猜一猜、摸一摸、做一做等活动，使学生进一步感受图形的特点，体会"面在体上"。

2. 综合练习：涂一涂。

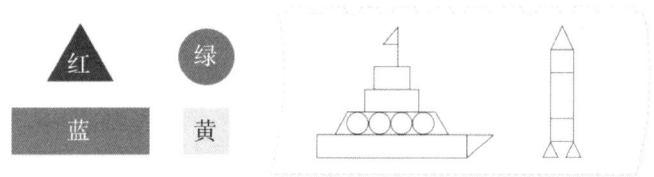

【教学建议】教学时，先让学生说一说这些平面图形分别涂什么颜色，再独立涂一涂。

3. 拓展练习：请在点子图上画出一个长方形。

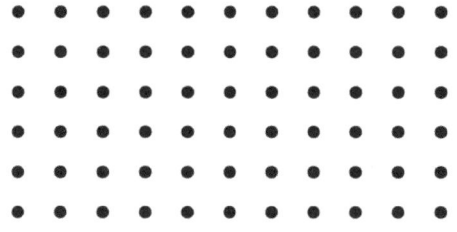

【教学建议】教学时，先让学生想一想长方形是什么样子的，然后再画图验证自己的想法。

【设计意图】通过基础练习、综合练习及拓展练习，帮助学生进一步巩固对图形的认识，直观感受图形的特征。结合想象，让学生把心中的长方形在点子图上画出来，化抽象为具体，同时培养学生初步观察、比较和动手操作的能力，培养学生初步的空间观念。

综上所述，"爱种子"模式引领下形成的"图形的认识"教学范式让不同的学生在观察、操作、交流、想象、表达等活动中得到不同的发展，深化了学生对图形的认识，沟通了图形与图形之间的联系，培养了学生的表达能力、推理能力以及空间想象力，让"学得""习得""教得""评得"在"图形的认识"教学范式中真正得到有效落实。

第二节 "图形周长计算"教学范式

在"爱种子"课堂教学模式实验背景下，作为实验区的教师，我们思考着如何把握"爱种子"课堂教改的契机，突破"图形周长计算"的教学困境，实现以学定教，重组课堂结构、创新教学方法，促进学生学习能力发展。通过创设生活情境，组织学生进行动手操作、合作交流、实践应用等活动，让学生在自主学习、小组协作的探究学习活动中理解知识、形成技能。

一、关注学生起点，形成周长范式

"图形与几何"的学习是小学数学教学的重点内容，旨在培养学生形成初步几何思维能力，掌握基本几何知识，为初中乃至高中的几何学习作铺垫。在小学1—6年级，数学教材对"图形与几何"的内容编排有以下特点：经历从现实情景中抽象出图形的过程，从整体到局部、从立体图形到平面图形再到立体图形展开学习；设计观察操作、思考、想象等活动，发展学生的空间观念；从图形的形状、大小、图形的运动，图形的位置等多角度刻画图形；注重对所学内容的理解和应用。仔细研读这些特点，我们发现"爱种子"教学模式中"自主学习"课型的教学流程，比传统教学模式更有利于达成教材的教学目标。

基于以上认识，我们通过主题研讨、集体备课、多次磨课、评课、议课等活动，对"爱种子"教学平台中已有的导学案进行再加工，优化"图形与几何"领域中"图形周长计算"这一板块的教学，形成了"爱种子"实验背景下"图形周长计算"的教学范式。

生活现象──→观察·感知图形周长特征
个别探究──→动手·探索周长计算方法
协助构建──→梳理·归纳周长计算公式
练习检测──→运用·提升周长计算技能

二、关注知识内涵，确定适用范围

"空间与图形"是小学数学教材中的四个学习领域之一，"图形周长计算"是"空间与图形"领域中的内容，其核心目的是发展学生的空间观念，提高学生的思维推理能力。

以北师大版小学数学教材为例，"图形周长计算"的教学内容不多，主要集中在三年级上册第五单元和六年级上册第一单元，教学内容主要是计算长方形、正方形的周长和圆的周长。具体内容见表4-2-1。

表4-2-1 "图形周长计算"教学内容

序号	知识点分布	教材分布
1	计算长方形、正方形的周长	三年级上册第五单元
2	计算圆的周长	六年级上册第一单元

以上表内容作为教学内容的"自主学习"课型均可适用"爱种子"实验背景下"图形周长计算"的教学范式。

三、关注教学环节，探索教学策略

（一）生活现象──观察·感知图形周长特征

本环节主要通过合理创设学习情境，让学生观察、感知图形周长的特征，从而思考并理解图形的周长。

"周长计算"是小学阶段认识几何图形知识的基础，"周长计算"的知识比较重要，是小学三年级至六年级学生必须掌握的一个知识点。"周长计算"的教学重在培养学生的思维能力，为学生今后各种思维能力的发展做好准备。

1. 创设有趣的情境，提出数学问题

将学生熟悉的生活情境转化成数学问题。数学问题是数学实验的发动机，正是问题引发了学生思考，激发了学生的求知欲望，让学生进入最佳的学习状态。数学问题可助于提升教师的教学质量和学生的学习效果，为主动探究新知做铺垫，同时让学生感受学习数学的价值。

2. 注重实践观察，建立空间观念

空间观念是几何课程改革的主要概念，我们要敢于打破传统的教学观念和教学方法，从"丰富原型，充分感知；操作体验，形成表象"这两个方面出发，使学生在几何图形的观察和操作活动中了解几何图形周长的特征，逐步建立空间观念，提高学生的观察能力，培养学生对图形周长计算的兴趣。

（二）个别探究——动手·探索周长计算方法

本环节是学生初步自我习得的过程，重视学生独立学习的过程，充分体现学生的主体地位。让学生动手探索图形周长的计算方法，培养学生的独立自主学习能力。

有了熟悉的现实生活情境和学习动力，再引导学生自主探究图形周长的计算方法。这个探究过程，教师要帮助学生设计独立探究计算图形周长的学习任务单。设计这个环节的学习任务单可以从以下几个方面去思考。

1. 科学设计学习任务单，诱发学生思考与动手探究

学习任务单作为教学媒介，可以为"爱种子"模式教学提供有效、便捷的学习"脚手架"，是"爱种子"模式教学实施的核心保障。因此，在个别探究环节，教师需要科学合理有针对性地设计独立学习任务单。在设计"独立学习任务单"时，要根据学生学习特点及课堂教学实际，遵循"由浅入深、循序渐进"的原则。合理地设计自主学习任务单，能使学生积极思考、深钻问题、积极动手操作和创新进取。

2. 在学生的认知过程中，发展提升形象思维和抽象思维

开展数学教学的本质，就是向学生传递数学思维，实现对数学思维的过程分析，让学生的思维得到启发，认识到数学知识中存在的逻辑关系。在这一环节，学生通过动手操作，探索图形周长的计算方法，使学生的头脑得到锻炼，思维也受到持续的启发，全面提升学生的动手能力以及独立思考能力。

（三）协作构建——梳理·归纳周长计算公式

本环节让学生在充分独立学习的基础上，通过自己的深入思考和分析来理解周长的计算方法，享受独立探索的成功喜悦。组织学生开展小组合作学习，让学生在小组中充分发挥自身的能力，在互相学习、互相帮助的良好氛围内掌握周长计算的方法，实现共同进步。

1. 观察研究问题，探讨周长计算公式

在"图形周长计算"的教学中，在组织学生开展活动前，教师需要精心策划动手探究活动，在这一过程中务必给予学生充分想象和独立思考的时间和空间，清晰明了地指引学生围绕问题和目标去探寻图形周长计算公式。

2. 归纳推导公式，培养逻辑概括思维

在梳理推导周长计算公式的小组活动中，学生总会遇到这样或那样意想不到的问题，犯各式各样的错误，教师除了给予学生适当的点拨外，更要在精神上多鼓励学生再次尝试，引导学生梳理。这样，学生面对"操作"活动中的种种困难时，才会沉着冷静地查找原因，带着问题和疑虑积极主动地反复探索、反复尝试，直到得出心目中确切的答案，掌握图形周长计算公式的意义和运用。同时，在设计学习任务单时要有意识地引导学生透过多组数据发现各数据间的共性关系，侧重对图形周长计算公式的整理。

（四）练习检测——运用·提升周长计算技能

本环节通过设计有层次性、针对性的练习，进行巩固、理解、运用图形周长的计算。因此，应设计一些基础练习、操作练习和拓展思维练习。落实到每一节"图形周长计算"教学课，我们可以设计以下三种类型的练习。

1. 基础题

学生在课堂上已经初步理解周长的计算方法，但算理的学习不能止步于课堂教学，还需要通过练习加以理解，进一步内化。这样，学生对图形周长的计算才会理解得更深刻。因此，教师在设计练习时，可以增加一些理解算理的练习来帮助学生"明理"。

例如，王大妈沿着一条河用篱笆围一个长 25 米、宽 10 米的长方形菜地，最少需要准备（　　　）米的篱笆。

让学生在思考中加深对如何科学推导出长方形的周长计算公式的理解，也就不需要去记公式了。

2. 变式题

变式其实就是创新，设计练习时抓住问题的本质特征，遵循学生认知心理的发展，恰当地变更问题情境或改变思维角度，培养学生的运算思维，提高思维的灵活性。

例如，一个长方形菜地，长 9 米、宽 6 米，如果一面靠墙，篱笆至少要多少米？

一般图形周长练习题只对周长公式进行巩固，而这道变式练习不但考察了解决关于长方形周长的实际问题，还使学生在富有生活趣味的问题情境中展开想象，拓宽学生视野，培养学生主动解决问题的精神。学生通过一番好奇的探索后，发现要想知道"篱笆至少要多少米"，首先就要明确篱笆要围几条边，而且是要用最少的篱笆。这类变式题所带给学生的深刻体会与领悟是简单的一题一解基础练习题所无法比拟的。

3. 挑战题

挑战题旨在通过练习扩展学生思维广度，提高思维能力，并把新知识及时纳入

学生原有的知识系统中,并在解决日常生活中的实际问题中加以运用。

例如,一张长方形的纸,长20厘米、宽15厘米,在它上面剪去一个最大的正方形,正方形的周长是多少?剩下的图形的周长是多少厘米?

学生在解决问题的过程中,对平面图形周长计算的考虑,可以让学生结合解决问题的经验,理解在一个长方形里剪一个最大的正方形,这个正方形的边长是多少、剩下的图形的周长有什么特点的问题。这在提高学生的空间想象能力的同时也提升了学生的数学思维。

教学终归要依纲靠本,教师要充分利用教材后面的练习题,充分挖掘习题的智力因素,发展学生智能,培养学生素质。

四、关注总结反思,完善教学范式

1. 重视学生对图形周长计算公式的理解

学生学习知识只有理解了,记忆才更有效。由于小学正处于由形象思维过渡到抽象思维的阶段,因此,在探讨图形周长计算时,要让学生在已有丰富的认知基础上,在探讨过程中梳理提升,进而理解图形周长计算公式的由来和算理,为学生进一步学好图形周长打好扎实的基础。

2. 促进学生对图形周长计算方法的优化

学生在探究图形周长计算的基础上,体验不同方法计算图形周长,从而使他们全面认识各种计算方法,并认识到方法的优劣是相对的,只有在具体的问题情境中,才能讨论哪种方法更有优势,让学生的认识自主完善起来,有效深化周长计算方法优化的数学思想。

3. 错题收集

在日常教学中,教师要注重收集和整理学生的错题,平时批改作业时要注意记录学生的典型错题,分析错误原因,及时反思教学中的不足并做出适当调整,同时形成班级错题库,为"互动探究"课型做好"雷点"素材储备。同时也要引导学生设置个人错题本,每天摘录自己作业中的大小错误,帮助其分析错误的方法和思维根源。一个阶段后,可以让学生根据错题本的内容自主设计一份"图形周长计算"的练习,自己做一做,同伴相互批一批。这样"量身定制"式的练习题一方面能实现精准查漏补缺功能,另一方面也更能充分激发学生的学习自主性。

因此,加强错例与反例的教育价值,能有效促进学生图形周长计算能力的提高(见表4-2-2)。

表4-2-2 小学阶段"图形周长计算"常见错误归因

常见错因	典型错例	对策
概念理解不清	①多边形的周长与面积混淆； ②不规则图形周长的不理解	回头寻：用了哪些知识——再理解、重生成
盲目套用公式	一个长方形的长是16厘米，长是宽的4倍，周长是（　　）分米	回头想：为什么错——思考、比较、辨析
思维不清负迁移干扰	①大圆周长是小圆周长的3倍，小圆直径是大圆直径的（　　），大圆半径是小圆半径的（　　）； ②王大妈沿着一条河用篱笆围一个长25米、宽10米的长方形菜地，最少需要准备（　　）米的篱笆	回头议：如何避免——同桌议、小组议
记忆不牢瞬时出错	①混淆已知圆的半径求周长和已知圆的直径求周长的计算； ②混淆圆的周长公式和圆的面积公式	回头看：错在哪里——再读题、再审题、查过程、查步骤
习惯不佳心态应付	①做题时粗心大意，忽略单位不同； ②计算体积时粗心大意，结果错误，导致前功尽弃	回头做：怎么做是对的——一看二想三动笔

对于"图形周长计算"教学范式的探索，旨在达成最优化的教学目标，力求教学符合小学生的学习心理和能力发展需要，彰显"爱种子"教学模式的课程改革理念。

【教学案例13】

自主学习环境下的"图形周长计算"教学
——以北师大版小学数学三年级上册"长方形周长"导学案为例

清远市清城区 "爱种子" 数学导师　雷焕嫦

一、课前慎思

"长方形周长"是北师大版小学数学三年级上册第五单元第二课时的内容，其教学重点是经历探索长方形和正方形周长计算方法的过程，理解并掌握长方形、正方形周长的计算方法，并能正确计算。学生在学习这节课时已经学习了平面图形，并且已经掌握了长方形和正方形的特点，同时学生也有了什么是周长的知识铺垫。我们结合学情拟定了学习目标，并围绕学习目标与"图形周长计算"教学范式，两者相融制定以下四个教学环节。

生活现象——观察·感知图形周长特征
个别探究——动手·探索周长计算方法
协助构建——梳理·归纳周长计算公式
练习检测——运用·提升周长计算技能

二、教学实践

第一环节：生活现象——观察·感知图形周长特征

1. 谈话：在动物王国里，有对好朋友小兔和小猴，它们喜欢跑步。小猴沿着长方形的操场跑，小兔沿着正方形的操场跑。有一天，它们却吵了起来，原来它们在争论谁跑的路程多。

2. 教师出示主题情境图，让学生观察长方形、正方形。

3. 提出问题：你们知道长方形、正方形各有什么特点？

4. 学生各抒己见，根据已有的知识经验说一说长方形、正方形的特点。

5. 呈现问题：如何测量并计算出长方形和正方形的周长？说说你是怎样想的。

【设计意图】通过故事情节的导入，创设小猴和小兔在操场跑步的情景，更易引起学生的注意力，提高学生学习数学的兴趣。让学生从图中发现，它们是沿着长方形、正方形操场的边线来跑的，从而引导学生说出长方形和正方形的特征，激发学生想要求它们的周长的欲望，从而产生运算的需求，更有利于学生快速进入本节课的学习内容。

第二环节：个别探究——动手·探索周长计算方法

●自主探究（一）

1. 提问：独立测量和计算下面长方形的周长，然后和同桌说说自己是怎样想的，有几种测量方法。

2. 学生利用"自主学习任务单（一）"进行独立探索。

自主学习任务单（一）

计算长方形的周长	
（　）厘米 （　）厘米　　　　　　　（　）厘米 （　）厘米	我是这样算的： _____ _____
我的发现：	长方形的周长 =

●汇报交流（一）

1. 根据"自主学习任务单（一）"，组织学生集体交流汇报。

有的学生测量出长方形四条边的长度，再相加。

有的学生分别量出长方形长和宽的长度，再把两条长和两条宽的长度相加。

有的学生先把一条长和一条宽的长度相加，再把得数乘2。

2. 讨论：你觉得用哪一种方法计算起来更加简便？

3. 正方形是特殊的长方形，根据刚才学习计算长方形周长的方法，要计算正方形的周长，需要知道哪些条件？又怎样计算正方形的周长？

●自主探究（二）

1. 独立尝试测量和计算正方形的周长，然后与同桌说说自己是怎样想的。

2. 学生利用"自主学习任务单（二）"进行独立探索。

自主学习任务单（二）

计算正方形的周长	
（　）厘米 （　）厘米　　　　（　）厘米 （　）厘米	我是这样算的： _____ _____
我的发现：	正方形的周长 =

●汇报交流（二）

1. 根据"自主学习任务单（二）"，组织学生集体交流汇报。

有的学生先测量正方形四条边的长度,再把四条边的长度相加。

有的学生先测量正方形一条边的长度,再用一条边的长度乘4。

2. 讨论:比较以上两种方法,你更喜欢哪一种方法?为什么?

3. 师生共同总结并归纳出计算正方形周长的方法。

【设计意图】掌握长方形、正方形的周长计算方法是本节课的重点,通过量一量、算一算的活动,充分发挥学生的主观能动性,让学生选择自己喜欢的方法计算长方形、正方形周长。让学生在交流中根据图形自身的特征来共同探讨长方形、正方形周长的计算方法,也为学生提供充分表达自己想法的机会。

第三环节:协作构建——梳理·归纳周长计算公式

1. 组内说说长方形、正方形的周长计算方法。

2. 学生在小组长组织下开展小组合作活动。

3. 说一说、画一画、算一算,并在组内交流讨论。

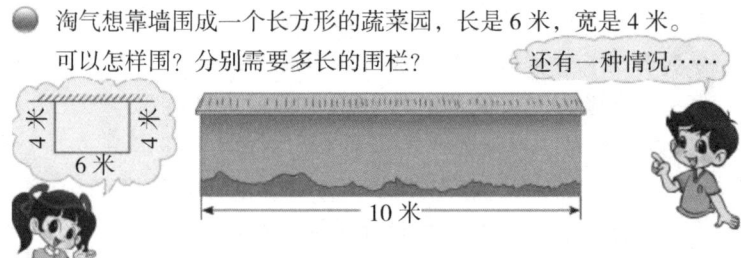

合作学习任务单

第一种图形	请画出第二种图形

周长 =	周长 =

4. 全班展示交流。

【设计意图】灵活运用长方形周长的知识解决生活中的实际问题是本节课的重难点,"围栏"问题能够很好地考查学生对本课所学知识的理解与掌握情况。通过让学生说一说、画一画、算一算等活动,为学生提供充分的时间和空间,让小组同学之间讨论交流,让他们理解题意,避免盲目套用周长计算公式,体会计算长方形周长的策略是多样化的,进而学会利用长方形相关知识解决实际生活中的问题,培养学生的创新思维能力和团结协作意识。

5. 组内互评。

学生利用应答器进行互评,教师利用平台评价系统收集评价数据,发挥评价数据的导向作用。

【设计意图】本节课注重对学生的评价,特别是充分利用平台的评价系统,即时采集学生反馈信息,即时评价,暴露存在问题,引导学生自我反思、合作反思,促进再学习、再评价,教师根据问题精准指导学习。

第四环节:练习检测——运用·提升周长计算技能

1. 量一量,再算出下面各图形的周长。

【设计意图】引导学生逐步有意识地根据图形的特点选择比较简便的方法来计算图形的周长。

2.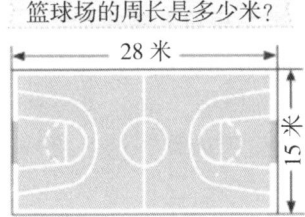

【设计意图】第 1 小题为进一步巩固长方形周长的计算方法。第 2 小题要求结合生活中的实际情况,灵活运用所学的正方形周长知识解决问题。

3. 用一根铁丝围成一个长 12 厘米、宽 4 厘米的长方形,如果将这根铁丝重新围成一个正方形,那么这个正方形的边长是多少厘米?

【设计意图】延伸学生的思维,让学生明确用同样长的铁丝围成不同的图形,周长是相等的,属等量代换问题,培养学生独立思考能力与自主学习能力,并能运用所学知识解决实际问题。

 学习评价

1. 我会用长方形、正方形周长公式解决生活中关于周长的问题。　　　(举例)

2. 如果知道正方形的周长,可以算出这个正方形的边长。　　(口述、举例子)

3. 我遇到的困难是(　　　　),谁有好办法解决?　　　　　　　　(口述)

第三节 "图形的面积"教学范式

"图形的面积"是"图形与几何"领域中的一个重要内容,这部分内容的学习有利于学生智力和创造力的发展,尤其在公式推导过程中对合情推理、转化思想、数学建模及空间观念的培养,对后续学习图形与几何的知识有着至关重要的作用。因此,在面积教学中要重视计算公式的推导过程,利用好学生已有的知识经验,渗透转化思想和方法,让学生在自主探究中经历公式推导过程,在合作交流中建立公式模型,在练习反思中强化公式运用,从而发展学生的空间思维能力。

一、促进学生经验生长,形成面积教学范式

《义务教育数学课程标准(2011年版)》中提出,教师在教学过程中不仅要让学生掌握相关的数学知识,同时还要提升学生的数学思维和数学能力,掌握数学的方法。因此,在图形的面积教学中,要促进学生已有知识经验的生长,让学生在探索公式的数学活动中掌握转化的方法和形成转化的思想。结合"爱种子"教学模式的实施和探索,优化"图形与几何"领域中"面积计算"这一板块的教学,形成了"图形的面积"的教学范式。

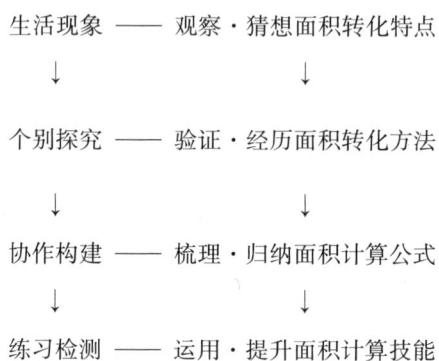

生活现象 —— 观察·猜想面积转化特点
↓   ↓
个别探究 —— 验证·经历面积转化方法
↓   ↓
协作构建 —— 梳理·归纳面积计算公式
↓   ↓
练习检测 —— 运用·提升面积计算技能

二、寻找知识结构链,尝试面积教学范式

第一、第二学段"图形的面积"教学分为平面图形的面积和立体图形的面积。平面图形的面积教学主要在三年级和五年级,长方形和正方形的面积是"图形的

面积"教学的起始课,学生虽然会用面积单位度量,但是转化的思想方法还未形成。从平行四边形的面积教学开始,教材展开了一系列的探索活动,让学生通过猜想—验证—交流等方式,从体验到掌握"转化"的方法来探索平行四边形、三角形、梯形和圆的面积计算公式。立体图形的表面积学习是在五、六年级,学生已经有了"转化"的思维方法,把立体图形转化为平面图形来探索学习已驾轻就熟。以北师大版小学数学教材为例,图形的面积教学结构如图4-3-1所示。

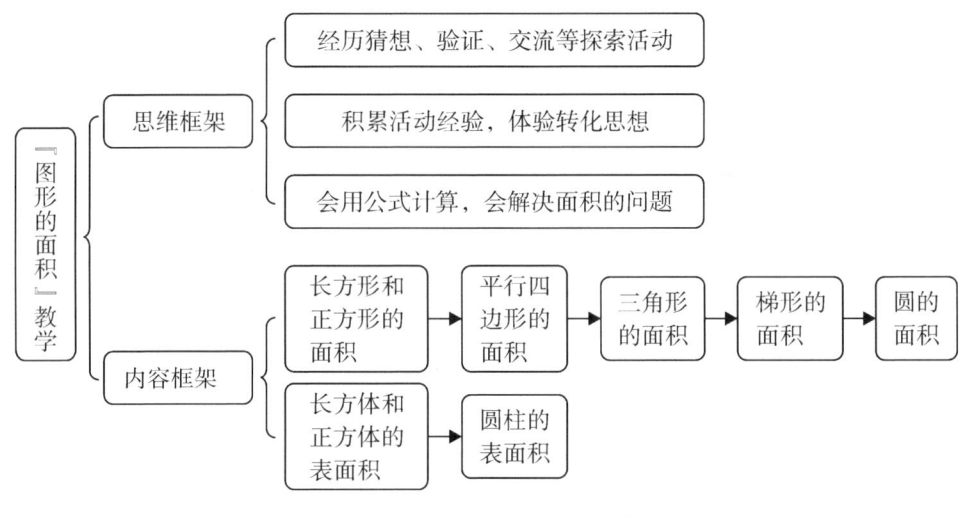

图4-3-1 "图形的面积"教学结构

以图4-3-1内容作为教学内容的"自主学习"课型均可应用"爱种子"实验背景下的"图形的面积"教学范式。按照内容框架的顺序,在学习长方形的面积基础上,平行四边形通过割补法转化为长方形是学生第一次深刻感受转化的学习方式。探索三角形、梯形的面积时,割补法不再作为主要学习方式,把"两个图形拼组"的转化方式成为学生更容易理解和掌握的转化方法。到了六年级学习圆的面积时,学生对转化的思想方法很熟练了,割补法显然更容易转化圆的面积。学习立体图形的表面积时,依然沿用转化的思想方法,把立体图形转化为平面图形来探索学习。纵观整个图形的面积教学,始终围绕转化思想来编排,无论是"割补"或是"拼组",都是将未知转化为已知去学习。

这些图形之间可以相互转化,教学目标一致,教学内容的编排相似,都是用转化的方法把"未知转化为已知"进行探索学习,具备了形成"图形的面积"教学范式的条件。因此,对"图形的面积"的教学进行结构化处理,以"猜—验—论—用"的范式,将"图形的面积"学习中涉及的学习过程和方法进行结构化,学生经过系统"知识链"的学习,对面积探索活动的有效开展,转化思想循序渐进的渗透,都会起到迭代效应,更有利于学生独立探索面积计算公式。学生在探索公式的过程中不断累积经验，更容易获得成功体验，也更容易感悟面积计算方法的内在原理。

但"图形的面积"教学的核心思想是转化，转化是在基本计算方法上进行知识迁移来教学的，因此，"图形的面积"教学的起始课在教学范式上可以适当调整。

三、巧用面积"转化"思想，探索范式教学策略

范式为教学设计提供了结构框架，能帮助教师们简单、直接地把握教学的精髓，但如何在范式的指导下更有效地学习，还需要不断地尝试和摸索，现结合四大环节的实践经验，提出几点参考意见。

（一）生活现象——观察·猜想面积转化特点

在"猜"中想象，发展学生空间观念。"图形的面积"教学是按照"转化"的研究思路展开的。因此，在新课开始时，要注意学生已有的知识基础和活动经验，为后面的新课教学做好铺垫，建议注意以下两点。

1. "转化"思想的渗透

图形的面积教学范式最显著的特点就是将未知的图形转化成学生已学的图形进行计算。因此，在此环节可以结合具体情境和学生已有的活动经验，让学生回顾面积转化的方法，建立新知与旧知的桥梁。

2. 鼓励学生大胆、合理地猜想

在"转化"前，以图形之间的类比为切入点，让学生猜想一下"图形之间是否可以转化""可以转化的理由是什么"，学生由开始的乱猜，到合理的猜、有根据的猜，初步感知转化思想，发展学生的空间想象力和合情推理能力。

（二）个别探究——验证·经历面积转化方法

在"验"中动手，提升学生空间思维能力。在"图形的面积"教学范式中，面积公式的提早归纳、机械记忆及反复操练是不可取的，应该让学生在动手验证中体验转化的思想方法。因此，在猜想后，创设个别探究，让学生根据表格指引独立完成转化的探究活动，学有困难的学生可以借助微课的学习，不同的学生可选择不同的学习方式，得到不同的发展。设计学习任务单可以从以下几个方面考虑。

1. 突出动手实践，培养动手能力

《课程标准》指出：学生学习应当是一个生动活泼的、主动的和富有个性的过程。动手实践、自主探索和合作交流都是学习数学的重要方式。因此，开展动手实践活动是探索面积公式的重要学习方式，让学生在动手中感悟面积公式的形成过程。在设计学习单的时候，要突出动手实践的成果。例如，可以采用拼或剪的方式，把某图形转化成另一图形等。

2. 突出转化思想，经历转化方法

学生应当有足够的时间和空间经历观察、实验、猜测、计算、推理、验证等活动过程。在猜想后，必须让学生体验转化的方法，同时还要会分享不同的转化方法，开拓空间思维，让学生感受到虽然转化后的图形是不一样的，但道理都是把未知的图形转化成已知的图形。

这个环节在学习单的指引下，是完全可以放手让学生独立开展的，但要保证探究时间充裕。后续的面积学习，通过多次活动经验的积累，学生的操作会越来越熟练。熟能生巧、迭代创新是"图形的面积"教学范式最佳的学习效果。

（三）协作构建——梳理·归纳面积计算公式

在"论"中总结，渗透建模思想。面积公式作为一种数学模型，只会计算是远远不够的，应该在动手实践中体验公式推导的过程，构建公式模型。

1. 梳理面积转化方法，为总结公式做准备

建议先在组内分工合作，通过填学习单、对比观察、合情推理等步骤得出图形的面积计算公式。填完学习单后，全班进行交流，提倡用不同的转化方法，要说得合理、有根据。学生在经历合作交流后，明白虽然转化方法可以多样，但是道理都是一样的。然后引导学生找出相对的边，发现它们之间的共同点，为总结公式做准备。

2. 归纳面积计算公式，构建公式模型

同学们在讨论中交流想法，思考和辩论公式的由来。其中合情推理能力的培养尤其重要，不仅要求学生说出转化的方法，还要说得合理、有根据，数学模型也在活动经验中自然形成。

（四）练习检测——运用·提升面积计算技能

在"用"中拓展，培养学生实践能力与创新精神。在应用中思考，在思考中应用。练习环节要有层次地设计，不仅要巩固公式的运用，实践能力、创新精神和应用意识的培养也不可缺少。

落实到每一节"图形的面积"教学课，我们可以设计以下五种类型的练习。

1. 公式计算基础题

学生在总结面积公式后，为了加强记忆，要练习一些简单的面积公式计算基础题，这些题面向全体同学，难度不大，简单易懂即可，目的是强化公式的运用和记忆。

例如：

① 长方形长 5 米、宽 6 米，面积是多少？

② 一个平行四边形停车位的底是 18 米，高是 6 米，求这个停车位的面积。

③ 一个三角形旗子底是 10.6 米，高是 7 米，它的面积是多少？

④已知长、宽、高（棱长），求下列图形的表面积（见图4-3-2）。

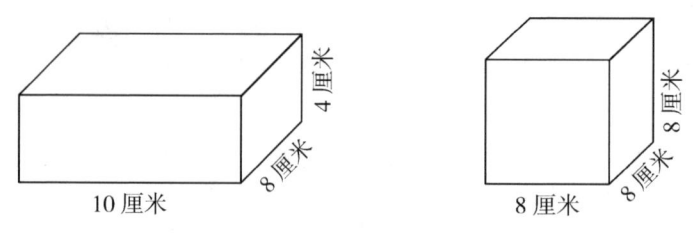

图4-3-2 求图形表面积

习题特点：考查学生对面积公式的掌握情况和计算能力。这一类题型面向全体同学，正确率在90%以上。

2. 公式运用变式题

（1）简单的公式逆推。

面积公式的计算不能只停留在计算面积，还需要求高，求底，或者图形面积之间的转化，所以在设计练习时应该抓住问题的本质特征，遵循学生的认知规律，适当地变更问题，培养学生的灵活运用能力，以及考查学生对面积公式的理解。

例如：

①已知一个三角形的面积是24平方厘米，它的高是6厘米，它的底是（　　）。

②一个梯形面积是9.2平方米，上底1.3米、下底3.3米，它的高是（　　）。

③做一个无盖的圆柱形铁皮水桶，底面直径为4分米，高为5分米，至少需要多大面积的铁皮？（少一个底面圆形）

习题特点：逆向考察最容易检查学生对于公式的理解，考查学生除了会计算面积，还能计算底和高；在计算圆柱的表面积时，能否根据实际情况判断，什么情况下求表面积，什么情况下只求少一个面的表面积，这些都需要学生结合生活经验灵活分析和计算。

（2）等积变换练习。

已知一个边长为8厘米的正方形，与一个高为5厘米的平行四边形的面积相等，求这个平行四边形的底是多少？

习题特点：通常这种类型的题目是考查学生综合分析问题的能力，要理解图形之间互换以后面积是相等的。考查学生空间想象力，为以后同类型的体积练习做好铺垫。

（3）生活应用练习。

①小明爸爸准备给一个大衣柜配一块长2米、宽1米的长方形镜子，镜子每平方米15元，小明爸爸配这块镜子要花多少元？

②有一块平行四边形草地，底长24米，高是底的一半，如果每平方米的草可

供 3 只羊吃一天，这块草地可供多少只羊吃一天？

③一块三角形地，底长 38 米，高是 27 米，如果每平方米收小麦 0.7 千克，这块地可以收小麦多少千克？

习题特点：解决问题的变式练习是为考查学生是否会寻找求面积的关键条件，提高学生分析问题和解决问题的能力。这类题型只要把其中一个条件改得稍复杂点，学生的准确率就会降低 20%，说明学生对实际问题的解决还有待提高。

3. 综合运用挑战题

面积公式的学习都是为了更好地应用到生活中解决实际问题。因此，解决图形面积的问题也能扩展思维，提高运算能力。

例如，一个加工厂运来一批钢管，把它堆成梯形形状，最上层有 6 根，最下层 14 根，从上往下数共有 9 层，这批钢管共有多少根？

习题特点：这种类型的题目把求梯形的面积融入具体情境中，学生要找出问题的本质是求什么，才能找到解题方法，这对学生的辨析能力是一个挑战。

4. 简单不规则图形的面积

①下面各图形可以分成哪些已经学过的基本图形？请在图中画一画（见图 4 - 3 - 3）。

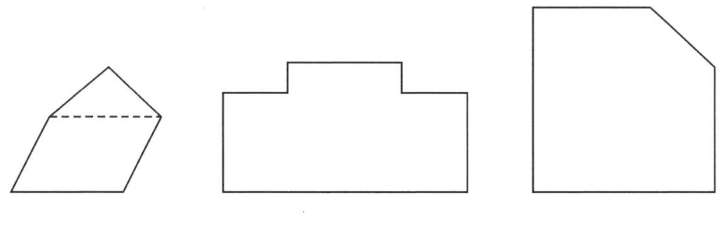

图 4 - 3 - 3 　画一画

②计算下面各图形（单位：分米）的面积（见图 4 - 3 - 4）。

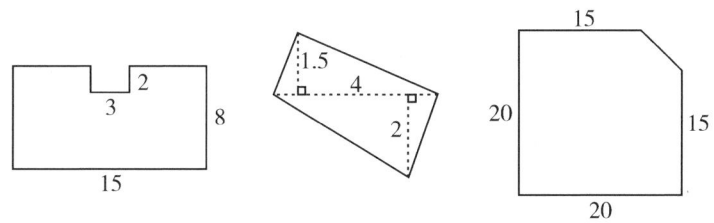

图 4 - 3 - 4 　计算图形面积

习题特点：考查学生是否可以运用已学图形面积知识求出不规则图形的面积。问题的核心是检查学生对"转化"方法的理解和运用。

5. 数学文化欣赏

圆的面积计算、三角形的面积计算在传统文化中都有记载，让学生了解古代数学家是怎样进行公式推导的，培养学生对传统文化的欣赏。

在设计习题时，要充分考虑学生的起点和知识基础，体现练习的层次性、针对性、启发性和多样性，既要注重基础，也要拓展思维，发展学生的空间能力。

四、"改改用"和"创创用"，完善面积范式教学

范式的研究只是个良好的开端，在实践中不能一味地简单模仿和照搬，还需要通过不断的实践进行"改改用"和"创创用"。例如，当实际教学与范式有冲突时，如何更好地调整？平台中的评价占用了上课时间，能否用语言评价代替？如何利用好平台中练习反馈的数据？这些问题只有在实践中思考、改进、再实践，才能发挥范式的最大价值，期待老师们在范式教学的研究上想得更深、走得更远。

【教学案例14】
自主学习环境下的小学数学"图形的面积"教学
——以北师大版小学数学五年级上册"三角形面积"导学案为例
清远市新北江小学 罗莹

一、课前慎思

本课是北师大版小学数学五年级上册第四单元"多边形的面积"的内容，属于"图形与几何"领域的知识。在学习三角形面积前，教材已经编排了认识三角形、三角形的分类、认识三角形的底和高等内容。通过前面学习平行四边形的面积，学生初步知道可以利用转化的方法去推导多边形的面积公式，具有一定的"将未知转化为已知去推导"的研究思路。因为倍积变换的推导过程简单，学生比较容易理解和掌握，所以教材选择将两个完全一样的三角形转化为平行四边形的转化方法，再通过观察对比转化前后图形之间的关系，从而推导出三角形的面积公式。对于割补的推导方法，教材提到根据学生实际情况可做适当介绍，不要求学生掌握。三角形面积的学习既对接下来研究梯形面积起到方法铺垫的作用，也是进一步学习组合图形面积、圆面积和立体图形表面积的基础知识之一。

学习三角形面积之前，学生已经认识三角形的底和高，知道三角形的分类，并且具备"将未知转化为已知去推导多边形面积公式"的转化思想。部分学生甚至已经知道三角形的面积公式，或者感觉到三角形面积如同平行四边形一样，可能与底和高有关，但是不知道具体关系。学生刚学完平行四边形的面积，受平行四边形面积转化方法的影响，先想到的是"用一个图形剪拼"，且想要模仿"平行四边形沿高的方向去剪拼"的研究方法，而不是去"借一个完全相同的三角形"去拼组。学生思维过渡上存在一定的难度，教学中如何激发学生的认知冲突，如何从"一

个图形拼组"的已有经验中过渡到"两个图形拼组"的方法上,需要教师给予学生一定的提示和引导。因此,在"如何将三角形转化为知道计算面积的图形"问题上,鼓励学生大胆、合理地猜想是至关重要的。

二、教学实践

围绕学习目标与"图形的面积"教学范式,两者相融制定以下四个教学环节。

第一个环节:生活现象——观察·猜想面积转化特点

1. 谈话:同学们,前面我们学过哪些平面图形的面积计算公式?平行四边形的面积计算公式是如何推导出来的?

(学生说,教师课件演示)

小结:你会把平行四边形沿高剪拼成长方形来研究,真棒!我们是将不会计算面积的图形转化为会计算面积的图形来研究的。

师:今天,我们要继续用转化的方法来研究三角形的面积。(板书课题)

2. 创设情境,提出猜想。(主题图如下图所示)

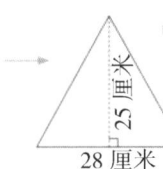

【教学建议】

(1)提出猜想:猜一猜,能把三角形转化为学过的哪些图形呢?说说你的方法。

师:刚才同学们想把三角形剪开拼成长方形或者平行四边形,不妨再猜一猜,怎样的两个三角形才能拼成长方形或平行四边形呢?

(2)师小结:完全重合的三角形,在数学上我们叫作"完全一样"的三角形。

【设计意图】:通过谈话法复习平行四边形的转化方法,唤起学生已有的经验,引发学生猜想,抓住关键问题,为进一步学习三角形面积做知识铺垫。"完全一样"的概念对于学生来说是很容易混淆的,所以在转化前,要特别提出让学生理解完全一样的三角形就是能完全重合的三角形。

第二个环节:个别探究——验证·经历面积转化方法

(一)验证猜想

出示问题:是不是任意两个完全一样的三角形都能拼成一个平行四边形呢?学生独立完成以下学习任务单。

自主学习任务单

三角形类型	转化方式	拼成的图形
等腰三角形	剪 □	
	拼 □	
不等边三角形	剪 □	
	拼 □	

【教学建议】

1. 出具学具：分别准备三组完全一样的锐角三角形、直角三角形、钝角三角形，一个等腰三角形，一个任意三角形，剪刀。

2. 活动提示：请大家选择合适的三角形来验证，可以先剪再拼，也可以拿两个完全一样的三角形拼，验证后完成上面的自主学习任务单。

（二）体验转化

1. 师：谁来分享一下你的发现？说说你选的是什么三角形，你是怎样拼的。

2. 思考：转化前后图形的面积有什么关系？（面积不变）

小结：通过拼组，我们发现，尽管三角形的形状、大小不同，但只要满足"两个"和"完全一样"，那就一定能拼成一个平行四边形，也可以用等腰三角形沿着高剪成两个一样的三角形，再拼成一个平行四边形，转化前后图形的面积不变。

3. 质疑答惑。

师：如果还有不明白的地方，我们可以一起来观看微课学习。

【设计意图】本环节在教学中，要尊重学生的认知起点，利用已有经验"一个图形剪拼"制造认知冲突，发现两个完全相同的三角形可以拼成一个平行四边形，顺利过渡到"两个图形拼组"的转化方法。

第三个环节：协作构建——梳理·归纳面积计算公式

（一）合作学习，梳理公式

思考：怎样利用平行四边形的面积推导出三角形的面积计算公式呢？小组合作，完成合作学习任务单。

合作学习任务单

项目	思路梳理——三角形和平行四边形各部分的关系	
	5厘米 8厘米	5厘米 8厘米
高	三角形的高与平行四边形的高（　　　　　）	
底	三角形的底与平行四边形的底（　　　　　）	
面积	三角形的面积是平行四边形的面积（　　　　　）	
得出公式	因为平行四边形的面积 = ＿＿＿＿＿＿＿＿ 所以，三角形的面积 = ＿＿＿＿＿＿＿＿	

【教学建议】组内分工合作，通过填表—计算—观察对比—合情推理得出三角形的面积计算公式。填完表格后，在小组内说一说、议一议是怎样推导的。要说的合理、有根据。

（二）总结公式，建立模型

1. 学生汇报。

师：哪个小组先来汇报？先汇报三角形面积计算公式是什么？再结合表格说说是怎样推导出来的。

生说，师板书，结合拼组情况，展示公式推导过程。

2. 用字母表示公式。

思考：如果用 S 表示面积，a 表示底，h 表示高。谁能说说用字母表示的公式？（用字母表示为：$S = ah \div 2$）

追问：ah 表示的是什么？为什么要除以2呢？

总结归纳：刚才我们先发现任意两个完全一样的三角形通过重合、旋转、平移都可以拼成一个平行四边形，接着我们利用平行四边形的面积公式推导出了三角形的面积计算公式，这是非常了不起的发现！

【设计意图】同学们在交流汇报时说一说、议一议，要说得合理、有根据。这培养了学生的合情推理能力，同时在得到公式的过程中渗透了建模思想。

第四个环节：练习检测——运用·提升面积计算技能

1. 基础练习——公式计算。

指出下面每个三角形的底和高，分别计算出它们的面积。

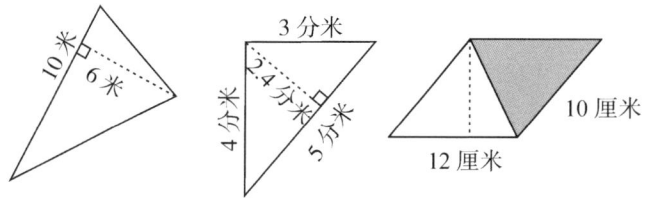

【教学建议】本题要突出运用公式求值的格式书写，以及学会找对应的底和高，第三幅图运用推理说出阴影部分的面积是多少。

2. 综合运用——实践操作。（习题如下图所示）

说一说如何求三角形的面积，测量相关数据并计算右边这两个三角形的面积。

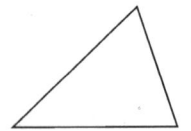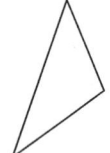

【教学建议】本题是北师大版小学数学五年级上册教材第57页"练一练"的第2题，让学生在运用面积公式解决问题时，学会动手找关键信息。

3. 拓展练习——发展思维。（习题如下图所示）

○ 计算下列三角形的面积，你发现了什么？

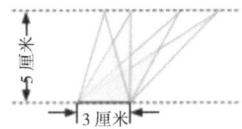它们的底是3厘米，高一样……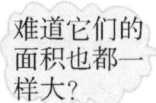难道它们的面积也都一样大？

【教学建议】让学生通过计算明白等底等高的三角形面积相等，但形状不一定相等。反过来问，面积相等的三角形一定等底等高吗？在运用中不断强化学生对三角形面积计算的理解。

4. 数学文化——欣赏传承。

早在两千多年前，我国的数学名著《九章算术》就记载了数学家刘徽用一个三角形推导出三角形面积计算公式的过程。

【设计意图】在练习设计中，突出核心知识的检测，同时注重空间想象能力的培养。基础题是看图求面积，既关注求面积的书写格式，也关注"底高对应"和所求三角形面积与平行四边形面积之间的关系。能力题是想办法计算三角形面积，突出通过测量获取数据的意识。拓展题是强化三角形的面积与底和高有关，但是面积相同不一定等底等高，同时培养学生的空间想象力。最后介绍《九章算术》，渗透数学文化。

课堂小结：同学们，今天我们是怎样得到三角形面积公式的呢？说说你的收获。

👍 学习评价

1. 我会推导三角形的面积计算公式,并能正确计算三角形的面积。
2. 我会运用三角形的面积计算公式解决生活中的实际问题。
3. 我会解决一个生活实际问题。(举例)

【设计意图】通过谈收获,让学生梳理本课的知识点,回顾本课印象深刻的地方,帮助学生更进一步地理解和记忆三角形的面积计算公式。

本课的教学始终围绕"转化"的思想方法来设计,学生虽然已经有了平行四边形"剪拼"的转化经验,但学习三角形面积计算时,"剪拼"法对学生来说是较难操作的,因此,怎样将"一个图形剪拼"自然过渡到"两个图形拼组"的转化方法是本节课的一个亮点。同时,自主学习任务单和小组合作学习任务单的设计,将学生被动接受式的学习方式转变为主动探索的过程,学生在任务单的指引下,先经历独立思考体验"转化"思想,然后在小组合作中交流、思辨,建立三角形的面积计算公式模型,学生在猜想、验证、交流、推理中不断发展空间观念、积累活动经验。"图形的面积"教学形成范式以后,学生不断经历和积累活动经验,操作能力和独立思考能力都会有一个质的飞跃。

第四节 "图形的体积"教学范式

《义务教育数学课程标准(2011年版)》中关于"空间与图形"这部分的编排呈现了一些新的尝试与改变,主要表现为:一是应注重使学生探索现实世界中有关空间与图形的问题。二是应注重使学生通过观察、操作、推理等手段,逐步认识简单几何体和平面图形的形状、大小、位置关系及变换。三是应注重通过观察物体、认识方向、制作模型、设计图案等活动,发展学生的空间观念。四是注重应用,加强对学生数学应用意识和解决实际问题能力的培养。仔细解读这些变化,我们发现"爱种子"教学模式中的"自主学习"课型与其高度吻合,以"生活情境→个别探究→协作构建→练习检测"为常规模式的教学流程恰好与其有异曲同工之妙。

一、优化创新教学,提炼"图形的体积"教学范式

我们通过主题研讨、集体备课、多次磨课、评课议课等活动,对"爱种子"

教学平台中已有的导学案设计进行再加工,优化"空间与图形"领域中"图形的体积"这一板块的教学,形成了"爱种子"实验背景下的"图形的体积"教学范式(见图4-4-1)。

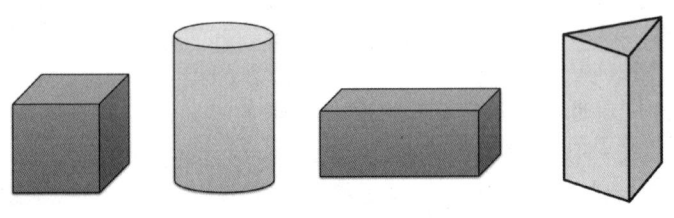

图4-4-1 "图形的体积"教学范式

二、分析"图形的体积"教学范式适用范围,运用教学范式

以北师大版小学数学教材为例,此范式适用于以下的教学内容(见表4-4-1)。

表4-4-1 "图形的体积"范式内容

	分类	体积与测量	应用
图形的体积	长方体(含正方体)的体积	①体积与容积 ②长方体的体积=长×宽×高 $V_{长方体}=a×b×h$ $=abh$ 或长方体的体积=底面积×高 $V_{长方体}=S_{底}×h$ $=S_{底}h$ ③正方体的体积=棱长×棱长×棱长 $V_{正方体}=a×a×a$ $=a^3$	①平面图形的面积公式 ②认识立方,运用体积单位和容积单位 ③体积单位的换算 ④认识及应用各类测量仪器和各种测量方法
	不规则物体的体积	①有趣的测量 ②排水法、量杯等测量方法	

续表 4-4-1

分类		体积与测量	应用
图形的体积	圆柱的体积	①圆柱的体积 = 底面积 × 高 $V_{圆柱} = S_{底} \times h$ $\phantom{V_{圆柱}} = S_{底} h$ 或 $V_{圆柱} = \pi r^2 h$ ②（切割）圆柱→（拼成）长方体	①平面图形的面积公式 ②认识立方，运用体积单位和容积单位 ③体积单位的换算 ④认识及应用各类测量仪器和各种测量方法
	圆锥的体积	①圆锥的体积 = $\frac{1}{3}$ × 底面积 × 高 $V_{圆锥} = \frac{1}{3} \times S_{底} \times h$ $\phantom{V_{圆锥}} = \frac{1}{3} S_{底} h$ 或 $V_{圆锥} = \frac{1}{3} \pi r^2 h$ ②圆锥和与它等底等高的圆柱的关系 ③倒沙子实验	

三、研究"图形的体积"教学，探索范式教学策略

"空间与图形"是小学数学教材中的四个学习领域之一，其中，"图形的体积"是"空间与图形"领域中的重要内容，其核心目的是发展学生的空间观念。所谓空间观念是指对物体和几何图形的形状、大小、位置关系及其变化的直觉，它是人们认识和描述生活空间并进行交流的重要工具。在小学数学教学中，学生通过对"图形与体积"知识的学习和探索，认识、了解和把握自己赖以生存的空间。世界上任何发明都离不开对物体表象的猜测，空间观念是创新精神所需的基本要素，没有空间观念，便无法对未知物体的表象做出准确的判断，更谈不上发明创造。因此，发展学生的空间观念，不但有利于培养学生的实践能力和创新精神，而且可以培养学生终身可持续发展的能力。

基于以上思考，在自主学习课的图形体积教学中，教师应从生活角度开展教学，有意识地联系学生身边的具体事物，选择学生熟悉的生活情境和实例，通过观察、操作、思考与同伴交流等方式，让学生经历由具体到抽象的过程，逐步积累数学学习经验，真正理解数学知识所包含的本质。

（一）生活情境——现实情境，感知体积

"图形的体积"教学令学生感觉"复杂抽象"，很大一部分原因是学生对图形的认识不够深入，导致缺乏探索图形体积的兴趣，也就是没有了解研究图形体积的内动力。正如托尔斯泰曾说的："最成功的教学是激发学生的学习兴趣而非教师的强制执行。"如何赋予学生了解图形、研究体积的内动力呢？我们仔细解读教材就不难发现："图形的体积"的编排是配合着"图形的认识"而进行的，"图形的认识"每扩展一次，就有相应的体积教学。结合教材编排和学生年龄特点，应当注重引导教学，可以尝试用以下两种方式去激发学生感知和探索图形的体积的需求。

（1）利用"图形的认识"的教学，激励学生挑战这类新学的图形的体积求解，激发学习"图形的体积"的兴趣，形成较为长期的可持续性的驱动力。

（2）联系熟悉的生活实际，通过情境创设或现象剖析，促使学生在解决问题的过程中产生求知的欲望，积极主动认识新图形，寻找求体积的好方法，并转化为探究学习的动力。

（二）个别探究——深度思考，大胆猜想

有了学习动力，还要帮助学生搭建思考、猜想的独立探索空间和平台，这个探究过程既不能固定想法、限制思维，也不能漫无目的、天马行空。教师要设计能够有效地帮助学生思考并理解"哪些因素会影响图形的体积，这些因素与图形的体积存在什么样的关系"这些问题的任务，使学生在任务驱动下提高猜想图形体积公式的准确率，从而建立学习信心。好的学习任务单是学生达成学习目标的催化剂，设计这个环节的学习任务单可以从以下几个方面去考虑。

1. 注重实践观察，建立空间观念

空间观念是几何课程改革的主要概念，《义务教育数学课程标准（2011年版）》说明了空间观念的必要表现方式，其中包括"从物体的现状联想到几何图形，由几何图形联想出物体的形状，在几何体与其三视图、展开图之间进行转变"。我们要敢于打破之前的教学观念和方法，从"丰富原型，充分感知；操作体验，形成表象"这两个方面出发，使学生在几何体图形的观察和操作活动中，了解几何体的特征，逐步建立空间观念，培养学生对图形体积的兴趣，提高学生的空间想象能力。

2. 科学设计任务，诱发思考与猜想

学习任务单作为教学媒介，可以为"爱种子"教学模式提供有效、便捷的学习支架工具，是"爱种子"模式教学实施的核心保障。因此，在个别探究环节，需要科学合理而又有针对性地设计学习任务单，需要将教学目标细分为每一个可量化、可执行的实实在在的任务目标。根据学生学习特点及课堂教学需要制定与规范每一个任务目标，同时，任务的设计和排序需要遵循"由浅入深，循序渐进""明

确性，导向性""环环相扣，紧密联系"等科学原则。只有科学、合理地设计学习任务单，才能诱发学生积极思考、深钻问题、大胆猜想、创新进取。

3. 善于化新为旧，促进知识迁移

在学习数学新知识的过程中，往往需要借助原有的知识经验去分析理解，方能牢固掌握。这里运用到的一个比较常用的数学学习方法就是"化新为旧"。其基本的思想是用联系、运动和发展的观点去看问题，将问题化难为易、化繁为简，把未解决的问题归结到已经能解决的问题中去，达到解决新问题、获取新知识、新技能的目的。在"图形的体积"教学中也同样会用到"化新为旧"的方法。通过旧知识的迁移转化获取新知识，使学生初步具备利用所学知识解决新问题的能力，帮助学生养成良好的数学思维习惯。例如，依据"长方形面积与其长、宽的关系"推测"长方体的体积与其长、宽、高的关系"，把"求圆柱的体积"转化为"求长方体的体积"等，加强旧知识与新知识的联系，使每个知识点衔接自然，从而降低新问题的解决难度。

（三）协作构建——推导公式，验证猜想

在核心素养教育的大背景下，教师应当对教学方式进行不断的创新与完善，在"图形的体积"教学中，除了引导学生通过自己的深入思考和分析来理解体积、做出猜想，享受独立探索成功的喜悦，教师还要组织开展小组合作学习，让学生在小组中充分发挥自身的能力，在互相学习、互相帮助的良好氛围内掌握验证猜想的方法与技巧，揭开几何体体积公式的神秘面纱，共享协作学习的快乐，实现共同进步。

在兴趣和好奇心的双重作用下，学生做出猜想，就会产生验证猜想的不懈动力。在实际教学中，猜想与猜想的验证不是一回事，二者有所区别。猜想适合在个别探究中开展，主要是因为每个学生的认知水平、学习能力、对体积的认识与思考等方面都存在差异，所以对体积公式的猜想不尽相同。而猜想的验证在协作构建学习中能更有效地开展，因为考虑到猜想验证的操作性、严谨性、复杂性，靠一个人的力量是难以完成的，特别是体积公式的推导验证，涉及实验操作、数据收集与分析、归纳梳理、汇报展示、交流评价等这些都需要借助小组合作才能达到理想效果的大而难的项目流程。因此，在协作构建环节，教师要有意识地培养学生有根据、有条理地进行验证活动的习惯，可以从以下几个方面着重考虑与实施。

1. 观察研究问题，探寻体积公式

在"图形的体积"教学中，常常会把实验操作的重要性刻意地放大，而忽略实验目的、观察思考、问题研究的重要性，导致整个实验活动效率低，学生只是抱着"玩"的心态参与实验。虽然学生表面上看起来很专注、很积极，几乎"聚精会神地研究"，但效果并不理想，很多同学最终还是不知道图形体积的公式是如何推导得来的，就算当时记住了，记忆也不深刻，转眼即忘。这恰好印证了"无目

的的学习，注定收获不丰"这一句话。这启发我们在组织学生开展活动前，需要精心策划验证活动，务必给予学生充分想象和独立思考的时间和空间，清晰明了地指引学生围绕猜想、问题、目标去探寻体积公式。

2. 反复操作验证，发展空间观念

作为教育者，无法代替学生理解和掌握多种图形的体积公式，但可以给学生创造施展才华、追寻真理的机会，帮助学生搭建自主尝试、实践操作的舞台，即教育要做到"授之以渔"。

在验证体积公式的小组活动中，总会遇到这样或那样意想不到的问题，犯各种各样的错误，教师除了给予学生适当的点拨外，更要在精神上多鼓励学生再次尝试，支持学生反复操作验证。如此，学生面对"验证"活动中的种种困难时，才会沉着冷静地查找原因，带着问题和疑虑积极主动地反复探索、反复尝试，直到得到心目中确切的答案。同时，在设计学习任务单时要有意识地引导学生透过多组数据发现各条边长与体积的共性关系，侧重对体积公式的整理。反复操作验证的过程其实就是排除错误、理清思路的过程，学生对几何体的认识在逐步加深，对体积公式的理解变得深刻具体，学生的验证能力、空间观念在此得到了长足的发展。

3. 归纳推导公式，培养逻辑思维

归纳是指从多个个别的事物中获得普遍的规则的思维方法。逻辑思维指的是将思维内容联结、组织在一起的方式或形式。归纳能力和逻辑思维的培养不是一朝一夕便能完成的，它需要日积月累、坚持不懈的精神，需要在教学中进行有计划的、系统的长期训练。归纳能力和逻辑思维的培养不仅是"图形的体积"这部分教学内容的任务，它同时还需要在解决问题教学中要求学生归纳公式的验证过程。在协作构建的学习任务中可以多问一问："你认为该图形的体积公式是什么？你是怎么推导的？"逐渐把归纳思想由教师的提示变为学生自发的思维方式。

（四）练习检测——运用公式，拓展延伸

从培养学生灵活运用公式和空间想象能力的目标出发，在设计练习时不能为了求体积而求体积，应该设计一些理解公式的基础练习、活用公式及其原理的创新练习和发散思维的拓展练习，将"图形的体积"练习的目的从单纯追求解题的准确性和熟练程度，向培养学生的逆向思维和创新能力转变。落实到每一节"图形的体积"课，我们可以设计以下三种类型的练习。

1. 基础题

学生在课堂上已经初步掌握了几何体的体积公式，但图形体积的学习不能止步于课堂教学，还需要通过练习继续思考，进一步内化，加深对公式推导原理的理解，这样，学生对公式的理解将会更透彻。因此，教师在设计"图形的体积"练习时，可以增加一些理解公式的练习来帮助学生"明理"。

例如，学习长方体的体积时，可以让学生判断"一个长方体被切割成两个小

长方体，它的表面积和体积都没有改变"。学生在辨析的过程中再一次明晰体积和面积的概念及二者的本质特征，为后续学习搭好"理"的基础。

又如，学习圆柱的体积时，可以设计这样的填空题：

小明在求一个圆柱的体积时，这样列式：$V_{圆柱} = \pi \times 9^2 \times 16$，那么该圆柱的底面半径是（　　）厘米，底面积是（　　）厘米，高是（　　）厘米。小明无数次纵向切割该圆柱后，可以拼成一个高为 16 厘米，宽为 9 厘米，长为（　　）厘米的近似长方体。

学生在思考公式中每个数是怎么来的，分别表示什么的过程中，加深了对如何科学推导出圆柱体积公式的理解，也就不需要用死记硬背的方式去记住圆柱的体积公式了。

2. **创新题**

设计练习时抓住问题的本质特征，遵循学生认知心理发展，恰当地变更问题情境或改变思维角度，培养学生的发散思维，提高思维的灵活性，让体积公式的推导方法、公式的转换方法、体积的计算技巧、体积单位的换算在学生的头脑里运转起来，引导学生从不同途径寻求解决问题的方法，通过多问、多思、多用等方式激发学生思维的积极性和深刻性。

例如，在学习了圆柱的体积后，可以设计这样一道练习：

如图 4 - 4 - 1 所示，这个杯子能否装下 3000 毫升的牛奶？

图 4 - 4 - 1　创新题

一般的计算图形体积的练习题，只能对体积公式进行巩固，而这道变式练习不但考察了圆柱的体积公式，还考察了容积的知识。此外，这道题并没有明确要求学生求杯子的体积，而是让学生自己去摸索、去判断"我是该求杯子的表面积还是容积呢？"。这道题还设计得非常巧妙，从"这个杯子能否装得下 3000 毫升的牛奶？"这个问题出发，使学生在富有生活趣味的问题情境中展开想象、驰骋思维、拓宽视野，培养主动解决问题的精神。学生通过一番好奇的探索后，发现要想知道"够不够装"，首先就要求出杯子的体积，将体积单位转化为容积单位后，再与 3000 毫升的牛奶进行比较，就可以得知结果了。这类变式题所带给学生的深刻体会与领悟是简单的一题一解基础练习题所无法比拟的。

3. 拓展题

拓展题旨在通过练习扩展学生思维的广度，丰富学生的空间想象力，提高学生灵活运用公式的能力，把新知识及时纳入学生原有的知识系统中，并在解决日常生活中的实际问题中加以运用。例如，在学习了圆锥的体积后可以设计这样一道拓展题：

如图4-4-2所示，一个圆柱体橡皮泥，底面积是12平方厘米，高是5厘米。

（1）如果把它捏成同样底面大小的圆锥，这个圆锥的高是多少？

（2）如果把它捏成同样高的圆锥，这个圆锥的底面积是多少？

图4-4-2 拓展题

学生在解决问题的过程中，对圆柱的体积公式、圆锥的体积公式及圆柱的体积与和它等底/等高的圆锥的体积的关系进行了综合考虑和运用。教师还可以让学生结合解决问题的经验介绍圆柱的体积与和它等底/等高的圆锥的体积的关系、圆柱的高与和它等体积/等底面积的圆锥的高的关系、圆柱的底面积与和它等体积/等高的圆锥的底面积的关系，在提高学生的空间想象能力的同时也提升了学生的数学思维。

教学终归要依纲靠本，教师要充分利用教材后面的练习题，充分挖掘习题智力因素，发展学生智能，培养学生素质。设计的习题要体现层次性、针对性、启发性和多样性，注意面向大多数学生又富有"弹性"，尽力让学生"练精、练准、练好"。

四、其他事项

（一）多元评价

在教学过程中，教师要灵活应用"爱种子"平台特有的应答器评价方式及时对学生在各个环节中的表现进行评价，更要结合学生的学习行为、过程和效果，采取生生评价、师生评价、学生自评等形式进行多元评价，让学生获取最为客观的认知反馈，增加学生学好数学知识的信心和获得自身努力方向的指引。

1. 学习行为评价

在传统的课堂教学中，学生的学习行为很难被教师全部捕捉，教师也不可能在一节课中关注到每一个学生的课堂学习行为表现，对于学生的专注程度、学习速度、领悟能力及与他人的互动合作等不能全面了解。这时就可以利用"爱种子"平台的应答器进行学习行为情况的反馈，在不同的教学环节采取不同的评价方式对学生多个方面的学习行为进行不同角度的评价（见图 4-4-3）。

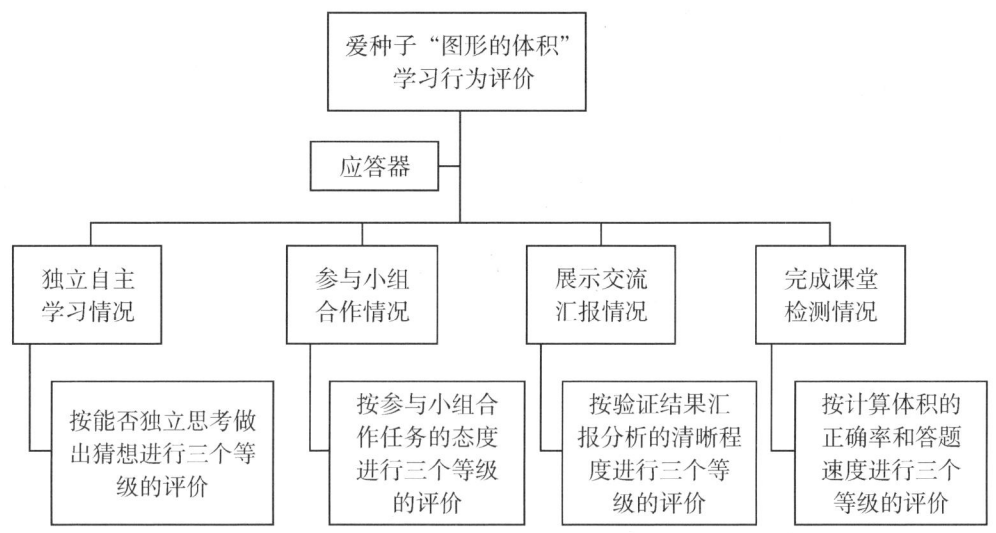

图 4-4-3 "图形的体积"学习行为评价

2. 学习内容评价

关于"图形的体积"教学，对学习内容进行评价时要侧重对学生灵活运用公式能力的评价。新课改以来，与灵活运用公式能力密切相关的想象力、空间感、数感进入数学教育的视野。随着活用公式及空间想象能力内涵的深化和拓展，有专家结合我国中小学"图形的体积"内容标准，把小学数学运用公式能力水平划分为三个等级。因此，我们在对小学数学运用公式计算图形体积的能力进行评价时也可以参考这三个水平等级来进行。

第一个等级是全面了解运用图形体积公式的水平，即学生对数学图形体积的含义有一个初级的认识和了解，对图形特征、体积公式、体积单位与数学题目之间的关系有一个较为精准的认识，也就是说知道为什么用这个体积公式或者计算公式、方法思路来解决这个数学问题。

第二个等级是正确应用体积公式的水平，即学生在全面了解图形体积公式含义的基础上，通过日常的数学习题练习，形成的一种能够解决一般数学问题的空间想象能力。其包括学生的空间观念、逻辑推理及转换公式的能力。

第三个等级是综合运用公式的水平，即学生能够灵活地、综合地运用多种图形的体积公式、多种图形体积公式的验证方法、多种图形体积公式之间的关系，同时还可以根据题意，通过借助或变换体积公式快速、准确地解决与图形体积相关的疑难问题，形成一套最为简洁、高效的解决此类题目的思路方法。

针对学生的具体情况，可以采用不同的评价方式（见表 4-4-2）。

表4-4-2 评价方式

学生情况	评价方式	具体操作
未达到第一个等级	鼓励式评价	及时关注，多加引导，增强学习信心
达到第一个等级 未达到第二个等级	诊断式评价	寻找差距，分析原因，指明努力方向
达到第二个等级 未达到第三个等级	指导式评价	提出期望，因势利导，注重纵向对比
达到第三个等级	启迪式评价	横向比较，建立目标，激发新动力源

（二）错题收集

在日常教学中，教师要注重收集和整理学生的错题，平时批改作业时要注意记录学生的典型错题，分析错误原因；还要利用"爱种子"平台的数据统计了解每一道题学生的正确率，哪一个选项出错率最高，以及哪些学生出错，结合详细的数据分析，准确获知学生对相应知识点的掌握情况；及时反思教学中的不足并做出适当调整，同时形成班级错题库，为"互动探究"课型做好"雷点"素材储备。

同时，教师也要引导学生设置个人错题本，每天摘录自己作业中的大小错误，帮助学生分析错误的方法和思维根源。一个阶段后，可以让学生根据错题本的内容自主设计一份"图形的体积"的练习，自己做一做，同伴相互批一批。这样"量身定制"式的练习题一方面能实现精准查漏补缺功能，另一方面也更能充分激发学生的学习自主性。

总之，加强错例与反例的教育价值，能有效加强学生运用体积公式解决实际问题的能力。

附小学阶段"图形的体积"的常见错误归因（见表4-4-3）。

表4-4-3 错误归因

常见错因	典型错例	对策
概念不透 机械理解	①图形的体积与面积分不清，求图形的体积时算成面积。 ②不能区分体积与容积，造成换算体积单位时出错，如1升=1立方米	回头寻：用了哪些知识（再理解、重生成）

续表 4-4-3

常见错因	典型错例	对策
公式不明 盲目模仿	①$V_{圆锥}=\frac{1}{3}\pi r^2 h$，因此简单地以为圆锥的体积是圆柱体积的 1/3 ②圆柱的直径为 3 分米，高为 10 分米，体积为 $\pi\times 3^2\times 10$	回头想：为什么错（思考、比较、辨析）
思维不清 负迁移 干扰	①正方体的棱长增大 2 倍，周长增大 2 倍，体积也增大 2 倍 ②甲乙两个圆柱，底半径比是 2:3，高的比是 4:5，甲乙两个圆柱的体积比是 8:15	回头议：如何避免（同桌议、小组议）
记忆不牢 瞬时出错	①用公式 $V=\pi r^2 h$ 求圆锥的体积，用公式 $V=\frac{1}{3}\pi r^2 h$ 求圆柱的体积 ②混淆圆的周长公式和面积公式，延伸出圆柱体积、圆锥体积计算的错误	回头看：错在哪里（再读题、再审题、查过程、查步骤）
习惯不佳 心态应付	①把"米"看成"立方米"，把"r^2"当作"r" ②计算体积时粗心大意，结果错误，导致前功尽弃 ③未加括号，把"除法"看成"乘法"，用公式 $h=3V/\pi r^2$ 求圆锥的高。	回头做：怎么做是对的（一看二想三动笔）

五、小结

个别探究和协作构建两个环节需要给予学生充分的空间与时间，结合一节数学课 40 分钟的教学时间，"图形与体积"中四个教学环节的时间分配大致以 3:10:12:10 的比例开展，留有 5 分钟机动时间作为导语和课堂评价用时，教师也可根据课堂实际情况进行调配。

这是我们课题组成员在展开"爱种子"教学模式实践时，根据清城区小学学生的实际情况，深入学习《小学数学新课程标准（2011 年版）》和充分钻研"图形与体积"教材的基础上，并结合我们的教学经验和 2 年来的课题教学实践研究而形成的"图形与体积"这一内容的教学范式范例。教师们在尝试使用此范式时，需要结合本校学生的特点和具体的教学内容合理设计课堂，灵活使用"图形与几何教学范式"。

【教学案例15】

基于自主学习环境下的小学数学"图形与体积"教学
——以北师大版小学数学五年级下册"长方体的体积"导学案为例

清远市教师进修学校附属实验小学　雷瑞英

一、课前慎思

"长方体的体积"是北师大版小学数学五年级下册第四单元第三课时的内容,学习这节课之前,学生已经掌握了长方体与正方体的特点,表面积、体积和容积的概念,体积和容积单位及单位进率换算,在此基础上开展长方体体积的计算学习。我们结合学情拟定了学习目标,并围绕学习目标与"图形与体积"教学范式,两者相融制定以下四个教学环节。

二、教学实践

第一个环节:生活情境——现实情境,感知体积

1. 谈话:(课件出示情境图)字典是我们学习的工具书,必须要常备身边,小丽遇到了这样的问题,她每天都要带一本字典,现在有两本内容同样的字典,她要选择其中的哪一本经常带在书包里比较方便呢?为什么?(小本的字典。体积小)

2. 提问:其实刚才我们在比较它们的什么?(比较它们的体积)体积指的是什么?(体积是指物体所占空间的大小)

3. 学生各抒己见,说出自己的看法及对体积的认识。

4. 小结:任何物体都占一定的空间,也就是说都有一定的体积。

【设计意图】创设小丽选择字典的情境,贴合学生的生活经验,熟悉的生活情境激发了学生学习的积极性,增强了学生课堂学习的参与度。

【教学建议】

1. 教师要注意语气语调,充分调动学生的参与积极性。

2. 可以先让学生发表自己的见解,再从中抽取出比较有代表性、与参考答案意思相吻合的意见,进行深度的解剖与分析,帮助学生感知体积。

第二个环节：个别探究——深度思考，大胆猜想

（一）个别探究一——思考探讨

1. 课件出示三个长方体。（下列各长方体分割成了体积为1立方厘米的小正方体，请你数出小正方体的个数，并求出长方体的体积）

2. 学生利用"自主学习任务单（一）"进行自主探索。

自主学习任务单（一）

长方体	小正方体个数	长方体体积/立方厘米
①		
②		
③		

3. 反馈交流，得出：含有多少个体积单位，它的体积就是多少。

【设计意图】通过练习，使学生感知：体积是由体积单位组成的，要求长方体的体积可以用切一切、数一数小方块的方法。这既是对上节课体积单位的复习，也是这节课的教学起点。

4. 师：是不是我们都可以用切一切、数一数小方块的方法来求一个物体的体积呢？

5. 学生讨论，讨论后使学生明确：实际上，在很多情况下，往往不能用切割的方法来求长方体的体积，如字典、洗衣机、电脑主机等的体积。

【设计意图】从实际情况考虑，让学生体会到要求一个物体的体积，必须有一个新的方法才能解决，激发学生的学习兴趣。

（二）个别探究二——大胆猜想

1. 师引题：这节课，我们一起来学习长方体的体积计算。（板书课题）

2. 提问：下面的长方体，什么变了？什么没变？（利用课件，动态变化长方体的长、宽、高）

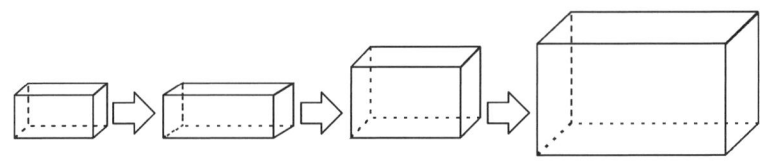

3. 学生利用"自主学习任务单（二）"自主探究。

自主学习任务单（二）

仔细观察，填一填。

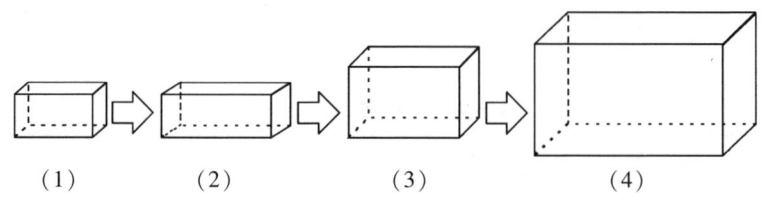

(1)　　　　(2)　　　　(3)　　　　(4)

有变形的打"√"	长	宽	高	体积
(1) → (2)				
(2) → (3)				
(3) → (4)				
猜想：我认为长方体的体积和_____有关。				

4. 教师巡视，个别指导。

5. 微课学习，解答疑惑。

学生遇到困难未完成探究，或是探究结果与他人不同，可以通过播放微课、听取同学的汇报或者提出心中疑惑寻求解答的交流方式，进行自我修正。

6. 展示评价：展示学生完成的自主学习任务单，让学生明白原来长方体的体积和它的长、宽、高均有关系，利用系统评价工具表扬自主学习任务单完成得又对又快的学生。

7. 再次猜想：通过刚才的观察，我们发现长方体的体积和它的长、宽、高有关系。你能猜想出它们有怎样的关系吗？

8. 教师板书学生的猜想：长方体的体积＝长×宽×高。

9. 在教师引导下利用应答器进行自我评价。

【设计意图】通过演示，使学生体会到长方体的体积和它的长、宽、高都有关系，进而大胆地提出猜想。

第三个环节：协作构建——推导公式，验证猜想

1. 小组合作完成"合作学习任务单"。

合作学习任务单

小组合作，用你们手中的 1 立方厘米小正方体拼成形状不同的 3 个长方体。

摆的时候思考：长方体的体积和长方体的"长、宽、高"有什么关系？然后把数字记录在表格里面。

长方体	长/厘米	宽/厘米	高/厘米	小正方体的个数	长方体的体积/立方厘米
第 1 个长方体					
第 2 个长方体					
第 3 个长方体					

我们的发现：

长方体的体积 = ＿＿＿＿＿＿＿＿＿＿＿＿＿＿＿＿＿＿，即 $V=$ ＿＿＿＿＿＿＿。

温馨提示：正方体是特殊的长方体

正方体的体积 = ＿＿＿＿＿＿＿＿＿＿＿＿＿＿＿＿＿＿，即 $V=$ ＿＿＿＿＿＿＿。

2. 全班汇报交流。

3. 播放微课。

播放微课中推导长方体体积公式的部分。

【设计意图】推导长方体的体积公式是本节课的重点，应发挥学生的主体作用，给学生提供充分的时间和空间进行探索、思考，让学生通过摆一摆、拼一拼、数一数、议一议等活动验证猜想，通过动手操作、小组协作的形式，推导出长方体的体积计算公式。学生亲身经历归纳梳理的过程，能体验到成功的快乐。

4. 小组评价。

学生利用应答器进行互评，教师利用平台评价系统收集评价数据，发挥评价数据的导向作用。

【设计意图】本课注重对学生的评价，特别是要充分利用平台的评价系统，即时采集学生的反馈信息，即时评价，暴露存在的问题，引导学生自我反思、合作反思，促进再学习、再评价，教师根据问题精准指导学习。

第四个环节：练习检测——运用公式，拓展延伸

1. 判断题。

（1）一个长方体被切割成两个小长方体，它的表面积和体积都没有改变。（　）

（2）一个长方体的长、宽、高都扩大 2 倍，其体积也扩大 2 倍。（　）

2. 解决实际问题。

一块长方体的砖，长 24 厘米、宽 12 厘米、厚 6 厘米。12 块这样的砖的体积

是多少立方厘米?

3. 走进生活。

建筑工地要挖一个长50米、宽30米、深50厘米的长方体土坑,会挖出多少方的土?

4. 拓展练习:让学生回家量一量字典的长、宽、高,计算出字典的体积。

> 👍 学习评价
>
> (1) 我能成功推导长方体的体积公式。　　　　　　　　　★★★★
>
> (2) 我能熟练计算长、宽、高各不相同的长方体的体积。　★★★★
>
> (3) 我能运用本节课的知识解决生活中的问题。　　　　　★★★★

【设计意图】数学来源于生活,服务于生活,让学生在实际应用中灵活运用,实现迁移,培养学生发现生活中数学知识的习惯和应用意识。让学生回望本节课的学习过程,谈谈这节课的收获,说一说还知道长方体的哪些知识,在生活中能找到哪些需要用长方体体积公式解决的问题。引导学生及时地内化梳理、反思总结,让学生学有所得,学有体会。

第五节 "图形的运动"教学范式

"图形的运动"在整个小学阶段的占比是非常少的,因此也是很容易被老师忽视的一个教学板块。甚至在教学中,为了省事,"图形的运动"教学根本"动"不起来，机械地变成了一道道易得分的题目。长此以往，孩子们的空间想象力、合理推理能力、动手实践能力得不到有效的发展。如何把抽象、枯燥的图形变得形象生动起来，把一道道生硬的数学题化静为动，这是值得深入研究和思考的。带着这样的思考，我们在"爱种子"背景下研究和探索"图形的运动"教学范式。

一、寻"图形的运动"内容特点，构建教学范式

"图形的运动"源于《义务教育数学课程标准（2011年版）》中的"图形与变换"，是一个新增加的内容。在课程标准中，培养学生初步的空间观念、推理能力和空间想象能力是一个重要的教学目标，我们研究的"图形的运动"教学范式也将围绕这一目标构建。

按照北师大版1—6年级数学教材的编排，图形的运动主要涉及平移、旋转、轴对称及图形的放大和缩小等内容。第一学段的教学要求是借助生活中图形运动的现象，进行直观感受的描述和判断。第二学段开始要求学生会画平移、旋转后的图形，以及补全轴对称图形，将图形放大和缩小，并能进行图案的欣赏和设计。根据内容的编排，我们不难发现，教材的编排也是让学生从生活中感知图形运动的现象，在探究中观察和描述图形运动的特征，在合作交流中学会画和设计图案，把被动地接受性学习转化为主动去学、主动去参与，这和"爱种子"的教学理念和模式不谋而合。

根据课程标准中提出的教学目标和教学内容的特点，我们对"爱种子"教学平台中已有的导学案设计进行再加工，优化"图形与几何"领域中"图形的运动"这一板块的教学，将"图形的运动"教学范式从"学法指导＋学习手段＋目标内容"三个方面来确定，形成以下教学范式。

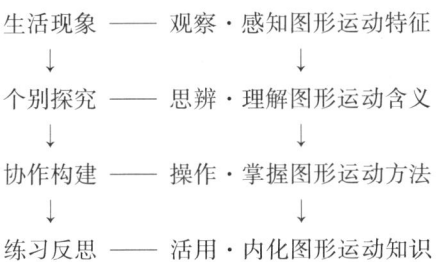

二、探"图形的运动"适用范围，尝试教学范式

"图形的运动"的内容横跨2—6年级，有新授课、准备课和欣赏课，笔者梳理了北师大版2—6年级数学教材，具体内容见表4-5-1。

表 4-5-1 "图形的运动"内容

学段		教学内容及分布情况	教学目标
图形的运动	第一学段	"图形的变化"（二年级上册） ①折一折、做一做 感知轴对称 ②玩一玩、做一做 感知平移和旋转	①结合实例，在活动中积累轴对称、平移和旋转的活动经验 ②能辨认简单图形平移后的图形 ③通过观察、操作，初步认识轴对称图形
		"图形的运动"（三年级下册） ①轴对称（一） ②轴对称（二） ③平移和旋转	
	第二学段	"轴对称和平移"（五年级上册） ①轴对称再认识（一） ②轴对称再认识（二） ③平移 ④欣赏与设计	①进一步认识轴对称图形及其对称轴，能在方格纸上画出轴对称图形的对称轴；能在方格纸上补全一个简单的轴对称图形 ②在方格纸上认识图形的平移与旋转，能在方格纸上按水平或垂直方向将简单图形平移，会在方格纸上将简单图形旋转90度 ③能利用方格纸按一定比例将简单图形放大或缩小 ④能从平移、旋转和轴对称的角度欣赏生活中的图案，并运用它们在方格纸上设计简单的图案
		"图形的运动"（六年级下册） ①图形的旋转（一） ②图形的旋转（二） ③图形的运动综合	

经过一段时间的摸索和实践，发现上表内容作为教学内容的"自主学习"课型均可应用"图形的运动"的教学范式，但准备课和欣赏课的学习要求和教材编排与其他新授课有所不同。例如，二年级上学期"图形的变化"整个单元都是在折一折、玩一玩的活动中，为"图形的运动"的正式学习奠定活动经验，还有五年级上学期和六年级下学期的欣赏课，是"图形的运动"的应用或图案的设计。这些内容应用"图形的运动"教学范式，可能会需要调整环节的顺序，或者根据内容适当改变学法指导和学习手段，但范式的整体结构是不变的。

三、研"图形的运动"教学策略，践行教学范式

"图形的运动"教学范式规划了课堂的教学结构，但是结合学习内容设计有效的学习，需要教师贡献教学智慧。现根据四大教学环节的实践经验，提供一些参考意见。

（一）生活现象——观察·感知图形运动特征

俗话说，良好的开端是成功的一半。设计一个新颖、有趣的导入对一节课来说至关重要。但"图形的运动"对于小学生的认知水平来说，是抽象的，难以理解的。怎样化静为动，将抽象的空间意识转化为具体的、易操作的实践活动呢？结合教材编排和学生的年龄特点，建议第一环节的导入从以下两点考虑。

1. 借助直观，唤醒学生的生活经验

利用好生活中的素材，把抽象的、难以描述的现象直观地、生动地展现给学生。例如，电梯的升降、国旗的升降、方向盘的旋转、衣服上轴对称的图案等，可以借助多媒体手段，展示动画或者生活现象的视频。让学生在观察生活现象时，把具体、生动的图像与数学名词联系起来，在脑海中构建数学模型，什么是平移，什么是旋转，什么是轴对称，无须概念植入，而是联系生活建立表象。

2. 注重对比，区分"图形的运动"特征

"图形的运动"是较难描述的，要区分它们的特征，最好的办法就是在生活现象中进行对比。例如，平移和旋转的教学，两种现象放在一起进行对比，学生一眼就能区分哪个是平移，哪个是旋转，轴对称图形也可以如此操作。只要对比观察它们之间的区别，学生就能对"图形的运动"的特征感知更加深刻。

（二）个别探究——思辨·理解图形运动含义

求知欲望产生了，接下来就要学生去探索和理解运动现象的含义，这个过程不能讲授式地告诉学生，或者一笔带过就进入练习训练，而是要开展独立思考、相互辩论和反思改进等活动，发展学生空间想象力和推理能力。在设计学习任务单时，教师要考虑怎样设计能让学生碰撞出思维的火花，激发学生去思考，勇敢让学生去犯错，在错误和思辨中真正理解"图形的运动"的含义。可以从以下四个方面去考虑。

1. 利用好方格纸，给学生提供充分自主探索的空间

方格纸是学生认识"图形的运动"的平台，它能把抽象的空间意识具体的展现出来，学生有了方格纸作支撑，画图的难度会大大降低，所以在学习"图形的运动"时，要鼓励学生们使用方格纸作图。同时，在画图时，要留给学生充分的时间去动手实践，鼓励学生大胆尝试，只有在独立尝试的基础上，学生才会有深入的思考。

2. 注重语言描述，加强合情推理能力的培养

"图形的运动"本是动态的，如何了解运动的过程，就需要学生发挥空间想象力，把脑海中的图像清晰地描述出来。在这个版块的学习中，特别要注意语言描述的规范和准确。例如，学生画平移后的图形，要学生准确说出平移的路线，向什么方向平移几格，怎样到达最后的图形。教师在课堂上要充分给予学生时间去表达，

不要因怕占用课堂时间，怕麻烦，而放弃训练学生表达的机会，学生的逻辑推理能力只有在语言的描述过程中，才能潜移默化地被培养。

3. 加强比较、辨析，利用错误资源理解概念内涵

在学生自主探索的过程中，总有孩子会犯错，会遇到困难，我们要允许学生们犯错，鼓励他们大胆表述自己的想法，将生成的错误资源作为最佳的教学素材，放手让他们去辩论和分析。例如，在教学"图形的放大和缩小"时，总会发生学生在自主探索时只放大一条边，或者数错格子等情况，教师要将错误资源对比，提出"怎么会有几种不同的结果呢"的问题，在制造矛盾冲突的过程中激发学生的求知欲，学生在对比辨析中能很容易找出错误的原因，这样的学习方式更加落实了以学为主的教学理念。

4. 微课动态演示，拓展学生思维

多媒体教学对"图形的运动"的学习起到了锦上添花的作用，它能把抽象的知识过程生动形象地展示出来，这是传统教学无法替代的，所以用好多媒体平台是至关重要的。"爱种子"的教学模式就是"互联网＋教育"，这一理念对学习"图形的运动"知识是非常好的，因此，学生们在经历自主学习和独立思考后，微课的动态演示必不可少，不仅能帮助孩子们在脑海中建立数学模型，拓展思维，更能帮助学习有困难的孩子理解和运用，有助于学生发展几何直观能力和空间观念，有利于学生提高研究"图形的运动"的兴趣。

（三）协作构建——操作·掌握图形运动方法

"图形的运动"的教学需要学生经历大量的动手操作，把对图形的空间想象在现实的操作中进行验证，从而得到图形运动的数学模型。这些操作有时需要小组合作，让学生在相互交流和共同学习中掌握图形运动的方法。教师要有意识地培养学生的合作学习，适时引导。

1. 注重合作学习，加强动手实践

小组合作学习被誉为是近几十年最成功和最重要的教学改革，它能发挥群体功能，提高个人学习的动力，还能培养学生们的合作意识。但在实际操作中，教师们往往容易走进三个误区：①重分工，轻落实；②重学生，轻老师；③重讨论，轻思考。教师要在分工后落实学生的完成情况，遇到有困难的学生及时给予指导，避免一人包干现象。尤其在学习"图形的运动"时，要让学生充分参与操作，有了活动经验再交流方法，才能发挥合作学习的最大功效。

2. 重视直观模型，掌握规律和方法

在学习"图形的运动"时，教师们往往容易走进"一言堂"的学习误区。因为这部分知识的考题少且简单，只要学生能做出题目的答案，教师就会跳过知识的形成过程，不愿意在课堂上花太多的时间让学生去体验，而是直接告诉学生怎么去判断、怎么去画图，这对数学模型的建立是非常不利的。从教材的编排来看，整个小学阶段"图形的运动"只包括了平移、旋转、轴对称、图形的放大和缩小这几个内容，为什么教材编排在二年级感知平移、旋转，三年级认识平移、旋转，到了六年级还要再一次学习平移和旋转呢？这就告诉我们，知识的形成需要一个循序渐进的过程，得出结论不能操之过急，而是应该根据学生的年龄特点，帮助他们在活动中积累经验，逐渐形成知识，得到规律和方法，从而建立数学模型。建议教师们先熟悉"图形的运动"的知识结构，弄清每个学段的要求再进行教学，这样会更加清晰明了。

（四）练习检测——活用·内化图形运动知识

"图形的运动"知识点较少且抽象，难以描述。所以在练习的设计上要多下功夫，注重练习的形式多样化，也要考查知识过程，不能一味地追求结论。现提供以下几种类型的习题参考。

1. 直观感知题

这类题目通常是结合实例，直观感知图形运动的过程与结果，它是一种浅层次的直观感知，考查学生对图形运动的基本印象。所以只要求学生能辨认简单图形平移、旋转、对称、放大与缩小后的图形即可。

例如，下列运动是平移的画"△"，是旋转的画"○"（见图4-5-1）。

（　）　　　（　）　　　（　）　　　（　）

图4-5-1　直观感知题

2. 推理与应用题

这类题通过剪一剪、移一移、做一做等操作性动作考查学生是否理解图形运动的过程及其形成的结果，它的核心思想是鼓励学生用操作加深对这类图形特点的认知，以及明晰图形的四种运动形式及其过程。

例如，（1）移一移、说一说。

在图4-5-2中①到②，③到④，⑤到⑥是怎样平移的？

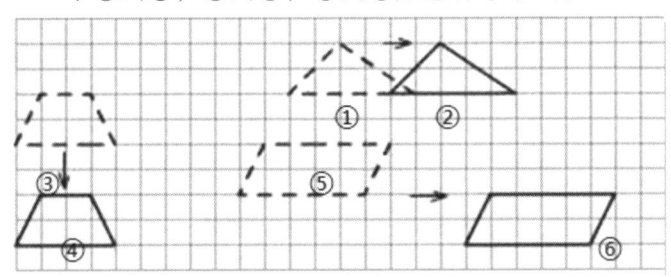

图4-5-2　推理与应用题

(2) 作图题（见图 4-5-3）。

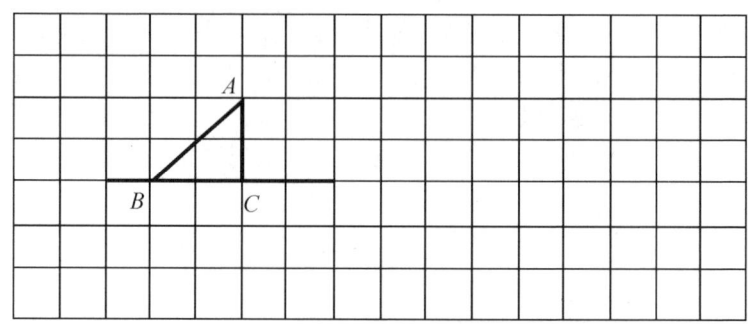

图 4-5-3　作图题

以直线 BC 为对称轴，画出三角形 ABC 的轴对称图形，得到图①；
将三角形 ABC 按 2∶1 放大得到图②；
将三角形 ABC 绕点 C 顺时针旋转 90°得到图③。

学生通过这类题目的训练，经历观察、操作、推理、发现的过程，不仅加深了对图形运动的各个类型的概念的理解，而且提高了学生的动手实践能力，为培养学生独特的创意和丰富的想象力提供了平台。

3. 欣赏与设计题

欣赏与设计是对各种图形运动的主题升华与拓展。能从平移、旋转、轴对称和图形放大与缩小的角度对生活中的图案加以赏析，并运用它们在方格纸上设计简单的图案。

例如，请你利用对称、平移或旋转的方法，设计一个漂亮的图案（见图 4-5-4）。

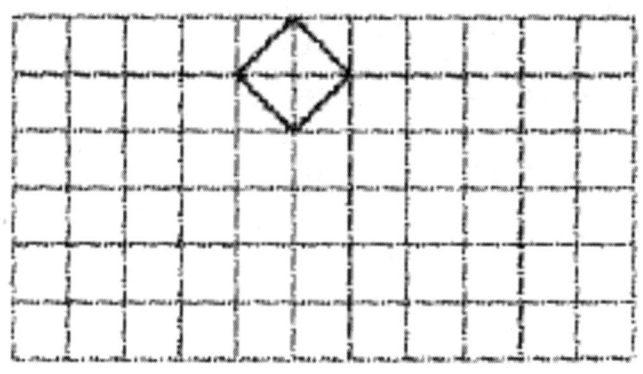

图 4-5-4　欣赏与设计题

学生通过观察美丽的图案,知道图形是变换的、动态的,它们也蕴含着丰富的数学知识,数学中的图形也有艺术美,从而提升学生的数学素养和艺术素养。

"图形的运动"习题变化不大,考点不多,教师要充分利用生活中的素材,让学生体会数学来源于生活,也要应用于生活,在数学学习中不仅要能感受到图形的多样性,也应能感受到图形的美。

四、思"图形的运动"教学理念,完善教学范式

"图形的运动"教学范式的实施过程,真正提高了教师的教研能力、研读文本能力。课堂中不再出现"满堂灌",学生能根据学习任务单自主学习、小组合作学习。动手实践、观察思考、合情推理等学习能力在"图形的运动"教学范式下不断得到锻炼和提高。教与学的方式转变了,但教学目标的落实还需要进一步地改进和完善,例如,如何评价学生的学习效果,如何根据学习效果改进和完善教学范式等问题还需探索。

1. 多元评价,提高学习效果

利用好"爱种子"平台,在教学中提倡使用自我评价、小组评价、同桌互评、教师评价等环节,擅用应答器功能,帮助学生建立学习信心,激发学生对学习的兴趣。

效果评价可分为学习行为评价和学习内容评价。学习行为评价可进行量化,学生根据量化标准,对应自己的表现进行准确评价,这样不仅可以关注到每一个学生,还可以准确找出学生的不足之处加以指导,真正做到关注每一个学生的学习行为。量化标准可结合独立自主学习情况、参与小组合作情况、展示汇报交流情况、完成课堂检测情况四个方面进行制定。

学习内容评价要侧重对图形运动的操作和描述,突出用运动变化的思想去探索和认识几何图形,培养学生初步的空间观念、推理能力和空间想象能力。因此,我们在对"图形的运动"进行评价时可以参考以下两个水平等级来进行。

第一个等级是了解学生的空间想象力,即学生能准确画出图形经过简单运动后的图形,能在方格纸上补全一个简单的轴对称图形,就能说明学生对图形运动有一定的空间想象力。第二个等级是了解学生的推理能力,即学生在会画图的基础上,通过数学语言描述图形的运动,并能准确无误地表达清楚,就说明学生有一定的推理能力。

以上评价方式可根据各班学情、课堂具体情况来制定量化评价表格,旨在落实教学目标,激发学生的学习动力。

2. 错例收集,改进教学范式

错例的收集包括教师课堂的反思和学生错题的收集,要养成不断收集和积累的习惯。教师要经常反思范式落实的有效性及改进措施,还要收集学生错题,详细掌

握学生对知识点的理解和运用情况，及时调整教学策略，做好查漏补缺。

对于图形的运动范式的探索，目的是最优化落实教学目标，尊重学生的发展规律，为学生提供良好的学习氛围，从而践行课程改革的理念。但课堂教学并没有一成不变的教学范式，具体操作应根据实际情况不断调整、不断完善，才能使教学范式发挥使用价值。

【教学案例16】
自主学习环境下的小学数学"图形的运动"教学
——以北师大版小学数学六年级上册"图形的放大和缩小"导学案为例

清远市新北江小学　罗莹

一、课前慎思

"图形的放大和缩小"一课对于学生来说是一个较难掌握的知识点。课程标准的要求"能利用方格纸按一定的比例将简单图形放大或缩小"，这里的"放大或缩小"不是严格的相似，主要是直观感知缩小后的图形与原图形形状相同而大小不同。学生对这部分知识的理解主要来源于生活中的"洗照片""放大镜"。根据学情调查发现：①很多学生对图形放大和缩小的概念不清晰，他们会认为"一个图形的某一条边放大或缩小"都可以笼统称为"图形变大了或缩小了"；②学生对按比例放大或缩小的操作很陌生，不知图形放大前后对应线段的比都要相等；③不会准确地用语言描述图形放大或缩小的过程。结合学情和"图形的运动"教学范式，我们将本课定为以下四个环节。

二、教学实践

第一个环节：生活现象——观察·感知"放大和缩小"特征

主题图见下图。

●巨人的身高与普通人的身高的比是4∶1。六年级兴趣小组准备为巨人设计一间教室，按相同的比放大，该如何设计呢？想一想、说一说。

我们班教室的高是3米，巨人教室的高是它的4倍……

巨人用的课桌长与我们课桌长的比是4∶1……

我是"巨人国"里六年级的学生。

我是淘气。

【教学建议】
1. 引用电影《出发吧，巨人谷》导入，提出"巨人的教室有多大"的问题。
2. 围绕"为巨人设计教室"的问题，展开讨论，让学生初步认识放大和缩小现象是按照相同的比例放大和缩小，帮助学生理解如何按"4∶1"的比来设计。

【设计意图】采用学生熟悉、喜爱的情境引入,让学生思考"巨人的身高与普通人的身高比是4∶1,按相同的比放大该如何设计"的问题,在有猜想、有假设、有根据的讨论中,初步感知"放大和缩小"的特征。

第二个环节:个别探究——思辨·理解"放大和缩小"含义

如果下图中的长方形表示我们教室的大小,你能按4∶1的比将图形放大,画出巨人教室的大小吗?试一试,独立完成下面自主学习任务单,与同伴交流。

自主学习任务单

项目	思路梳理
长是5	我是按照4∶1的比,把(　　　　　)放大4倍,变成了(　　　　　),
宽是3	巨人的教室就是这样的
画一画	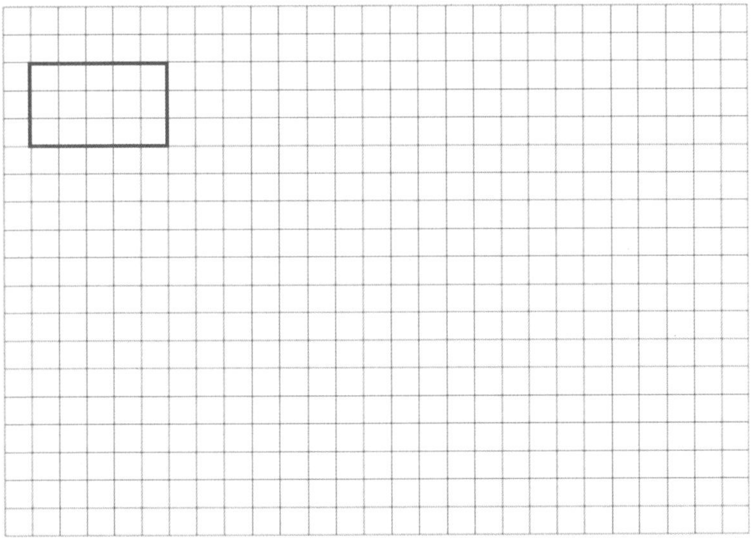

【教学建议】

1. 按照任务单指引,先理清思路,再动手试一试,让学生通过画一画理解图形放大的意义。

2. 任务单的设计没有局限学生的思维,要避免出现唯一答案。要挖掘学生错误的生成原因,将"只放大了一条边,或者按照面积放大"等错例作为突破教学重点的有效手段。

3. 鼓励学生用自己的语言描述放大的含义,逐步体会"图形放大时,要使图形长与长的比,宽与宽的比相等,就是对应线段长的比相等"。

4. 如果还有不明白的话,可以一起观看微课学习。

5. 小结:按比放大时,要使放大前后图形对应线段的长的比相等。

对于能发现自己错误的原因的同学，以及积极思考的同学，要及时给予肯定的评价。

【设计意图】为巨人设计教室，实际上是在方格纸上将长方形按"4∶1"的比放大，但是学生在操作时，并不一定能理解"对应线段的比要相等"，根据学情调查，有的学生会认为把一个图形的某一条边放大，都可以称为"图形变大了"，所以任务单的设计故意不限制学生的思维，避免出现唯一答案，让学生自己去探索，在任务单的错误中去辨析，真正理解"放大和缩小"的含义。

第三个环节：协作构建——操作·掌握"放大和缩小"方法

如果下图中的三角形表示"巨人"用的三角尺，你能将这个三角形按1∶4缩小，画出我们用的三角尺吗？小组合作完成下面的任务单。

合作学习任务单

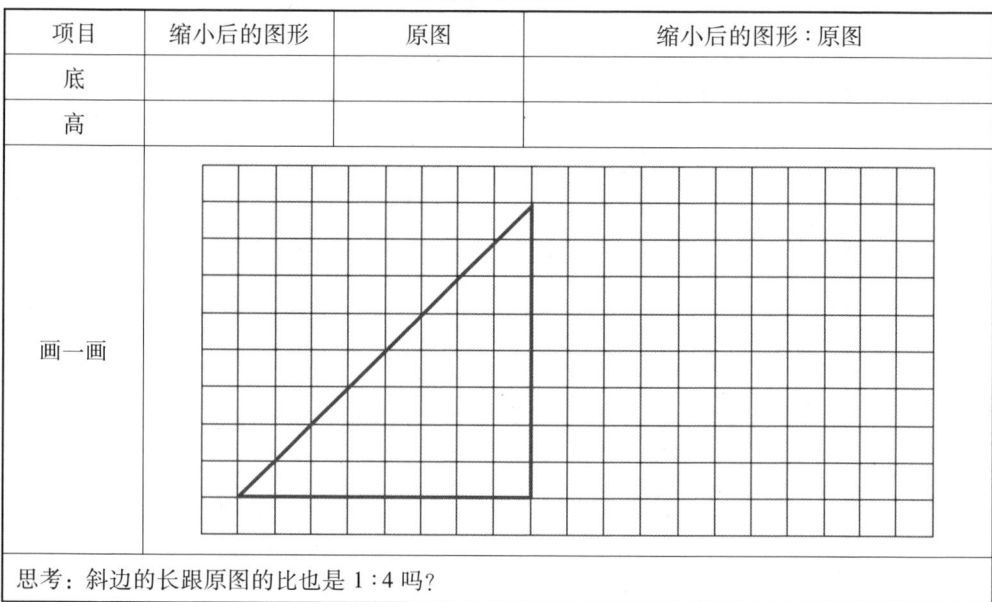

项目	缩小后的图形	原图	缩小后的图形∶原图
底			
高			
画一画			

思考：斜边的长跟原图的比也是1∶4吗？

【教学建议】

1. 小组合作按照学习任务单的思路完成将三角形按1∶4缩小，还有什么发现可以在组内说一说。

2. 汇报时，要有根据地说明"斜边的长跟原图的比是不是1∶4？"

3. 总结"放大和缩小"的方法。

小结：不管是把图形按比放大还是缩小，都是把它们对应的边都放大几倍或缩小为原来的几分之一。

4. 思考：图形按比放大或缩小时，什么没变？什么改变了？

【设计意图】有了上一个环节的活动经验，学生通过对图形的放大已深刻体会到"放大和缩小"的意义，所以本环节在操作较难的图形缩小时，学生是驾轻就熟的，但证明"斜边的长与原图的比也是1:4"和总结"放大和缩小"的方法，是有一定难度的。小组合作的学习方式，能更好地培养学生的合情推理能力和归纳能力。

第四个环节：练习检测——活用·内化"放大和缩小"知识

1. 基础练习：下面哪个图形是图 A 按 2:1 的比放大后的图形？哪个图形是图 A 按 1:2 的比缩小后的图形？

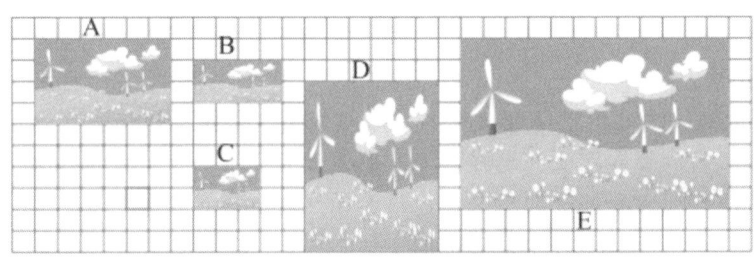

【教学建议】鼓励学生用自己的语言说说图 A 放大和缩小的过程。

2. 综合练习：下面的每个方格表示 1 平方厘米，将下面的正方形缩小，使缩小后的图形与原图形对应线段长的比为 1:3。

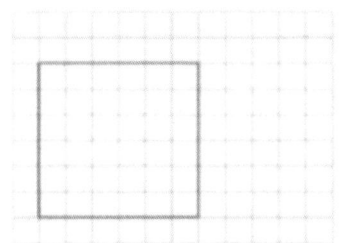

将下面的正方形缩小，使缩小后的图形与原图形对应线段长的比为 1:3。

想一想，缩小后的图形与原图形的面积比也是 1:3 吗？

【教学建议】本题的难点在"面积比也是 1:3 吗？"的讨论上，建议学生在原图上画一画，能分成几个缩小后的正方形，就是原图的几分之一。

3. 拓展应用：教材第 25 页"练一练"第 3 题。今天我们学习了图形的放大和缩小，在生活中有什么作用呢？（课件展示生活中图形放大和缩小的现象）

【设计意图】基础练习、综合练习和拓展应用的目的在于促进学生活用、内化"放大和缩小"的特性，同时引导学生用数学的眼光观察生活、亲近生活，体会知识的实际应用价值。

学习评价

1. 我会认真观察，并能理解图形放大和缩小的含义。
2. 我会画，并能掌握图形按比放大和缩小的方法。
3. 我会解决一个生活实际问题。（举例）

【设计意图】通过学习评价回顾本节课的知识，让学生谈谈本节课的收获，说说什么是图形的放大和缩小？怎样画呢？图形放大和缩小有什么特性呢？生活中你还见过哪些图形放大和缩小的现象呢？培养学生的应用意识。

"图形的放大和缩小"一课在学法指导、学习手段、学习目标上都有具体的落实，对"图形的运动"教学范式起到了较好的解释和应用的效果，希望在范式的推广下，学生能真正拥有思辨交流的空间，主动探究的意识得到增强，合情推理和空间想象力得到培养。

第五章
统计与概率教学范式

《义务教育数学课程标准（2011年版）》明确提出的10个核心概念之一为"数据分析观念"，与之前实验稿的"统计观念"相比，它从名称到内涵都发生了变化，更凸显"统计与概率"独特的思维方法。随着小学数学新课程标准与教材的变化，小学数学的课堂教学也在发生改变。

本章通过对"爱种子"统计与概率教学范式课型的研究，寻找有效的教学对策，改进教学行为，为小学阶段"统计与概率"内容的教学提出合理的建议，并在实验学校进行实践与应用。我们期待此项目的范式教学能更好地培养小学生数据分析的意识，养成良好的数据分析的观念，同时能更加到位地指引教师的教学。

第一节　统计教学范式

统计知识贯穿于小学数学的每个学习阶段，它是小学生体会数学与生活息息相关的桥梁，让小学生体验和感受，在数字化的时代里，学会数据的收集、整理、描述和分析，可以帮助他们进行合理的判断和科学的决策。因此，教师在开展小学数学的统计教学时需要根据小学生的年龄特征及已有的生活经验选择适宜的内容与范围去设计具有系统性的活动，让小学生经历收集、整理、描述与分析数据、制图等全过程，让小学生在具体的数据中做出自己的分析与判断，同时感受数据分析方法的多样并树立数据分析的观念。

基于以上分析，我们根据"爱种子"自主学习课型的基本模式，形成了统计教学的范式。

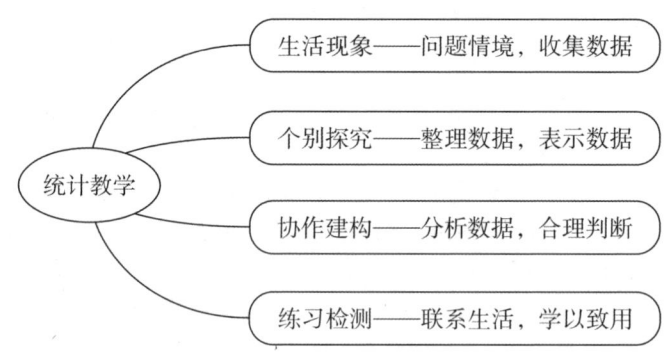

以北师大版小学数学教材为例，此范式适用于以下教学内容（见表5-1-1，据不完全统计）。

表 5-1-1 统计教学范式教学内容

分类	意义	统计技能方法	应用
认识统计图与统计表	分类	①一年级上册：分类与整理（按一定标准分类） ②二年级下册：调查与记录、数据收集与整理	①根据给定的标准或者自己选定的标准，对事物或数据进行分类，感受分类与分类标准的关系。 ②进行简单的数据分析，从统计图表中发现问题，并提出简单问题。 ③合理运用单式、复式统计图表示数据，分析数据、做出决策
	初步认识统计表与统计图	①二年级上册：会认、会画一格代表一个单位的条形统计图 ②四年级上册：条形统计图（一格表示一定的数量），折线统计图（折线统计图的作法、特点、表示事物发展的趋势）	
	认识简单的折线统计图、扇形统计图、复式统计图	①五年级下册：数据的表示和分析，复式条形统计图、复式折线统计图、扇形统计图，知道三者的价值，会选择合适的统计图 ②六年级上册：数据处理，扇形统计图、统计图的选择	
统计量	认识平均数	①三年级下册：比一比（认识平均数的意义和求平均数） ②四、五年级下册：数据的表示和分析 ③五年级下册：复式条形统计图、复式折线统计图和平均数的再认识	

"纸上得来终觉浅，绝知此事要躬行。"即便教师反复强调统计的几个重要环节，若学生缺乏亲身实践和经历，也于构建认知结构无益。在实际教学中，有的教师往往把教学的目标聚焦在"统计结果"上，忽视了组织、引领学生经历一个完整、丰富的统计过程，导致学生对于统计的理解是"填写统计表或画统计图"。因此，教师在教学中要利用好课本上的一些统计活动，让学生亲身经历整个统计的过程。

基于以上思考，在自主学习课的统计教学中，教师应重视帮助学生建立数据分析观念，从学生现实生活出发，让学生经历收集、整理、描述和分析数据、制图等全过程，在统计活动中学习统计的知识与方法，提高运用数据分析解决问题的能力，树立统计观念。

一、生活现象——问题情境，收集数据

《义务教育数学课程标准（2011 年版）》倡导"学生在生动具体的情景中学习数学"。因此，小学统计教学创设的情景应有利于培养学生的数据分析观念。建议教师在教学这一环节时，创设与学生的现实生活紧密联系的问题情境，为学生提供

可探究、可分析、可推测的事实，便于学生用数学的眼光看待、分析事物。

1. 在问题情境中激发统计兴趣

统计产生于社会生活的需要。教师创设合理的问题情境，为学生提供科学的现实问题、事件或现象，联系学生已有的知识和生活经验，创设认知冲突，产生统计需求，激发学生收集数据的兴趣。同时，让学生感受到统计在数学及生活中的重要作用。

例如，可以设计学生熟悉的"游戏时刻"等活动。教师问："你认为最好组织什么游戏呢？"学生根据已有的生活经验会回答："为了更好地组织游戏活动，需要调查我们班同学最喜欢的游戏，就玩那个统计出来票数最多的游戏。"在这样真实的问题情境中自然而然产生统计需求，由此激发学生收集数据的兴趣，让学生开展调查活动，自然过渡到接下来的收集、表示、分析数据环节，根据数据分析做出最终的决定。

2. 在真实数据上引导收集方法

收集真实的数据时，常用的方法有调查、试验、测量、查阅资料等。建议教师及时引导学生收集数据，对收集数据的方法进行指导，确保学生会收集数据。教师要注意让学生自己去收集真实的数据，而不是仅仅分析现成的数据。学生在后面进行数据分析时，往往都需要考虑数据出现的背景以及用来收集数据的方法，有意识地获得数据信息。对于不同的统计学习内容，此环节开展前要做足准备，为活动的开展提供保障。教师要思考"学生已有的知识和经验是什么""统计时用什么时间？用多少时间？怎么分工？工具如何准备？怎么记录……"教师对活动过程的问题要进行预设，组织学生一起讨论，建立收集数据的具体计划。

例如，班上准备开展"大吃会"，需要准备同学喜欢的多种水果，我们该怎么调查？教师可以引导学生通过举手记录并分类的方式统计人数，收集数据；还可以像选班干部那样，通过选票、唱票的方法收集数据。与此同时，教师要引导学生知道举手统计收集数据的方法可能出现重复举手，存在误差；而选票的方法收集数据会用比较多的时间。

二、个别探究——整理数据，表示数据

数据没有整理时，不容易发现其中蕴涵的信息。此环节是让学生根据教师精心设计的学习任务单，通过自己的操作、思维活动学习如何整理数据和表示数据，在操作活动中感悟整理数据、表示数据的重要性，体会统计的必要性。

1. 在分类活动中学会整理数据

分类是整理数据和表示数据的起始，学会分类可以帮助学生进一步建立统计的意识。

例如，教学北师大版小学数学一年级上册"整理房间"时，教师可以设计以

下自主学习任务单（一）（见图5-1-1、表5-1-2）。

5-1-1　笑笑的房间

表5-1-2　自主学习任务单（一）

观察笑笑的房间，她房间的物品是怎么摆放的		
分类	放在一起的物品	放的位置	它们的共同特点
1	衣服	柜子的最下层	都是用来穿的
2			
3			
……			
这样分类整理的好处是：		

这样设计的目的是促使学生学会有条理地思考问题、有条理地整理数据，在此过程中体会整理需要定标准，标准来自对物品共同属性的抽象。

2. 在经历活动中懂得表示数据

教师可以给每个学生一张个别探究学习单，鼓励学生动手分一分、摆一摆，用简单的方式记录，给学生提供动手操作的活动，让学生通过自己动手整理、表示数据的活动感悟统计思想。

例如，教学北师大版小学数学二年级下册"调查与记录"时，教师可以设计以下自主学习任务单（二）（见表5-1-3）。

表 5-1-3　自主学习任务单（二）

我的调查与记录	
分　类	我的记录方式
最喜欢兔子的人	
最喜欢猴子的人	
最喜欢熊猫的人	
最喜欢鱼的人	

这样设计的目的，一是鼓励学生根据学习任务单的提示主动想办法尝试对收集到的数据进行整理，以更合理的方式表示出来；二是逐步引导学生对数据进行分组排序，能从简单的统计表及统计图中读取数据。

三、协作构建——分析数据，合理判断

"学一个东西最好的方法是做。"做好数据的统计与分析，是落实数据分析观念的关键。"爱种子"模式提倡的协作构建环节，重在引导学生有序地开展合作学习，在小组合作中逐步发展数据统计与分析的能力，这包括学生能从简单的统计图表中获取有效数据信息做出合理判断，也就是能解决生活中的一些问题；根据不同的问题情境选择恰当的统计方法，也就是知道条形统计图、扇形统计图、折线统计图的本质区别。

因此，教师应根据小学生的年龄特征与小学生已有的生活经验选择适宜的内容与范围去设计具有系统性、整体性的统计活动，为学生提供充足的时间和空间进行交流，确保每位学生在小组合作中都能带着任务去解决统计中的难点问题。充分发挥每位学生已有的生活经验，能用每位学生的思维方式分析数据，在分析交流中能发生思维的碰撞，最终做出合理判断。

1. 在辨析和比较中分析数据

统计教学中的教学难点之一是统计图表中的相关内容。教学中，教师可以让学生通过找数据相同的图表，组织学生开展小组内讨论分析活动。

例如，教学北师大版小学数学六年级上册"统计图的选择"时，教师可以设计以下合作学习任务单（见表5-1-4）。

表 5-1-4　合作学习任务单

第（　　）小组	组长：	组员：
仔细观察三个统计图（见图5-1-2），思考并回答下列问题		
1. 你能从三幅图中获取哪些数学信息		

续表 5-1-4

第（　　）小组　　　组长：　　　　　　组员：	
2. 如果我想制作一个统计图，使它能够反映我国获奖金牌从第 24 届至第 30 届的变化情况，你认为应该选择哪种统计图	
3. 如果我想制作一个统计图，使它能够反映第 29 届奥运会我国获奖金、银、铜牌占总奖牌的百分比情况，你认为选择哪种统计图比较合适	
4. 如果我想制作一个统计图，使它能够反映第 24 届至第 30 届奥运会我国获奖金牌的具体情况，你认为选择哪种统计图比较合适	
比较三种统计图，我们发现条形统计图的特点是（　　　　　　　　）；扇形统计图的特点是（　　　　　　　　）；折线统计图的特点是（　　　　　　　　）	

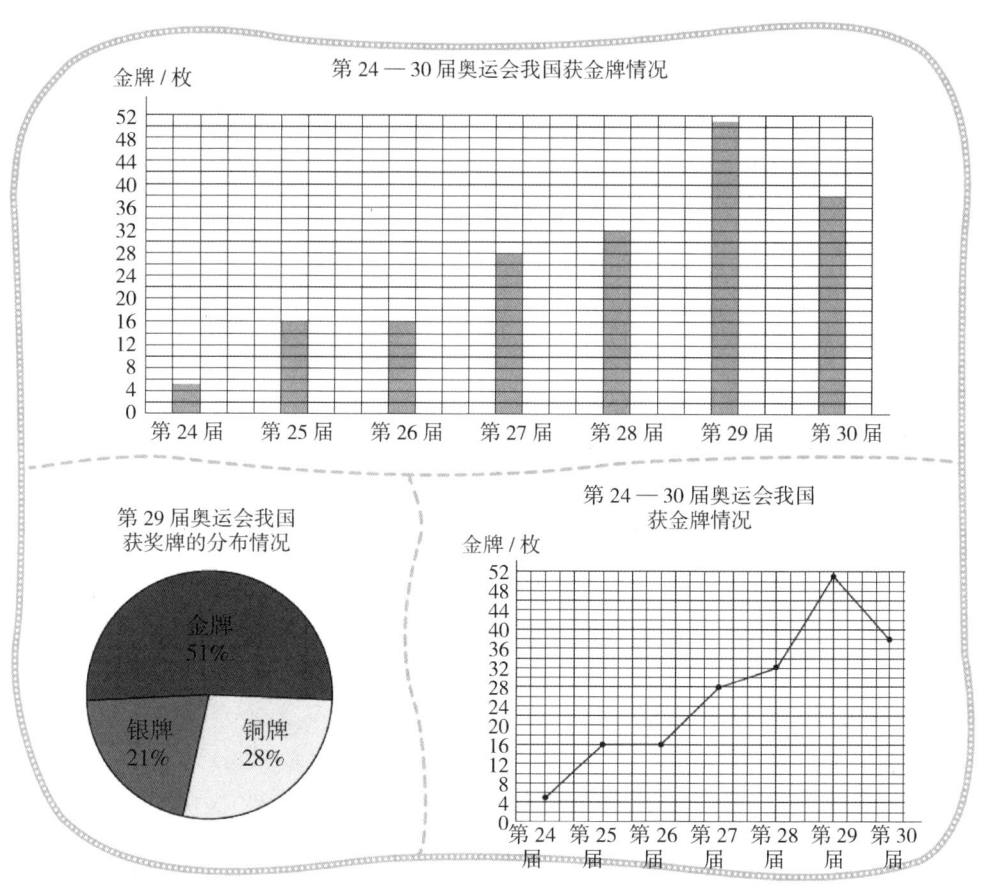

图 5-1-2　第 24—30 届奥运会我国获金牌情况

此时，教师要做好探究活动的协调者，巡视观察，对学生在探究活动中遇到的困惑进行及时的指导，引导学生在小组的辨析和比较中分析数据，让学生在分析数据中理解不同图表的统计方法的差异性，懂得根据数据分析选择合适的统计方法，最终让学生体会到可以用不同的图表整理数据、呈现数据的结果，并以此来解决生活中的一些实际问题。

2. 在交流和评价中合理判断

在全班交流活动中，教师要重视学生的语言表达，让每个小组的代表学生都能说说自己的思路，再让其他小组学生在倾听中补充自己的思路，争取做到让"思路开花"。

例如，小组代表 1 汇报："同学们请听我说，我是第 1 小组的汇报代表，我是第一发言人。如果想制作一个统计图，使它能够反映我国获奖金牌从第 24 届至第 30 届的变化情况，我们认为应该选择折线统计图。"

小组代表 2 汇报："同学们请听我说，我是第 1 小组的汇报代表，我是第二发言人。如果想制作一个统计图，使它能够反映第 29 届奥运会我国获奖金牌、银牌、铜牌占总奖牌的百分比情况，我们认为应该选择扇形统计图。"

小组代表 3 汇报："同学们请听我说，我是第 1 小组的汇报代表，我是第三发言人。如果想制作一个统计图，使它能够反映第 24 届至第 30 届奥运会我国获奖金牌的具体情况，我们认为应该选择条形统计图。"

小组代表 4 汇报："同学们请听我说，我是第 1 小组的汇报代表，我是第四发言人。我们小组发现，条形统计图的特点是能清楚地表示出每个项目的具体数目；折线统计图的特点是能清楚地反映事物的变化情况；扇形统计图的特点是能清楚地表示出各部分在总体中所占的百分比。我的汇报完毕，请问有什么疑问或补充吗？"

学生在认真倾听中会有所思考，有所补充，有所评价。学生可能会说："我同意你们小组的想法，你们的汇报很详细、很清晰。"

此外，教师在学生交流的过程中适时启发点拨，对学生收集到的数据进行评价，对学生的统计过程及统计知识学习进行评价，引导学生归纳、总结出数据统计的方法，树立统计观念。通过师生评价、生生评价，学生不仅能理解与区别三种统计图的本质，还能发展自己的数据分析能力，并针对数据的分析做出合理判断，做出合理决策。

3. 在梳理和反思中习得方法

根据学生分享情况，酌情考虑是否需要运用微课进行解析，如果学生有疑惑，可以适当播放微课让学生总结本节统计课中的知识点、重难点，并反思数据分析过程中用到的方法。

例如，在学生交流和评价汇报后，教师可以播放微课后出示表 5-1-5，引导学生回顾学习过程，在梳理和反思中习得方法，培养学生的数据分析观念和学习能力。

表 5-1-5　回顾学习过程

项目	条形统计图	折线统计图	扇形统计图
特点	用一单位长度表示一定的数量		用整个圆的面积表示总数,用圆内扇形面积表示各部分占总数的百分比
	直条的长短表示数量的多少	折线的起伏表示数量的增减变化情况	
作用	能清楚地看出各部分数量的多少	能清晰地看出数量的增减变化情况,也可以看出数量的多少	能清晰地看出各部分与总数的关系,以及部分与部分之间的关系

教师对分析数据的方法进行充分的总结,有利于学生在今后的学习与生活中遇到类似的统计问题,能马上想起用这种数据分析的方法去解决。

四、练习检测——联系生活,学以致用

在设计练习时,建议教师要联系生活实际,要面向大多数学生,同时要注意体现层次性和启发性,设计由浅入深的练习或实践活动,充分挖掘习题的智力因素,让学生经历在不同的情境中进一步探索收集和整理数据的方法,触发学生对"数据表现出什么趋势""能从这些数据中得到什么结论"这些问题进行分析,有针对性地进行辅导分析,让学生在练习实践中深化统计知识的理解,体会统计的方法和统计量的意义与作用。

1. **领会——说明性理解的习题**

(1) 从图 5-1-3 中能获得哪些信息?选择什么统计图表示下列数据最合适?

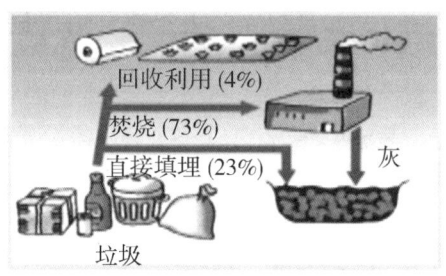

图 5-1-3　说明性理解习题

学生基于本节课所学知识,可能会想到用扇形统计图(见图 5-1-4)表示最合适。

(2) 选择什么统计图表示孵化期统计表(见表 5-1-6)中的数据最合适?

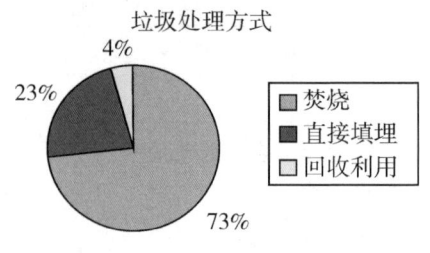

图 5-1-4 扇形统计

表 5-1-6 孵化期统计

鸡	鸭	鹅	鸽子	火鸡
21 天	30 天	30 天	16 天	26 天

学生基于本节课所学知识，可能会想到用条形统计图（见图 5-1-5）表示最合适。

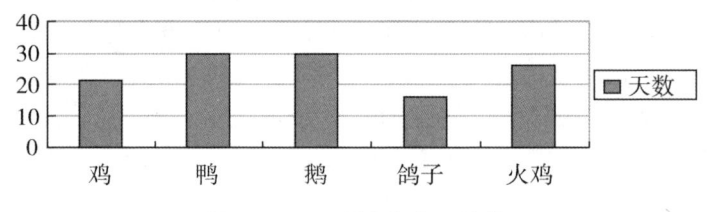

图 5-1-5 孵化期条形统计

（3）可可的妈妈开了一家鞋店，可可帮妈妈把过去一年卖出的凉鞋数量做了一个统计表（见表 5-1-6），如果想表示去年凉鞋销售量的变化情况，选择什么统计图表示下列数据最合适？

表 5-1-6 凉鞋销售量统计

月份	1	2	3	4	5	6	7	8	9	10	11	12
数量/双	30	20	60	70	140	230	350	320	180	80	30	10

学生基于本节课所学知识，可能会想到用折线统计图（见图 5-1-6）表示最合适。

像这样的习题都是考查学生对三种统计图的理解与区别，扩展学生的思维广度，促进学生的数学思考。

2. 分析——探究性理解的习题

练习中出现的开放性题目和拓展性题目，均属于探究性理解的习题。

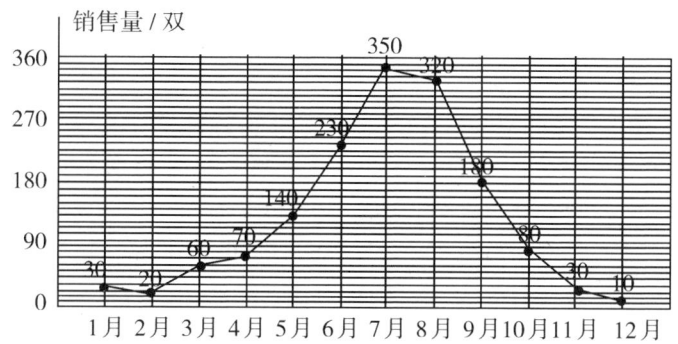

图 5-1-6　凉鞋销售量折线统计

某气象小组的同学们记录了他们开学后每个月的降水量，得到的数据见表 5-1-7。想一想，可以选择哪些适当的统计图表示这些数据？

表 5-1-7　每个月的降水量

月份	9	10	11	12
降水量/毫米	205	150	150	52

这属于比较难的拓展性题目，统计图的绘制可以不唯一。这需要学生理解与运用统计知识进行探究性的分析，懂得从多个角度来分析数据。

五、统计教学的教学建议

（1）找准统计教学的探究点。
（2）注重引导学生经历统计的过程。
（3）处理好预设与生成的关系。
（4）各年级的统计教学具有循序渐进性（低年段注意只需领会分类与整理）。

【教学案例17】
自主学习环境下的小学数学统计教学
——以北师大版小学数学三年级下册"小小鞋店"导学案为例
清远市清城区凤鸣小学　吴艳红

一、课前慎思

"统计"属于新课程标准小学数学课程四个学习领域之一，历来是小学数学的重要教学内容，它能够培养学生的数据分析观念。学生学习统计的一个目的就是了解在现实生活中有许多问题应当先做调查研究、收集数据，通过分析再做出判断，体会统计的价值。

通过对清远市清城区飞来峡镇各农村小学数学教师的了解与访谈，以及在开展"爱种子"数学课堂的研讨活动中，笔者发现统计的教学存在以下问题：一是教师在处理"统计"的教材时，不重视此内容，不思考编者的意图；二是统计的教学内容所占课时较少，考核分值也少，有个别教师没有让学生亲历统计过程。

基于以上分析，作为实验区的教师应如何利用"自主学习"课，解决上述存在的问题呢？教师应如何引导学生用数据说话，拓展学生的数学思维，让学生进行深度学习呢？本文将以北师大版小学数学三年级下册"小小鞋店"为例，谈谈教师应如何上好"统计"这一类的课。

"爱种子"中"自主学习"数学课堂的主要环节：一是生活现象，引出新知。二是个别探究，独立思考；个别探究，微课释疑。三是协作构建，探索方法。四是归纳小结，学法指导。五是巩固练习，评价反思。在此大范式的基础上，结合新课程标准，两年来通过"上课—听课—评课"反复磨课的过程，初步形成了"统计"这一类课的范式雏形。

$$\text{统计}\begin{cases}\text{生活现象——问题情境，收集数据}\\ \text{个别探究——整理数据，表示数据}\\ \text{协作构建——分析数据，合理判断}\\ \text{练习检测——联系生活，学以致用}\end{cases}$$

二、教学实践

第一个环节：生活现象——问题情境，收集数据（为什么要统计）

1. 出示问题：店主淘气想在自己班模拟开一个鞋店，店主应该怎样进货呢？应该进什么鞋号的鞋子多一些？（学生回答：要调查一下）

2. 师：请同学们说一说，为了合理"进货"，需要怎样调查？

学生可能会说：

（1）问问淘气班的同学，他们喜欢什么颜色的鞋子。

（2）调查淘气班的同学，看看他们的鞋号是多少。

（3）问他们喜欢什么款式的鞋子。

（4）男生的款式和女生的不一样，最好分开来调查。

3. 师：我们要调查的是什么？（鞋号）

4. 出示调查结果并提出问题：这是他们的调查结果，请你帮忙整理一下并把结果表示出来吧。

男生的鞋号					
33	37	34	34	36	38
36	34	35	34	35	35
37	34	34	38	34	36
35					

女生的鞋号					
32	34	35	34	34	33
35	34	35	34	34	34
34	35	35	33	37	

【设计意图】这一环节密切联系生活,呈现原始数据给学生,杂乱无章的数据看不出其中的数学信息。教师要引导学生先整理数据,发现数据隐藏的信息,并感受到统计也是一门数据的学问。

第二个环节:个别探究——整理数据,表示数据(怎样进行统计)

1. 出示个别探究学习单,鼓励学生独立完成任务。

个别探究学习单

我想用的方法是(在□内打"√") □列表法 □画图法	我是这样整理的:	我给店主的建议是:

2. 学生尝试用列表或画图的方法,把整理的结果直观有效地表示出来。
3. 微课释疑。(播放微课,学生纠正)

师:淘气和妙想也整理了数据,请听一听,他们是怎样整理的?

(1) 淘气利用列表的方式整理了数据。
(2) 妙想利用画图的方式整理了数据。

师:他们这样做,你看懂了吗?用列表法整理数据的同学请举手,用画图法整理数据的同学也向老师挥挥小手。请同学们再看看自己的整理方法,有需要改正的地方吗?

【设计意图】这样设计,不仅可以鼓励学生积极去尝试整理和表示数据,而且可以引导学生用不同的方法整理数据。

第三个环节:协作构建——分析数据,合理判断(分析统计结果)

1. 组内交流。

教师出示协作构建学习单,明确合作要求:每个组员根据个别探究学习单说说自己的方法和建议——根据问题讨论应如何进货——组长汇总各组员的建议。

协作构建学习单

1. 记录各组员的方法，在□内打"√"	2. 讨论：哪个鞋号最多？哪个鞋号最少？
组员1：□列表法 □画图法 组员2：□列表法 □画图法 组员3：□列表法 □画图法 组员4：□列表法 □画图法 组员5：□列表法 □画图法 组员6：□列表法 □画图法	3. 汇总组员们给店主建议：

【设计意图】引导学生有序地开展合作学习，完成相应的学习任务。让学生在交流中，经历探索如何直观有效的整理和表示数据的过程，以便通过数据的观察和分析，发现其中蕴涵的信息，做出合理的判断，从而有效地解决实际问题，体会到统计的作用。

2. 组内互评。

学生利用应答器进行互评，教师利用平台评价系统收集评价数据，发挥评价数据的导向作用。

【设计意图】评价是一种有效地提高课堂效率的手段。利用平台的评价系统让学生进行互相评价，不但可以促进学生积极参与交流活动，还可以即时采集学生反馈的信息。教师课后可以查阅学生反馈的信息，了解协作构建活动中学生存在的问题，便于教师调整学习单的内容或合作要求。

3. 汇报交流。

(1) 各小组代表根据"协作构建学习单"，依次上台汇报。

(2) 讨论：你觉得哪个小组的方法能让店主容易看出应该如何"进货"？

【设计意图】这样设计的目的是，学生进行了思维活动，就有了展示的机会。学生在展示中才能"去伪存真"，获得认可、修正和再构建。否则，个别探究中学生的思维就没有着陆的机会了，也就失去了应有的效应。这是一个学生自我认知、获得甚至超越的过程，学生可以在这一过程中领悟到很多东西，并逐渐积累形成相关的活动经验。

4. 归纳小结——学法梳理，总结反思（回顾统计过程）。

师：通过刚才的学习，我们知道了开展统计活动的步骤是什么，不论哪种表示数据的方式，都直观地反映了所统计的数据，方便我们更好地获取有关的信息，进行分析和判断。

【设计意图】回顾学习过程，梳理学习方法，培养学生的数据分析观念。

第四个环节：练习检测——联系生活，学以致用（体会统计价值）

1. 请你也模拟开一个鞋店，做一个"进货"调查。

(1) 你认为怎样调查比较合适？

(2) 小组合作，调查班里同学的鞋号，整理并表示调查结果。
(3) 你对于鞋店"进货"有什么想法？

【教学建议】因全班开展调查，人数较多，教师可以引导学生选择几个小组进行调查，接着由学生独立整理调查结果，再让学生在全班开展展示活动。

2. 三（2）班选举大家最喜欢的农场里的动物，选举记录如下图所示。（×代表1票）

(1) 喜欢哪种动物的人最多？
(2) 一共有多少人投票？
(3) 下面哪一组和上图所表示的数据完全一样？

【设计意图】本节课的课堂练习一共2道题，分别配合问题串，让学生熟悉在不同的情境中进一步探索收集和整理数据的方法。通过找数据相同的图，让学生体会到可以用不同的图整理数据并呈现数据的结果。

三、教学反思

1. 师：通过这节课的学习，你有什么收获？可以围绕学习评价表的内容来说，也可以说其他方面。

> 👍 **学习评价**
>
> (1) 我喜欢_____方法整理数据。
>
> (2) 我_____根据数据做出合理的判断。(填"会"或"不会")
>
> (3) 我计划统计_____。(口述)
>
> ……………

2. 师全课总结：同学们不仅关注到了学习的结果，还关注到了学习过程中所运用到的方法。

【设计意图】一个好的总结，可以引导学生自主构建知识、自主评价反思，分享收获和成功，感受学习的快乐。

"统计"是小学数学的重要版块内容之一。帮助学生积累数学基本活动经验是教师开展"统计"教学的至真追求。作为"爱种子"实验教师的一员，应运用"爱种子"先进的教育教学理念，结合"爱种子"的学习课型进行"统计"教学，让学生经历统计过程。扎实做好前期准备，为活动的开展提供保障；帮助学生逐步建立起收集、整理、描述和分析数据的意识和习惯；落实活动过程，让学生体会统计的价值；注重结果反馈，让数据分析观念落地。

第二节　概率教学范式

《义务教育数学课程标准（2011年版）》把数学内容分为四大领域，其中一个重要领域就是"统计与概率"。"统计与概率"在生活中的应用是广泛而有意义的，大至一个国家，小至一个企业或者个人，社会的方方面面也都离不开统计与概率。在我们生活的世界中存在着大量的无法确定的随机现象，认识它们可以帮助学生科学地认识世界，做出决策，可以说现实生活已经先于数学课程将概率推到了学生的面前。

基于"概率课"教材的特点和小学生认知发展规律，我们通过主题研讨、集体备课、多次磨课、评课议课等活动，对"爱种子"教学平台中已有的导学案设计进行再加工，优化"概率"这一板块的教学，形成了"爱种子"实验背景下"概率"的教学范式。

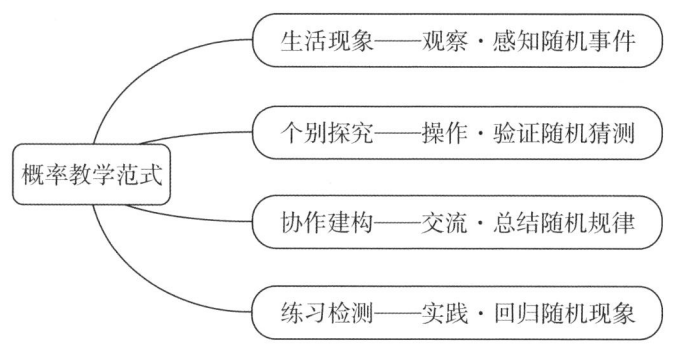

一、适用范围

统计与概率是义务教育阶段数学课程的四大教学领域之一。小学阶段涉及统计与概率知识的"可能性"内容，北师大版小学数学教材分别安排在四年级上册和五年级上册（见表5-2-1）。其中，四年级上册教材主要是通过学生在日常生活中经常见到的掷硬币、投骰子、转轮盘、摸球游戏等简单随机现象的实例，让学生在活动中知道有些事件的发生是具有不确定性的，并会列出简单随机现象中的可能性结果，用"可能""一定""不一定""不可能"对一些简单随机现象发生的可能性大小做出定性描述。五年级上册教材则侧重借助"下棋谁先走才公平""抛瓶盖决定谁与智慧老人一起去看比赛"两个情境，帮助学生认识可能性，判断规则的公平性，并设计公平的规则；借助"灰箱问题中的摸球游戏"，帮助学生了解数据的随机性。

表5-2-1 "统计与概率"领域内容结构

册次	内容	所在单元	教材版页面	课时数
四年级上册	感受简单的随机事件，初步感受可能性有大有小	第八单元 可能性	4	2
五年级上册	进一步感受可能性有大有小；通过一些游戏和活动，初步感受数据的随机性	第七单元 可能性	5	3

以上表内容作为教学内容的"自主学习"课型均可应用于"爱种子"实验背景下"概率"的教学范式。

二、运用策略

（一）生活现象——观察·感知随机事件

《义务教育数学课程标准（2011年版）》中指出："课程内容的选择要贴近学生实际，有利于学生体验与理解、思考与探索。"实际生活中存在着许多与概率有关的现象，因此在教学实践中，教师应注意为学生营造"随机"环境，让学生亲身体验到事件发生的随机性。教师精心设问，适时质疑，引导学生提出猜想，这样更能与学生的已有认知经验形成无缝连接，产生共鸣，促进新知的构建。结合教材编排和学生年龄特点，可以尝试用以下三种方式引导学生感知事件的随机性，激发学生的学习需求。

1. 密切联系生活，设计生活情境

概率的教学不能脱离现实生活，变成单纯的解决数学问题。在小学生的生活经验中，已经有大量的可能性事件，设计教学情境的时候就可以利用现实的情境或材料进行教学设计，这有利于培养学生的统计意识、提高运用知识解决问题的能力。

例如，在教学北师大版小学数学五年级上册的"游戏的公平性"时，为了激发学生的学习兴趣，教师问学生："你们玩过飞行棋吗？"这时学生的眼睛一个个都亮了起来："当然玩过啊！"学生们显得有些兴奋。"飞行棋这个游戏一般来说先走的那个人会占据一定的优势，你们平时都是采用什么方法来决定谁先走呢？"教师紧接着问道。"我一般用'石头、剪刀、布'的方式决定！"一个声音说道。"我习惯用猜手心手背的方式！"另外一个声音说道。一个小男孩认真地说道："我和朋友都是直接转骰子，谁大谁先走"……在交流完一系列的判断方式之后，教师笑着问学生："你们觉得你们的方法公平吗？"课堂瞬时陷入了一片沉静，学生不太敢回答这个问题，生怕出错。教师接着说道："这个简单的问题涉及'游戏的公平性'问题，也是你们经常在生活中遇到的问题，现在你们愿意跟着老师一起来探究这个问题吗？"学生的好奇心被充分调动，一个个都兴致盎然地点点头，这就为接下来的学习奠定了良好的基础。数学课本中的教学内容在现实生活中不乏原型，教师在教学的过程中应当充分联系学生的生活，将学生对生活的热爱之情转化为对数学学习的浓厚兴趣。

2. 引入课堂游戏，激发学习兴趣

《义务教育数学课程标准（2011年版）》中提出："有效的数学教学活动是教师教与学生学的统一。"由此可见，只有实现了教与学的统一，才能保证课堂教学活动的有效性。而有效教学又是教师追求的最终目标，因此，数学教师当然希望自己的课堂能够吸引学生，让学生既能积极参与教学活动又能掌握所学的知识。众所周知，处于小学阶段天真烂漫的学生对于游戏是没有抵抗能力的，不得不承认的一

点是，相较于学习，游戏是他们更为热衷的活动。在"概率"的教学中，教师应当充分利用游戏的引导性，把游戏带入学生眼中单调乏味的数学课堂，改良学生对数学课堂的印象，激发他们的活力，进而使他们取得更好的学习效果。利用游戏来引导学生认识"概率"是非常有效的一种策略。

例如，在北师大版小学数学四年级上册"可能性"的教学中，教师可组织学生进行一次抛硬币的游戏活动，让每个学生都能切身体验抛硬币的游戏；接着进行"竞猜"环节，让每个学生根据自己的主观意识猜猜是正面的可能性大还是反面的可能性大，学生"一反常态"，在游戏的过程中保持集中的注意力，积极地参加竞猜环节。

在传统的教学中，抛硬币只是存在于课本之中的一个游戏，对学生而言并没有太大的说服力，而如果将这个简单的游戏引入课堂，就可收到极佳的教学效果。因此，教师一定要利用游戏强烈的引导作用，帮助学生感知概率的相关知识，让学生在游戏中学习。

3. 通过故事导入，激发探索欲望

故事能在第一时间抓住小学生的注意力，它能把枯燥无味的数学知识变得生动有趣，引人入胜，更有利于活跃学生的思维，调动学生对学习的积极性。

如在北师大版小学数学四年级上册"可能性"第一课时的教学中，教师用《一休智斗天皇》这个故事进行引入。

师：大家认识他吗？这是一休，一个聪明又可爱的日本小和尚。老师有许多有关他斗智斗勇的传奇故事，大家想听吗？

师：天皇嫉妒一休的聪明与勇气，处处为难一休。有一天，天皇把一休关进了死牢。按照法律规定，死囚在临刑前还有最后一次选择生死的机会，那就是大法官拿来一个盒子，里面装着写有"生"和"死"的两张纸条，一休摸到写有"生"的纸条则可以生还，摸到写有"死"的纸条便会被天皇处死。

师：你们认为一休摸纸团会出现什么结果呢？谁能用"可能"说一句话预测一下结果呢？

生：他有可能摸到写有"死"的纸条。

生：一休可能摸到写有"生"的纸条。（师板书：可能）

师：可天皇偏偏想让一休死，于是天皇派人偷偷拿走了盒子里写有"生"的那个纸条，换成了一个写有"死"的纸条。这回，同学们想一想，结果会怎么样？谁能用"一定"或"不可能"来预测一下结果？

生：一休一定会摸到写有"死"的纸条。（师板书：一定）

生：一休不可能摸到写有"生"的纸条。（师板书：不可能）

师：一休难道就真的没有救了吗？其实生活中有许多一定发生、可能发生、不可能发生的事情。今天我们就一起来研究生活中的可能性，相信通过我们的学习，一定能救出聪明的一休。（师板书：可能性）

（二）个别探究——操作·验证随机猜测

参与实践是孩子们最乐意的活动。在学习中他们更喜欢自己去经历实践，去探索发现。他们也许会相信你告诉他的，但他更愿意相信自己看到的、经历过的。波利亚也说过：学习任何知识的最佳途径是自己去发现。因为这种发现理解最深，也容易掌握其中的内在规律。

此时的验证猜测活动应具有如下特点。

1. 精心设计自主学习单

设计好一份自主学习单，一堂课就成功了一半。自主学习单设计的关键是围绕核心学习目标创设具有适度挑战性的数学问题情境，让学生尝试着去"做"，促进学生在做中学、做中思、做中悟。

2. 目标明确

学生在验证猜测活动中，要有预定的并愿意为之努力的目标，该目标在学生的思维和探索活动中的方向是明确的，而且是学生有能力完成的，又有一定可探究性，保证探索活动有一定的效率。

3. 可操性强

教师要根据学生的知识水平、学习能力，帮助学生设计验证活动，并适时地给予方法指导。多鼓励学生独立探索新知识，如掷硬币、投骰子、转轮盘、摸球游戏等都是符合学生特点的，学生是可以完成的。

4. 有可创造性空间

在验证活动中，应体现学生的主体地位，最大限度地为学生创造动手操作、独立探索新知的时间和空间，不轻易铺垫，不轻易讲解，不轻易暗示，让学生尽可能地自己去领悟、去理解。在验证活动中，教师不仅可以让学生得出结论，还可以提出更开放的任务，如奇思妙想的方法公平吗？若不公平，应该怎样修改能使双方都公平？或者留给学生填写自学过程中存在的问题与建议等都是可行的。

5. 恰当使用微课

微课作为辅助教学的重要手段，其设计一般与自主学习任务单、课堂教学互相补充，是层层深入的。概率课一般会设计比较多的操作来验证猜想，这时使用微课就能很清晰明了地让学生看清实验的过程与结果。但教师也要恰当使用，如果已经有学生通过活动得出结果，再让学生展示会更有说服力和体现学生本身的示范作用，这时就不需要播放微课了。因此，微课的使用也要具体问题具体分析。

（三）协作构建——交流·总结随机规律

验证之后，教师要不失时机地引导学生说一说、议一议，相互交流，达成共识。在此基础上，让学生理一理，准确地归纳概括出知识结论。归纳时教师要引导学生深刻理解结论的普遍性和结论中的每一句话。这时教师可以做出总结，肯定其正确之处、纠正其错误之处，以使学生得到较完整的数学知识的认识。

1. **精心设计一份合作学习单**

合作学习的内容要有一定难度，问题要有一定的开放性。要设计好一堂课的每个环节大约用多少时间，什么内容需要合作学习，合作学习的时间是多少，等等。

2. **合作学习分工明确**

教师对全班学生的分组，最好按照异质分组，就是说每个小组中成员的组织能力、学习能力、学习成绩、思维活跃程度、性别等都要均衡。

3. **教师要适时指导**

教师要针对每个小组的表现再做具体的指导，促使每个小组都进行反思，这样才会慢慢形成小组合作学习的良性循环。

4. **汇报总结**

各小组派代表进行汇报，让全班同学共同评议，激活全班同学的思维。其他小组有不同意见或想法，可及时进行补充，在互动中总结、优化方法。这样，让学生在集体评议中学会倾听，学会思考，取长补短，共同进步。

由于学生对概率理解上的差异，面对同样的问题，学生中会出现各种各样的思维方式，产生各种不同的结果，个人的构建会因经验的局限而有失偏颇。因而让学生在自主探索的基础上进行合作交流，是概率学习的一种有效途径。它能为学生提供更多参与交流讨论的机会，能满足学生充分展示自我的心理需要。它可以集中集体的智慧，相互补充，有机融合，实现双赢，使学生在获得知识的同时，培养与他人交往的能力，增强与他人合作的意识。

（四）练习检测——实践·回归随机现象

学生经历感知—操作验证—交流总结的活动，构建自己的认知结构，这只是其中的一个方面，数学学习还需要灵活运用数学知识解决实际问题。让学生主动尝试从概率知识的角度寻求解决问题的方法，给学生提供广阔的思维空间，使学生感受到概率的价值，生活中处处有数学，处处用到数学，从而增强数学的应用意识。

1. **设计基础性题型**

此种类型的题目可设置填空题、判断题。例如，想一想、填一填。

盒子里有两种不同颜色的球，奇思摸了30次，摸球的情况见表5-2-2。

表5-2-2 摸球情况

颜色	红色	蓝色
次数	9	21

根据表中的数据推测，盒子里（   ）色的球可能多，（   ）色的球可

能少。

   2. 设计综合性题型

   例如，用"可能""一定""不可能"说一说生活中事件发生的可能性。

   3. 设计拓展性题型

   拓展性题型如图 5-2-1 所示。

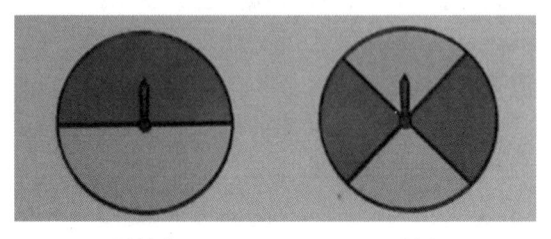

甲转盘　　　　　　　乙转盘

图 5-2-1　设计拓展性题型

（1）甲转盘是奇思设计的，请你确定规则，使游戏对双方公平。

（2）乙转盘是淘气设计的，请你确定规则，使游戏对双方公平。

   4. 设计操作性题型

   例如，请你也设计一个转盘，并确定一个对双方都公平的游戏规则（见图 5-2-2）。

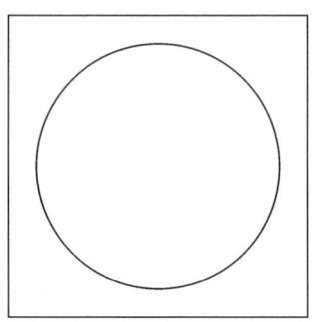

图 5-2-2　操作性题型

三、概率课教学的教学建议

   1. 必须为学生提供现实性的学习背景

   数学即生活，现实生活是孕育数学的沃土，概率的教学内容同样也源于学生的现实生活，因此，在教学中要捕捉生活背景与学习材料之间的内在联系，以学生喜闻乐见的贴近学生现实生活的情境来呈现，帮助学生用生活中的经验和实例学习数学，理解数学，感受数学。例如，在教学"游戏的公平性"时，可以这样唤醒学生已有的常识和经验：同学们玩过飞行棋吗？一般用什么方法决定谁先走呢？学生有回答用剪刀、石头、布的，有用掷硬币的，有用猜手心手背的，等等。这种可以决定谁先谁后的经验在儿童中是经常被用到的游戏规则，也是这节课中"公平性"的生活原型。

2. 重视学生试验经验的积累，体验"可能性"

数学教学中要充分考虑学生主体性的发挥，为学生进行数学活动提供充分的思维空间和从事数学活动的机会，让学生亲历"做数学"的过程，这在可能性的探究中表现更为明显。可能性研究的是随机事件发生偶然性中的必然规律，所以如果不经历随机的体验过程，学生是很难建立相关观念的。随机试验、数据分析和结论推断可以让学生体验日常生活中存在的大量不确定性现象，有些事情可能发生，有些事情不可能发生，分析这些现象可以找到规律，渗透随机和概率思想。

3. 正确处理试验时的"极端"数据

随机事件的统计规律，实际上要排除大幅度偏离实验事实的极端情况，因为这些情况的发生在大量的试验中将是小概率事件。但学生没有系统的概率知识，这无法和他们解释。当他们面对自己手中杂乱的 10 次或 40 次的试验结果，找不到规律，思考就会遇到障碍。为了帮助学生跳出困境，教师可以引导学生将数据累积起来看：10 次、40 次、160 次……再联系历史上数学家的试验数据，启发他们以抛掷的总次数为"参照物"，用相对的眼光来观察数据，从而发现随机事件的统计规律。这样组织学生体验可能性，更符合概率的思想。

4. 注重对学生进行评价

评价时一定要坚持自评、互评和综合评定相结合。一般自评和互评是在小组内部进行的，而且在整个小组合作学习过程的不同阶段都要进行。因为有了小结评价，才能促使学生对自己的学习进行反思，有反思才有进步的可能。在"爱种子"教学模式的小结评价中，主要有知识性的评价和表现性的评价。其中，知识性评价主要是评价学生对本课学习目标的达成情况，指向知识目标的达成，多以"练习"的方式进行。这样能有效地检测学生的学习效果，并根据学生答题的情况了解学生存在的问题，从而调整教学节奏和内容。因此，这样的评价能很好地落实"教、学、评"三位一体的教学理念。表现性评价主要指向学生学习的情感、态度和价值观。这样的评价能有意识地引领学生在学习中注意培养自己的情感、态度和价值观，从而形成正确的学习态度，培育正确的价值观。"爱种子"教学模式很重视这样的评价，往往会在每节课结束前都要进行这样的评价，这就是立德树人最根本的体现。

【教学案例18】

概率教学范例
——以北师大版小学数学四年级上册"不确定性"导学案为例

清远市师范学校附属小学　肖春梅

一、课前慎思

"不确定性"这一课是北师大版小学数学四年级上册第八单元"可能性"的第一课时。首先,"不确定性"一课是让学生在有趣的游戏中,初步感受不确定现象,初步体验有些事件的发生是确定的,有些则是不确定的。要求学生能够用一些诸如"可能""一定""不可能"的词语来描述事件发生的可能性,并不要求学生求出可能性的大小。其次,教材的设计以活动为主,呈现了更大的开放性和灵活性,为学生提供了更多的思考和探索的机会。"不确定性"一课让学生进一步学习了概率的知识,体会了不确定性,为学生五年级学习可能性大小定量描述做铺垫。我们结合学情拟定了学习目标,并围绕学习目标与"概率"教学范式,两者相融制定以下四个教学环节。

二、教学实践

第一个环节:生活现象——观察·感知随机事件

1. 教师播放经典历史故事——《狄青百钱定军心》的视频。
2. 让学生猜测铜钱下落后的结果。
3. 教师引导学生认识硬币的正反面。
4. 小结:硬币有正面和反面,印有数字的一面叫正面,印有花纹的一面叫反面。

【设计意图】通过观看视频,然后让学生猜想铜钱下落后的结果,创设一个问题情境,调动学生学习的积极性,活跃课堂氛围。

【教学建议】①学生观看视频。②预设学生回答可能是正面也可能是反面。③学生了解硬币的正反面。

第二个环节:个别探究——操作·验证随机猜测

1. 教师组织学生独立掷硬币验证刚刚的猜想。
2. 出示掷硬币活动的学习要求。

(1) 想一想:掷一枚硬币,落下后的情况可能会怎样?

(2) 掷一掷:掷一枚硬币,观察落下后的实际情况。

(3) 先猜想再掷,掷完一次填写一次,用"正"表示正面,用"反"表示反面。

(4) 掷完10次后认真观察下面的实验活动记录单,思考有什么发现。

实验活动记录单

第几次	1	2	3	4	5	6	7	8	9	10
我的猜测										
实际结果										

实际结果：有（   ）次正面朝上，有（   ）次反面朝上。猜中了（   ）次。

我发现：_____。

3. 教师组织学生进行掷硬币活动的个别探究。

4. 教师组织学生上台汇报学习单。

5. 小结：像掷硬币这样，硬币落下时可能正面朝上，可能反面朝上，它的结果是随机的，不能确定，这就是我们数学中的不确定现象（也叫随机现象）。

【设计意图】在这里，教师设计了掷硬币的游戏，通过这个游戏，引导学生总结在游戏中发现的规律，那就是在猜测过程中，可能猜对也可能猜错，而硬币有可能正面朝上，也有可能反面朝上，结果是不确定的。让学生亲身体验事件发生的不确定性，认识随机现象，拉近了数学与生活的联系，激起学生的探究欲望。

【教学建议】①学生认真阅读学习要求。②学生进行掷硬币活动。③每掷完1次，学生马上填写学习单。④学生上台展示学习单，并汇报掷10次硬币的结果，说说自己的发现及想法。

第三个环节：协作构建——交流·总结随机规律

1. 教师组织4人小组合作开展摸球中大奖游戏。（摸中黄球会中奖）

2. 教师出示开展摸球游戏的活动要求。

（1）操作员摇球，小组成员轮流摸一次球，并说出球的颜色，摸后放回箱子，记录员做好记录。

（2）4人都摸完后，打开箱子看一看球的颜色，并做好记录。

（3）用"一定""可能""不可能"描述摸出球的情况，并写一写。

3. 教师巡视小组摸球活动，并进行指导。（巡视过程中，针对有序开展合作的小组，发奖励卡。）

4. 教师组织小组成员派代表上台进行汇报，并适时板书：一定、不可能、可能。（针对积极参与汇报、表达流畅的小组，发能量卡。）

5. 根据小组汇报，让学生合作讨论发现。

确定事件用（   ）或（   ）来描述；

不确定事件用（   ）来描述。

6. 小结。像这样，结果只有一种的情况，我们可以用"一定""不可能"来描述，这种确定事件，也叫必然现象。（板书：必然现象）有些事件的发生是不确定的，可能发生，也可能不发生，可以用"可能"来描述，这样不确定的事件又

称为随机现象。这些随机现象和必然现象，组成了我们今天要学习的内容：不确定性。（板书课题）

【设计意图】通过设计摸球游戏，调动学生的学习兴趣。在玩中教会学生用"一定""不可能""可能"来表述事件发生的确定性和不确定性，这一活动为后面学习可能性的大小做好铺垫，起到"引路导航"作用。同时，在摸球游戏中，开展了动手操作、合作交流的学习方式，突出了学生的主体地位。而学生活动的设计更体现了"学生是数学学习的主人"的基本理念。

【教学建议】①学生认真阅读合作学习要求。②小组长把准备好的学具放在桌面。③以小组为单位开展摸球活动。④三个小组的代表上台汇报。⑤师生交流总结随机规律。

第四个环节：练习检测——实践·回归随机现象

◆ 课堂检测

1. 在（　）里填上"一定""可能"或"不可能"。

（1）轮船（　　　）在水上行驶。

（2）掷一枚骰子，（　　　）出现点数 3 朝上。

（3）一个角的度数小于 90°，这个角（　　　）是钝角。

2. 按要求涂一涂。

（1）摸出的不可能是蓝色的三角形。

（2）摸出的一定是绿色的正方体。

（3）摸出的可能是红色的球。

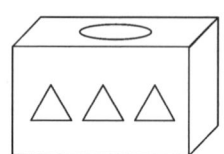 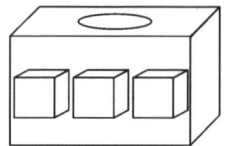 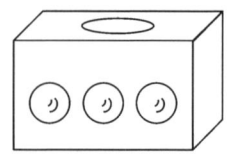

3. 用"一定""可能""不可能"说一说生活中一些事情发生的可能性。

月球一定绕着地球转。　　离开水，鱼儿不可能生存。　　淘气可能会中奖。

【设计意图】此环节设计巩固了学生学习的新知，让学生用所学到的知识判断生活中事件发生的可能性，加深了应用意识。用多样并富有层次的练习，调动学生的学习兴趣。

【教学建议】学生通过填一填、涂一涂、说一说进行闯关练习。

◆ 课堂评价

1. 基础题。(请用应答器选择正确答案)

(1) 今天是星期二,明天（　　）是星期六。

　A. 一定　　　　　　　B. 可能　　　　　　　C. 不可能

(2) 小东的年龄（　　）比他爸爸的年龄小。

　A. 一定　　　　　　　B. 可能　　　　　　　C. 不可能

(3) 一周后（　　）下雨。

　A. 一定　　　　　　　B. 可能　　　　　　　C. 不可能

2. 能力题。(请用应答器判断对错)

(1) 没有水,人类不可能生存。(　　)

　A. √　　　　　　　　B. ×

(2) 莉莉的成绩很好,明天的考试一定得满分。(　　)

　A. √　　　　　　　　B. ×

(3) 太阳不可能从东方升起。(　　)

　A. √　　　　　　　　B. ×

3. 素养题。(请用应答器选择字母)

(1) 我（　　）用"一定""可能""不可能"来描述简单事情发生的情况。

　A. 学会　　　　　　　B. 不会

(2) 我（　　）与同学分享生活中一些事情发生的可能性。

　A. 学会　　　　　　　B. 不会

【设计意图】根据本节课的内容,教师利用客观题和主观题,对学生的知识、能力和素养等方面进行发展性评价。

【教学建议】教师让学生用应答器回答问题,如果基础题和能力题正确率高,教师表扬学生;反之,教师应选择这两类题中错误率高的题进行师生交流,并在后续的练习课中加强训练。

◆学习评价

1. 教师引导学生从以下三方面谈收获:

(1) 我有3个例子;

(2) 我有2个发现;

(3) 我有1个问题。

2. 教师播放视频（回应课前的小故事——狄青抛100枚钱币,全部正面朝上的情况,并引出下一节课的内容）。

3. 教师送给学生的学习寄语。

4. 进行学习评价。

让我们用数学的眼光来审视这个故事,抛100枚钱币,有没有可能全部正面朝上?

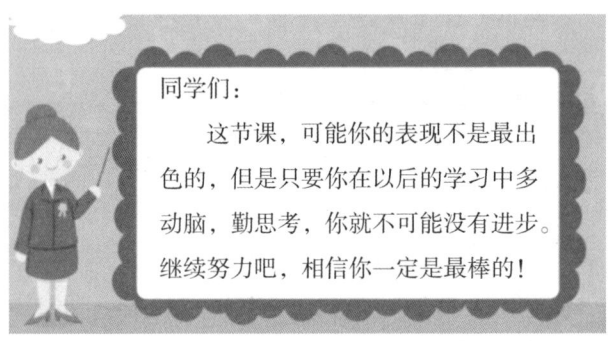

同学们:
　　这节课,可能你的表现不是最出色的,但是只要你在以后的学习中多动脑、勤思考,你就不可能没有进步。继续努力吧,相信你一定是最棒的!

（1）组与组之间的评价:颁发"最佳合作小组"勋章。根据每个小组获得的奖励卡进行评选。（评选出前3名的小组）

学生之间的评价:评一评你最欣赏哪个同学的表现。给你最欣赏的同学比心或点赞!

【设计意图】教师引导学生从三个方面谈收获,既可以锻炼学生的语言表达能力,也可以提高学生的语言概括能力。回顾本课时的学习内容,能使学生更深刻地理解不确定现象和确定现象。对所学的知识进行拓展,活化了学生的思维。学习寄语更能体现知识的活学活用,让学生充分体会数学来源于生活,又回归于生活。以多样化的评价,激发学生的内驱力。

【教学建议】①学生谈收获。②学生认真观看视频,了解狄青把可能发生的随机现象变成一定或不可能发生的必然现象。③学生齐读学习寄语。④三个小组的学生上台领奖。⑤学生评出自己最欣赏的同学,进行点赞或比心。

第六章
综合与实践范式构建

　　《义务教育数学课程标准（2011年版）》在教学内容中设置了四个部分，"综合与实践"是其中一个重要内容，这是《义务教育数学课程标准（2011年版）》的一个特色。北师大版"数学好玩"的名字取自2002年在北京举行的国际数学家大会上，91岁高龄的数学大师陈省身先生为少年儿童的题词。设计这一单元的目的是激发学生学习数学的兴趣，体会数学思想，锻炼思维能力，积累思考经验，开阔眼界。

　　北师大版"数学好玩"单元包括两部分内容，我们根据"数学好玩"单元的特点，整理和编写了两个部分的教学范式。第一部分是综合与实践，我们把这部分做成"综合与实践"教学范式；第二部分是其他内容，我们把这部分做成"专题活动"教学范式。

第一节 综合与实践教学范式

北师大版小学数学教科书"数学好玩"单元包括两部分内容,第一部分是综合与实践。这部分的内容,指一类以问题为载体、以学生自主参与为主的学习活动。在学习活动中,学生将综合运用"数与代数""图形与几何""统计与概率"等知识和方法解决问题。"综合与实践"的教学,通过问题让学生把学习的数学知识整合起来,在解决问题的过程中体会数学,比较完整地理解数学,沟通生活中的数学与课堂上数学的联系,使数与代数、几何与图形、统计与概率的内容以综合的形式出现。

小学数学"综合与实践"的教学目的在于借助观察、体验、实践日常生活中的数学知识,提升数学趣味性、实用性,在"玩乐"中潜移默化地增强学生的数学应用能力和综合素质。小学数学教材中"综合与实践"板块的教学,关键在于知识、情感态度的构建与迁移,要着重关注学生的学习体验,激发其自主学习的动能,在探索、发现过程中感受数学的应用价值和文化意义。现在很多地区,为了应试教育,往往会忽略这个板块的教学,甚至不展开这个板块的教学,也就是说,到目前为止很多地区的小学对"数学好玩""综合与实践"板块的研究还缺乏一个理论基础。适合小学数学系统的"综合与实践"课堂教学的可操作性的研究较少,因此,有必要对这方面进行系统的研究,丰富这一领域的研究成果。

基于以上分析,我们通过主题研讨、集体备课、多次磨课、评课议课等活动,对"爱种子"教学平台中已有的导学案设计进行再加工,优化"综合与实践"这一板块的教学设计,形成了"爱种子"实验背景下综合与实践教学范式。

第一个环节:拓展延伸——观察生活,产生活动任务
第二个环节:综合分析——梳理问题,提出设计方案
第三个环节:创意设计——探索运用,经历动手实验
第四个环节:分享评价——内化提升,归纳交流反思

北师大版小学数学每学期把"数学好玩"独立为"综合与实践"板块,目的是提高学生综合运用所学知识的能力,并在活动过程中积累活动经验。以北师大版小学数学教材为例,综合与实践贯穿小学阶段1—6年级共12册教材中,具体内容见表6-1-1。

表 6-1-1　小学阶段教材综合与实践内容

册别	具体内容
一年级上册	"淘气的校园"
一年级下册	"分扣子"
二年级上册	"班级旧物市场"
二年级下册	"上学时间"
三年级上册	"校园中的测量"
三年级下册	"小小设计师"
四年级上册	"滴水实验"
四年级下册	"密铺"
五年级上册	"设计秋游方案"
五年级下册	"'象征性'长跑"
六年级上册	"反弹高度"
六年级下册	"绘制校园平面图"

根据课程标准的要求，每学期安排1次综合与实践活动，有的是课内完成，大部分需要课内外相结合。进一步明确了综合与实践的内涵，重新设计了12册教材的内容。第一学段通过"议一议""做一做""想一想"的活动过程，第二学段通过"活动任务""设计方案""动手实验""交流反思"的活动过程，鼓励学生"从头到尾"思考问题。在活动最后设计了"自我评价"栏目，鼓励学生对自己的活动过程进行评价。

一、拓展延伸——观察生活，产生活动任务

"爱种子"综合与实践课型的第一环节是拓展延伸，数学来源于生活，存在于生活，应用于生活，生活中有数学的特点。学生不是一张白纸，而是一个活生生的人，在他们的头脑中已经积累了许多生活经验。教师在教学中要充分利用这些生活经验引出数学问题，引起一种学习的需要，从而使学生能积极主动地投入到学习探索之中。

在第一环节中，通过拓展延伸，让学生从熟悉的生活现象和感兴趣的事物出发，发现数学问题，产生活动任务。

（一）在操作中产生任务

在数学教学中，学习兴趣是学生获取知识的一个积极、活跃的心理因素，学生

的学习兴趣主要倾向于学习活动本身和教学内容的趣味性，而动手操作更能起到这方面的作用。在实际操作中，可以激发学生的学习兴趣，从而激发学生的创新能力，在操作中发现问题，产生活动任务。

（二）在故事中产生任务

故事在小学数学课程的教学中能够发挥积极的作用。这首先源于学生们对故事的喜爱与热衷，在教学中适当穿插有意思的小故事，不仅能够很好地吸引学生的兴趣，还能引发学生思考，让学生对课堂学习更为投入。以故事作为教学导入同样是一个非常好的尝试，故事的导入不仅简单易懂，还能迅速将学生带入教学情境中，让大家的注意力更为专注。尤其是对于那些有一定难度或者学生理解与记忆普遍存在障碍的教学内容，在常规的教学模式下学生接受这些内容往往存在一定难度，若能将问题融入故事中，则可以更容易让学生发现数学问题、产生活动任务。

（三）在视频中产生任务

观看小视频，通过生动的动画，学生注意力更加集中，而且视频能将导入的内容更形象地呈现出来，让学生在观看和倾听中发现数学问题，从而产生活动任务。

二、综合分析——梳理问题，提出设计方案

通过观察，学生发现数学问题，通过与同桌或是小组讨论交流分析，对所发现的问题进行梳理，整理出有价值的数学问题，从而提出相应的设计方案。

例如，教学北师大版小学数学五年级上册"设计秋游方案"时，结合实际情况，拓展为"设计'智游清远'方案"。

在这一环节中，师生继续谈话：为了"智游清远"，同学们在设计方案时都做了哪些方面的考虑？（结合学生的回答：时间、路线、租车、门票、游览项目、汇总费用及安全问题等）需要收集这么多信息，如果一个人去完成应该是件不容易的事情，你们是怎么收集的？（学生汇报本组如何进行分工合作），最后通过平台展示方案的基本框架。

通过"脑洞大开"环节，引导学生有序思考：解决问题的策略、方法，完成任务的思路、方式。在一次次的交流中帮助学生构建设计方案的框架。

三、创意设计——探索运用，经历动手实验

心理学家皮亚杰指出："活动是认识的基础，智慧从动手开始。"长久以来，在应试教育的背景下，往往只重视知识的传授，而忽略了学生动手能力和实践创新能力的培养，导致不少学生只能机械地应付考试，在解决实际问题时却束手无策。

现代教育理论认为，培养学生的创新精神和实践能力是小学数学教学的重要目标之一。《义务教育数学课程标准（2011年版）》也指出："有效的数学学习活动不能单纯地依赖模仿与记忆，动手实践、自主探索与合作交流是学习数学的重要方式。"可见，动手操作应成为小学数学课堂教学中一种重要的教学形式。如何激发学生学习数学的兴趣，增加学生的参与程度，增进对新知识的理解和运用？教师应根据教学内容，在设计教学方法上有意识地将数学知识与身边的生活实际联系起来，能让学生动手操作的尽量让学生自己去实践，使学生亲身感知、体验数学知识的形成过程。

在这一环节中，各个小组成员根据自己的职责动手合作，让每个学生都参与其中，体验数学的有趣。

四、分享评价——内化提升，归纳交流反思

要培养学生的思维能力，一种行之有效的方法就是引导学生进行内化提升，和同伴交流反思。

（一）全班交流设计方案

在这一环节可以先展示各小组的设计方案，然后负责同类信息收集和整理的学生组团参观学习交流。在参观学习时，重点关注：自己负责的那部分跟其他小组比较，有什么不一样？与其他同学交流：哪个小组设计的方案更合理，更智慧？

在开展互评互学前，教师给学生提示观察点和评价要素，以引起学生关注关键点，进而更好地引导学生开展评中学、学中评的活动。

（二）全班交流，分享评价

通过分享设计方案，组织学生进行互评互学活动，让学生在评中学、学中评，相互促进、相互反思，相互碰撞激发创新思维和能力的过程中共同形成最优方案，真正实现学生"学有所得""评有所得"。

教师可以让各个组长结合方案的基本框架解说本组设计方案的亮点，引导学生按项目逐一进行分享交流，注意发现错例并鼓励学生进行辨析，还可以利用应答器选出项目最佳设计组。

五、其他事项

（一）多元化评价

多元化学习评价体系是对学生知识、能力、素质进行综合评价的多元系统，反

映评价的内容、过程、方式、方法、手段及其管理等环节的多样性。建立多元化的学生学习评价体系是素质教育的必然要求，是因材施教和发展学生个性的需要，也是高等教育多类型、多规格、多层次发展的需要。因此，多元化学生学习评价体系对培养具有创新精神和创新能力的高素质人才，构建科学的课程考核体系和学生学习评价体系，提高课程教学质量具有重要的意义。

新课标指出：对学生学习的评价要关注学生学习的结果，更要关注学生的学习过程；要关注学生数学学习的水平，更要关注他们在数学活动中所表现出来的情感与态度，帮助学生认识自我，建立信心。新课标还指出："应建立评价目标多元，评价方法多样的评价体系。"由于课堂教学是一个多元空间，是在一个连续的时间内进行的，要想对学生学习状况的评价更加客观公正，必然要采取各种各样的评价形式。

数学教学过程是师生交往、积极互动、共同发展的过程，评价是联系教师与学生思维、情感的重要环节。在课堂教学中实施多元化评价，有利于学习信息的多方位、多角度的交流；有利于培养学生自我评价和评价他人的能力；有利于突出学生的主体地位，提高教学效率；有利于因材施教，充分调动不同层次学生的积极性，使学生体验成功，建立自信，促进学生主动、全面地发展。新课程理念强调要建立促进学生全面发展的评价体系，使评价不仅关注学生在语言和逻辑方面的发展，而且要发现和发展学生多方面的潜能，了解学生发展中的要求，帮助学生认识自我，建立自信，促进学生和谐、全面地发展。因此在教学过程中，教师要灵活应用"爱种子"平台特有的应答器评价方式及时对学生在各个环节中的表现进行评价，更要结合学生的学习行为、过程和效果，采取生生评价、师生评价、学生自评等形式进行多元评价，让学生获取较为客观的认知反馈，增加学生学好数学知识的信心和获得自身努力方向的指引。

（二）时间分配

提高教学质量的重点在于课堂教学，课堂教学时效性如何，直接关系到"减负增效"能否落到实处。课堂教学是实施素质教育的主渠道，实践能力和创新精神的培养，应该首先从课堂教学予以突破。"先学后教，合作探究，当堂达标"课堂教学模式的实质和精髓是：课堂教学应该是在教师指导下学生自主学习的过程，要准确把握、灵活运用。"先学"可以是在课堂上学生按照教师揭示的教学目标及学前指导进行看书、自学和练习，也可以是教师布置学生课前预习；"后教"就是针对学生自学中暴露出来的问题及错误，教师引导学生讨论，会的学生教不会的学生，教师只做引导、点拨、评定、补充与更正，把"教"的过程变成学生自主学习、合作探究、亲历实践的过程；所谓"当堂达标"，就是让学生当堂完成作业，通过扎实训练，实现教学目标。教师要认真贯彻"三为主"（即教师为主导，学生为主体，训练为主线）的原则，精讲精练，少讲多练，突出重点。课堂讲授时间不超出 15 分钟，训练时间不少于 25 分钟；课堂提问面向全体学生，兼顾好、中、差三个层次的学生，学生活动面不少于 60%；全方位进行课堂效益反馈，课堂达标率不低于 80%。

【教学案例19】

"爱种子"模式下的小学数学综合与实践教学

——以北师大版小学数学一年级下册"分扣子"导学案为例

清远市清城区凤翔小学　胡婉桦

一、课前慎思

本课例的名称是"分扣子"，是北师大小学数学一年级下册的内容，这是一节数学知识的综合与实践课。整个教学设计以学生的实践为主旨，根据所学知识对扣子进行分类，逐步提高学生的综合实践能力。

本节课结合"爱种子"模式——"互联网＋教学"的新模式，通过平台观看微课视频，运用应答器等手段，引导学生根据学习过程中的自主学习和小组合作学习进行自我反思和合作反思，从而引导学生开展基于问题的针对性再学习。

课前谈话导入"九大行星为何会变成八大行星"，让学生明白分类是有一定标准的，然后帮助淘气分好被打乱的扣子，最后让学生在真实生活情境中主动发现和提出数学问题，在超市中物品的分类、垃圾分类的教育中，学会按一定的标准分类。

二、教学实践

第一个环节：拓展延伸——观察生活，产生活动任务

师：妈妈要做一些纽扣花，但是纽扣被淘气打翻了，捡起来时乱糟糟的，怎么办呢？

生：分扣子。

（板书课题——分扣子）

师：同学们，扣子乱糟糟的，你打算怎么分呢？

第二个环节：综合分析——梳理问题，提出设计方案

1. 学生根据问题观察图中的扣子，小组讨论。
2. 教师指名回答。
3. 教师进行板书。（形状、扣眼数）
4. 教师出示合作要求。

（1）将扣子摊开平放在桌面上。

（2）小组合作动手分扣子。

（3）分完后将成果展示在桌面。

（4）汇报时可以这样说：我按照（　　）来分的，将扣子分成了（　　）类。

小组活动一：第一次分扣子

过渡语：同学们，请你们开始分一分。

1. 学生动手分扣子，教师巡视指导。
2. 学生汇报，展示分的过程。（师板书：按形状分、按扣眼数分）

小结：形状和扣眼数是分扣子的标准，按不同的标准分，结果可能是不同的。（板书：标准不同，结果不同）

【教学建议】在巡视中，教师选择按形状和扣眼数分的两种分法，准备呈现。

预设一：所有小组都按照标准分成了两类，就按照流程继续走。

预设二：有小组在分类时，已经分好了四类，教师就先将成果收到讲台，在讲评完两类后，呈现出来。问其他学生："你们能看懂这个小组的分法吗？"如果其他学生能说出来就稍微小结一下，如果不能说出来就问该小组的想法。自然导入下一个流程。

小组活动二：第二次分扣子

1. 引导学生观察这两类扣子是否可以继续分。
2. 学生说出分类的标准。
3. 小组动手继续分扣子，教师巡视。
4. 汇报展示。

小结：不管我们按什么顺序分，如果标准相同，一直分下去，最后每一类的扣子的形状相同，扣眼数也相同。（板书：标准相同，结果相同）

👍 小组评价：我能得　☆☆☆☆

【设计意图】引导学生在实际开展活动之前，先讨论分类的标准有哪些，为接下来的活动打下基础。再让学生选择标准分扣子，帮助学生体会分类是需要标准的，在不同的分类标准下结果可能是不同的。接着引导学生观察每一类扣子是否可以接着往下分，最后分成的结果是每一类扣子形状相同、扣眼数也相同。帮助学生提高把握图形特征、抽象出多个图形共性的能力。

第三个环节：创意设计——探索运用，经历动手实验

小组活动三：第三次分扣子

过渡：同学们的表现真出色！淘气看妈妈做了漂亮的纽扣花，他也让妈妈帮忙买了一堆纽扣。

课件出示（不同颜色的纽扣）。

1. 观察：请同学们认真看这些扣子，跟刚才的有什么不一样的地方吗？谁来说说打算按什么标准分类？
2. 猜想：如果按不同的标准分这些扣子，一直分下去，结果一样吗？

3. 验证：出示活动要求，学生动手分。教师巡视。
4. 汇报：展示分的过程。
5. 小结。（课件出示）

> 👍 小组评价：我能得 ☆☆☆☆

【设计意图】在第一个活动的基础上，提高活动的难度，按不同的标准分更多样的扣子，猜想一直分下去，结果是否会一样，再通过实际分一分进行验证，帮助学生进一步体会分类的意义。

第四个环节：分享评价——内化提升，归纳交流反思

过渡语：分类是在一定的标准下进行的，我们平时的生活中就有很多地方要用到分类的知识。

例如，超市物品的摆放，还有垃圾分类。（播放垃圾分类的视频）

◆课堂评价。（请用应答器完成下列三题）

1. 基础题。（请用应答器选择正确的答案）
(1) 下面哪一个属于有害垃圾（　　）。
A.　　　　　　　　　　B.
(2) 下面哪一个属于可回收垃圾（　　）。
A.　　　　　　　　　　B.
(3) 如果把一（5）班的学生分成两类，按什么标准（　　）。
A.　　　　B.　　　　C.　　　　D.

2. 能力题。（请用应答器判断对错）
(1) 有害垃圾包括废电池、过期药品和废纸等。（　　）
(2) 香蕉皮是不可回收垃圾，可以跟废电池一起丢到垃圾桶。（　　）

3. 素养题。（请用应答器选择字母）
(1) 我（　　）分类是有一定标准的。
A. 知道　　　　　　　　B. 不知道
(2) 我（　　）与同学和家人分享今天学到的分类知识。
A. 会　　　　　　　　　B. 不会

以上三题让学生独立完成。

教师根据平台显示的数据对学生进行表扬或鼓励。

【教学意图】根据本节课的内容，教师利用客观题和主观题对学生的知识、能力和素养三方面进行发展性的评价。

【教学建议】教师让学生用应答器回答问题，如果基础题和能力题正确率高，

教师表扬。反之，教师应选择这两类题中错误率高的题进行师生交流，并在后续的练习课中加强训练。

三、教学反思

师：同学们，这节课大家的表现很出色！能积极参与活动，并根据一定的标准进行分类。大家可以利用周末时间和家人去超市看看"食品区"是怎么分类摆放的，把自己的发现和同伴说一说。

你对自己本节课的表现满意吗？下面进行学习评价。

👍 学习评价

1. 我学到了：_____。　　　　　　　　　　　　（口述）
2. 我可以提一个这样的数学问题：_____。　　　（口述）

第二节　专题活动教学范式

北师大版小学数学教材每学期把"数学好玩"独立为"综合与实践"板块，目的是提高学生综合运用所学知识的能力，并在活动过程中积累活动经验。设计这一单元是小学数学新课程教材改革的主要变化之一，目的是激发学生学习数学的兴趣，体会数学思想，锻炼思维能力，积累思考经验，开阔眼界。这一单元包括"综合与实践"和"其他内容"两部分内容，"其他内容"包括数学游戏、数学趣题等。

美国心理学家布鲁斯指出：学习的最好刺激乃是对所学知识的兴趣。教学中恰到好处的激趣，能使学生迅速地进入最佳状态，并能主动积极、心情愉快地参与学习，能让学生在学习数学知识的过程中充分感受到学习数学的乐趣。如何让理性的数学课堂充满"趣"味？我们把研究的目光放在了"数学好玩"的"其他内容"教学上。

基于以上分析，我们通过主题研讨、集体备课、多次磨课、评课议课等活动，对"爱种子"教学平台中已有的导学案设计进行再加工，优化"数学好玩"这一板块的教学，形成了"爱种子"实验背景下"数学好玩"的专题活动教学范式。

第一个环节：激趣导入——生发兴趣，问题促思

第二个环节：知趣体验——深度体验，活跃思维

第三个环节：理趣展示——主动展演，互动交流
第四个环节：智趣练评——积极闯关，练中提升
第五个环节：玩趣拓展——拓展延伸，促进完善

一、范围

表6-2-1为北师大版小学数学教材"数学好玩"专题活动在整个小学阶段的内容结构表。

表6-2-1 小学阶段"数学好玩"专题活动

册别	专题活动
一年级上册	一起做游戏
一年级下册	填数游戏
二年级上册	寻找身体上的数学"秘密"
二年级下册	"重复"的奥妙
三年级上册	搭配中的学问、时间与数学
三年级下册	我们一起去游园、有趣的推理
四年级上册	编码、数图形的学问
四年级下册	奥运中的数学、优化
五年级上册	图形中的规律、尝试与猜测
五年级下册	有趣的折叠、包装的学问
六年级上册	看图找关系、比赛场次
六年级下册	神奇的带子、可爱的小猫

小学数学"综合与实践"的教学目的在于借助观察、体验、实践日常生活中的数学知识，提升数学的趣味性、实用性，在"玩乐"中潜移默化地增强学生的数学应用能力和综合素质。小学数学教材中"数学好玩"板块的教学，关键在于知识、情感态度的构建与迁移，要着重关注学生的学习体验，激发其自主学习的动能，在探索、发现过程中感受数学的应用价值和文化意义。

基于以上思考，教师应精心设计教学活动，以"趣"激趣，以"趣"启思，以"趣"促学，在快乐、自由、开放的课堂教学中推进深度学习，促进学生在激趣、生疑、体验、展示、评价等活动中自主探索，合作交流，发展核心素养。

二、教学策略

第一个环节：激趣导入——生发兴趣，问题促思

《义务教育数学课程标准（2011年版）》指出，课堂教学应激发学生兴趣，调动学生积极性，引发学生的数学思考，鼓励学生的创造性思维；应注重培养学生良好的数学学习习惯，使学生掌握恰当的数学学习方法。因此，教师要精心设计导入活动，激发学生兴趣，并提出问题，促进思考。

1. 活动中激趣

小学生的心理特征以形象思维为主，好奇好动，利用这一心理特征开展活动，不但可以满足学生好动的心理，激发学生学习数学的兴趣，还能让学生感受数学就在身边。

例如，在教学"可能性"时，教师在上课前可以准备红、黄、蓝、绿几种颜色的小球，按一定的要求放在四个袋中。上课时可让学生做"摸球游戏"，通过游戏体验了解哪些事情的发生是确定的。接着继续让学生做"装球游戏"，每组学生根据要求把球放入透明袋中，并比一比哪组快。最后请学生用"一定""不可能""可能"等词语描述生活中的一些事情。这样的教学，激发了学生学习知识的兴趣。

2. 猜谜语激趣

猜谜语是学生非常喜欢的一个教学形式，一则恰当的谜语，能激发学生的学习兴趣，促使他们认真思考、积极参与。

例如，在教学"钟表的认识"时，可出示谜语："没腿它会跑，没口它会叫，天天提醒你，每天要起早。"请学生打一生活用品。有趣的谜语一下就激活了学生的思维。

3. 讲故事激趣

小学生爱听故事，与教学内容紧密结合的故事，能把枯燥无味的数学知识变得生动有趣，引人入胜，能在第一时间抓住小学生的注意力。

例如，在教学"加法的交换律"时，讲了"朝三暮四"的故事。王伯伯给一群猴子喂桃，他对猴子们说："早上给你们喂三个，晚上喂四个，行吗？"猴子们一听都嫌桃子太少了，大声嚷道："不行！不行！"王伯伯想了想，笑着说："那好吧！早上给你们喂四个，晚上喂三个。"猴子们听了王伯伯的话，都笑了。为什么？学生纷纷发言。教师及时抓住时机进行引导：这里面还藏着数学知识呢，大家想不想知道？这样一下子就激起了学生的求知欲，调动了学生的学习兴趣。

4. 情境激趣

在教学中，可经常创设情境，变静为动、化虚为实，提高学生的学习兴趣。例

如，在教学"树上有9只小鸟，飞走了6只，还剩几只？"这道题时，先出示一张一棵树上画有9只小鸟的图片，让学生仔细观察，然后说出树上有几只鸟。屏幕上播放从原来树上的9只小鸟里飞走6只小鸟的画面。这时教师问："飞走几只小鸟？这6只小鸟是从哪里飞走的？"学生回答后，再让他们观察现在树上还有几只小鸟，并问学生："现在树上的小鸟数是用什么方法计算的？"这样通过课件的直观演示，不但能使学生的注意力高度集中，而且提高了学生理解题意、表达题意的能力。

第二个环节：知趣体验——深度体验，活跃思维

当问题产生后，教师应当引领学生经历自主探索、合作交流的过程，在深度学习的体验中活跃数学思维。作为教育的生命体——学生的发展是我们教学追求的落脚点，每一个学生都是一个独特的生命体，他们在学习新知之前都不是白纸一张，都有一定的认知基础，作为执教者的我们不仅要清楚这一点，更要学会用恰当的手段了解学生的学情，激活他们的认知基础，让新知的学习泊于旧知的基础之上，把新知的学习融于有趣的情境之中，从而为打造高效课堂奠定基础。数学活动的乐趣、智趣主要建立在学生丰富的体验之上，可以是各种感官都参与的游戏活动，可以是操作性的"玩"，也可以是小组内的对话交流，还可以是数学实验。知识与趣味性活动的结合让学生在活动中获得新知，在体验中感悟知识的思维之美，并贯穿课堂始终，提高了学生学习的兴趣和积极性，更让学生的思维得到了提升！

第三个环节：理趣展示——主动展演，互动交流

理趣实际应是理和趣的共同体，在教学实践中，坚持理趣思路，让学生在趣中悟理，在理中感趣，这既符合学生的认知需求，也是素质教育数学教学的基本要求。学生探究的过程伴随着理趣的体验，从而实现自主提升、共同发展。在学生的展演过程中，大部分学生能通过认真倾听展开积极的思考，并进行广泛的互动交流。这样的展示不能停留于小组研究成果的简单呈现，应更多地与操作、对话、辩论等相联系，需要教师激励学生大胆展示。当学生在体验中获得初步的感受之后，他们需要将体验的过程、探索的成果充分展示，跟其他同学分享交流。教师在这一环节的作用主要是激发学生展示的积极性。

第四个环节：智趣练评——积极闯关，练中提升

课堂检测是一节好课的必要环节，如何组织学生进行有效的课堂检测？传统教学更侧重静态练习，这种练习趣味性不浓，学生被动接受检测。如果充分运用趣味性的练习，将智力题目与趣味结合，会非常富有"智趣"。一方面，有些内容本身就具有游戏味，有些内容可以通过游戏的形式增强游戏色彩；另一方面，教师通过小组星级评定、进阶训练、闯关等游戏方式，对学生进行评价，可以激起学生的兴

趣，让学生在"玩中测"，由被动检测转化为主动检测。进行生生互评、教师点评等环节，评价后教师给表现突出的小组、个体"加星"，建立优秀小组、优秀成员排行榜，让学生在外在的激励下得到学习情况的反馈。

第五个环节：玩趣拓展——拓展延伸，促进完善

对于数学学科而言，拓展延伸能加深学生的理解，增加学生的知识积累，激发学生探求知识的愿望，培养创造性思维，让学生的学习过程得以延续，激发学生更强烈的学习自觉性，如能加入趣味的元素，会增加不少的"玩趣"。从形式方面看，更具有新颖性；从内容层次看，更具有开放性；从结构层面看，更具有延展性。这样的拓展可以是一节课核心知识点的趣味延伸，可以是与所学内容高度相关的游戏文化介绍，还可以是提升思维的进阶游戏，等等。

【教学案例20】
"爱种子"模式下的小学数学专题活动教学
——以北师大版小学数学二年级上册"寻找身体上的数学秘密"导学案为例
清远市清城区凤翔小学　胡婉桦

一、课前慎思

为了使学生"玩"好数学，我总是为学生提供一些好玩的数学素材，从学生身边或社会生活实践中选取一些学生感兴趣的问题作为教学的材料，创造性地使用或改编教学情境，使数学教学内容贴近学生的生活，激发学生"玩数学"的兴趣。

一节课的时间是有限的，但教师既然让学生玩了，就一定要给足他们时间，切不可草草收兵，敷衍了事。这样，学生才能在玩中真正地学会用数学的方法解决问题，才能真正感受到学好数学的价值。

二、教学实践

第一个环节：激趣导入——生发兴趣，问题促思（知道我们身上的"秘密"吗？）

1. 师：孩子们，你们听说过大神探福尔摩斯吗？让我们来听一个有关他破案的故事吧。

2. 师：你们想知道我们身上的"秘密"吗？这节课就让我们一起动手、动脑，寻找身体上的数学"秘密"吧。

3. 师：淘气妈妈已经发现了一个身体上的数学"秘密"，（出示课件）拳头的一周与脚长差不多。

4. 师：这是真的吗？请看我们课前测量的几个同学的数据。

5. 引出课题。（板书课题：身体上的数学"秘密"）

6. 看到课题你想知道什么？

【设计意图】在这个环节中，通过讲述小故事来引起学生的好奇心，激发学生

学习兴趣，提出有关数学问题，明确活动任务。

第二个环节：知趣体验——深度体验，活跃思维（如何测量？）

1. 师：拳头的一周和脚长真的差不多吗？

2. 师：要想寻找身体上的数学"秘密"，我们就需要更多的数据。看看我们今天都要测量什么？

3. 结合具体实例完成自主学习任务单（一）。

自主学习任务单（一）

项目	学生1	学生2	学生3	学生4	学生5
拳头一周/厘米					
脚长/厘米					

【设计意图】结合现实的问题情境，能够从数学的角度发现问题、提出问题，综合运用已有的知识和经验分析和解决问题。从这种简单问题入手，把大问题转化为小问题的策略，渗透了转化和类比的数学思想。

第三个环节：理趣展示——主动展演，互动交流（如何测量？）

过渡语：刚才同学们通过层层推理，初步得到了实验思路，真是会思考的好孩子，现在请同学们带着猜想完成自主学习任务单（二）分工合作，设计具体的实验方案，小组长负责组织，记录员将组员讨论的结果记录下来，开始动手吧。

1. 学生活动一：设计具体的实验方案。

2. 教师组织小组讨论，提醒学生明确分工，讨论并设计具体的实验方案。

3. 完善自主学习任务单（二）。

自主学习任务单（二）　　　　　　　　　　　　　　单位：厘米

学生	头长	一拃长	一步长	一庹长	身高
生①					
生②					
生③					
生④					
生⑤					

4. 学生活动二：收集数据，动手实验。

过渡语：我们不仅要会设计实验方案，还要会动手实验，动手实验才是得出真理的重要步骤。现在，请同学们按照实验方案进行实验、记录实验数据，得出结论。

5. 教师提出活动任务：按照实验方案进行实验，协作填写实验报告单。

6. 学生活动三：学生代表汇报，交流反思。

过渡语：现在哪个小组先派代表上来分享你们的发现？（小组代表汇报）大家同意吗？其他小组有与他们不同的发现吗？

7. 板书：拳头一周和脚长差不多。

8. 联系生活拓展：谁能举例说说我们身体上还隐藏着什么数学"秘密"吗？

【设计意图】这里是对学生知识技能与解决问题方法策略的综合运用。在这一环节中，教师引导学生观察数据，从中得到数据之间的关系。这体现的是数学思想在解决实际问题中的作用。

9. 趁学生正兴致勃勃时追问，我们发现的这些数学"秘密"到底有什么用呢？激起学生的好奇心和求知欲，这时，让学生读教材内容"我的身体是一把尺子"，扩展学生思路，读后，孩子们就能说出利用身体上的尺子（一步长、一庹长）来测量物体的长度。

【设计意图】这个环节的设计，既强化了本节课的新知，又再现了"我的身体是一把尺子"在生活中的延伸与运用。

10. 联系生活，组织学生灵活利用身体上的这些尺子对身边的物体进行估测，培养学生的估测意识和应用意识。

（1）让学生估计教室的长和宽各是多少米，再用卷尺实际量一量，让学生感受到自己的估测是否准确。

（2）让学生下课后估测从教室到卫生间的距离。（如果你每步大约50厘米，下课后，数一数从教室到卫生间走了多少步，估算路程有多远。）

【设计意图】让学生直接用自己身体的尺子来估测教室的宽度、估测教室到卫生间的距离等都是让学生亲身感受不同尺子的优缺点，在测量时挑选适合自己的尺子。通过实际应用，让学生体会数学与生活的紧密联系。

11. 归纳小结。

师：通过刚才的学习，我们知道了什么？我们的身上还有哪些"秘密"呢？引导学生对知识进行归纳、总结、陈述，充分体现学生的自主创新精神。

【设计意图】让学生回顾学习过程，梳理学习方法，可以潜移默化地渗透数学思想，培养学生学习数学的能力，学生的思维能力也会相应地得到提高。

第四个环节：智趣练评——积极闯关，练中提升（身体上还有什么数学"秘密"?）

过渡语：同学们都能掌握这节课的知识，真的是太棒了，其实老师告诉同学们，我们自己的头长和自己的身高也有一定的关系，我们通过下面的闯关活动来找出二者的关系，好不好？

现在请同学们带着猜想完成自主学习任务单（三）分工合作，设计具体的实验方案，小组长负责组织，记录员将组员讨论的结果记录下来，开始动手吧。

1. 学生闯关活动一：设计具体的实验方案。
2. 教师组织小组讨论，提醒学生明确分工，讨论并设计具体的实验方案。

自主学习任务单（三）　　　　　　　　　　单位：厘米

学生	头长	身高
生①		
生②		
生③		
生④		
生⑤		

学生做完之后进行互评，分享自己的探索过程，然后教师利用平台进行评价，发挥评价数据的导向作用。

【设计意图】评价是一种有效地提高课堂效率的手段。利用平台的评价系统让学生进行互相评价，不但可以促进学生积极参与交流活动，还可以即时采集学生反馈的信息。通过测量活动，让学生发现身体上其他的数学"秘密"，并通过数据检验身高和头长之间的秘密，培养学生发现问题的能力。

3. 学生闯关活动二：收集数据，动手实验。
4. 学生闯关活动三：学生代表汇报，交流反思。

（1）各小组代表根据学习单依次上台汇报。

（2）讨论：你感觉哪种测量方法更好些？为什么？

【设计意图】组织学生通过小组间操作、讨论、争辩、交流等，感知正方形进行测量比较好，让学生获得自己去探索数学的体验，培养了学生的探索意识。不仅锻炼了学生的口头表达能力，而且老师和同学的肯定，使学生获得了成功的体验。本环节让学生自我反思，融会贯通，从而发现规律，归纳方法，获得最佳答案，促进群体互动。

第五个环节：玩趣拓展——拓展延伸，促进完善（感受学习的快乐）

1. 师：同学们回顾一下本节课的内容，说说你学到了哪些知识？

> 👍 学习评价
>
> 1. 学到的"一拃长、一步长、一庹长"等身体上的"尺子"测量（　　　）。（口述、举例子说明）
> 2. 发现了一个身体上的数学"秘密"，拳头的一周与脚长差不多。（口述）
> 3. 我们小组未解决的问题或者还想知道的问题是：

  2. 师全课总结：同学们不仅关注到了学习的结果，还关注到了学习过程中所运用到的方法。通过本节课的学习，相信你们又积累了一些学习经验，这些经验不仅会帮助你们在后续的学习中解决更多新的问题，也能帮助你们解决生活中的实际问题。

  3. 趣味拓展：想一想、画一画，身上还有哪些"尺子"？

  【设计意图】课题总结不仅仅是知识的梳理、方法的强化，更是培养数学学习习惯、学习情感态度的良好契机。一个好的总结，可以引导学生自主构建知识、自主评价反思，分享收获和成功，感受学习的快乐。

第七章
其他教学范式构建

本章主要介绍小组合作学习教学范式和概念教学范式及教学案例。小组合作学习是新课程改革大力倡导的一种重要学习方式，也是新课标体现的一种理念，是数学课上常用的一种组织形式。小组合作学习教学范式适用于"爱种子"数学教学模式下的自主学习、互动探究、主题拓展三种课型。数学概念作为小学数学学科中的重要组成部分，能够促进学生数学思维和学习能力的发展。根据"爱种子"自主学习课型的基本模式，形成了概念教学的范式。

第一节　小组合作学习教学范式

随着新课改的不断深入，小组合作学习已经在中小学各科教学中得到较为广泛的运用。它的诞生促使了师生之间关系的重大转变，由原来的单向交流逐步转变为师生、生生之间的多边互动，有效地为学生的沟通提供了重要的平台。2001年，国家教育委员会颁布了《基础教育课程改革纲要（试行）》，其中着重指出："培养学生搜集和处理信息的能力、获取新知识的能力、分析和解决问题的能力以及交流与合作的能力。"《义务教育数学课程标准（2011年版）》也明确指出，"有效的数学学习活动不能单纯地依赖模仿与记忆，动手实践、自主探索与合作交流是学生学习数学的重要方式"[①]。小组合作学习是新课程改革大力倡导的一种重要学习方式，也是新课标体现的一种理念，是数学课上常用的一种组织形式。

"爱种子"数学教学模式主要包括自主学习、互动探究、主题拓展三种课型，而自主学习课型中的"协作构建"、互动探究课型的"实践设计"和主题拓展课型的"创意设计"这些环节都有运用小组合作学习。因此，小组合作学习符合教育发展的趋势，是培养学生全面发展的重要组成部分，是优化"爱种子"小学数学教学模式的重要手段，是学生学得、习得、教得、评得的重要体现。

基于以上分析，为了更好地优化小组合作学习的路径，更好地让学生获得多方面的发展，促进学生之间互相沟通交流，一起探究问题，让小组内不同层次的学生都学有所获，形成了"爱种子"实验背景下"小组合作学习"的教学范式。

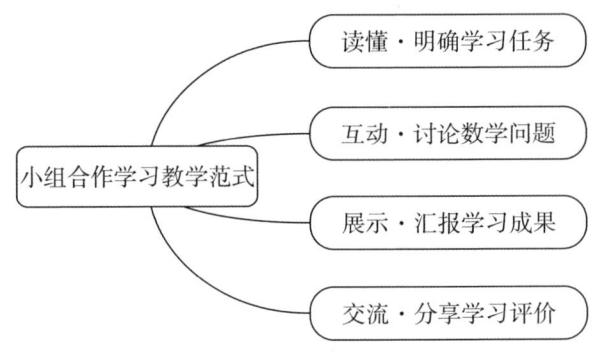

[①] 中华人民共和国教育部：《义务教育数学课程标准（2011年版）》，北京师范大学出版社2012年版，第2页。

一、适用范围

小组合作学习教学范式适用于"爱种子"数学教学模式下的自主学习、互动探究、主题拓展三种课型。它主要体现在自主学习课型中的"协作构建"、互动探究课型的"实践设计"和主题拓展课型的"创意设计"这些环节中。自主学习课型的"协作构建"环节是学生知识建模的过程。学生提出想法，小组成员对各种信息进行转换和组合，检验和修正，直至得到正确的结论。互动探究课型的"实践设计"环节是学生针对易错点（"雷点"）出题（"埋雷"），互相解题，需要小组合作完成。主题拓展课型的"创意设计"环节则是学生针对刚刚提出的创意进行组合、加工，小组合作完成设计作品。以上环节都需要小组或团队为了完成共同的任务，有明确的责任分工，进行互助性学习。基于以上论述，每个课型都可恰当应用小组合作学习范式，更好地促进学生"学得、习得、教得、评得"的实现。

二、运用策略

国外关于小组合作学习的研究有很多，但没有统一的概念。目前，我国小组合作学习已取得了非常显著的效果，研究内容涉及对合作教学的认识、教学形式及其实验的分析等。根据国内外已有的小组合作学习的经验与理论，在国内外已有的调查、研究、分析结果的基础上，结合当前学校课堂教学的实际，小组合作学习包含以下几方面。

（1）以小组或团队为单位，各自发挥自身的特长和优势，有共同的目标。

（2）注重协作和分工，采用讨论、操作和对话等活动来实现。

（3）每个成员都在本组中努力完成学习任务，争取最好的团队成绩。

运用好小组合作学习教学范式可以激发学生学习的积极性、主动性，提高课堂的教学效率。它还能给学生更多自由的空间，同时能使学生很好地跟老师、其他学生进行互动，能够有效地利用学生的课前与课后时间做好小学数学的预习及复习工作，对提高学生合作学习与自主学习有着充分的帮助。运用好小组合作学习教学范式可采用以下策略。

（一）读懂·明确学习任务

这一环节主要是让学生读懂合作学习任务单的问题，明确学习要求。合作学习的开展需要有具体的指引和问题的驱动，才能使学生更有效地进行生生之间、师生之间的互动。因此，这一环节的实施可以采用以下几点策略。

1. **精心设计合作学习任务单**

学习任务单是小学数学小组合作学习的"核心"内容，因为它的设计将直接影响到小组目标的完成度与成果质量的好坏。在日常课堂教学中，我们经常发现学生在进行小组合作学习时，不理解学习单上的问题。问题过于繁杂容易打消学生的积极性，或者是问题不能很好地反映本节课的知识，不具备针对性。像以上的这些情况，都会影响学生高效地进行合作学习。因此，教师需要精心设计合作学习任务单。一个好的合作学习任务单主要包括以下四点：一是能调动学生学习的积极性；二是要与学生的知识经验对接；三是设计的问题要紧扣本节课的重难点，具备针对性、有效性；四是问题的设计要具有一定的发散性，内容具备一定的挑战性。

2. 明确小组合作学习的目标

当前的小学数学课堂，很多学生都不明晰在进行小组合作学习时自身的职责，不理解小组合作学习的意义。因此，要进行有效的小组合作学习，教师必须制定好小组合作学习的目标或要求，让每个学生都知道自己的职责和小组的责任。学生自主探究完成个人部分，还需要与团队一起合作解决相应的问题。例如，在教学"商是几位数"时，教师出示合作学习的要求：先独立思考，再合作完成学习任务单。学生先独立思考估算商是几位数的方法和计算三位数除以一位数的笔算方法。接着，小组成员一起讨论上面的问题，联系今天这节课所学习的知识与上节课学习的两位数除以一位数的关系，对比得出三位数除以一位数和两位数除以一位数计算方法的相同与不同之处。

3. 引导小组成员合理分工

多数的课堂只停留在形式上，表面上看起来非常热闹，却没有实质。学生间缺乏高效的合作，学生参与度不均衡，学生间合作不够主动，其实质效果并不理想，对学生的学习与能力的提高极为不利。因此，在进行小组合作学习时，教师要引导小组成员结合个人的实际能力和生活经验进行分工，这样可以让小组每个成员的能力都得到最大的发挥，同时增强每个成员学习的积极性。例如，在教学"不确定性"时，教师在学习单上设定好小组长、操作员、记录员和汇报员。让小组长给自己的组员分好工，这样小组成员就能明晰自己的职责。小组长负责组织组员内部进行讨论交流和开展活动；操作员负责摇球和摸球；记录员负责记录摸球的结果；汇报员负责汇报小组成果。这样小组成员进行合作，就会有序且有效。

（二）互动·讨论数学问题

这一环节主要是针对学习单的数学问题，学生与学生之间互动交流，畅谈自己的个人观点，最后达成小组意见。在这个小环节中，教师要引导小组成员进行有序、高效的讨论，可采用以下几点策略。

1. 要求小组内成员养成学会倾听的习惯

在小组内同学发言时，要认真听取，思考发言者说的是否有道理，若有疑问或不同看法，应等同学讲完后再提出，随意打断别人的讲话是不礼貌的行为。

2. 引导学生学会发言，以理服人

在小组合作的过程中，要重视解题过程的讲解，而不能一味强调结果是什么，学会讲道理，尽可能讲出解题方法的来源。

3. 提醒学生互谦互让，相互尊重

在小组合作学习的过程中，对组内同伴多用"对不起，打扰一下""我认为不是这样，理由如下"，或者"我有补充，谢谢"等句子，去观察和学习别人的优点。组与组之间也要相互欣赏，公平竞争。

4. 化解组内的矛盾与冲突

组内分工不均或职责不清也是小组内成员矛盾与冲突的一个重要原因。在小组内，每个成员都有自己的分工、职责。当某个成员没有很好地完成自己的任务，就会影响整个小组的进度和学习成果，而且也容易影响到小组其他成员能力的发挥，导致小组内部不团结、不配合。一旦出现这种情况，小组长就需要带头调解，组织成员互帮互助，共同解决问题。当小组长无法解决时，教师可进行干涉，让小组成员明白遇到问题要合力解决，而不是一味地埋怨，指责他人，要学会理解。

通过以上几点策略，学生在进行与组内成员的互动交流时，就能学会倾听对方的观点，发表自己的观点，互相学习，有所收获，达到生生之间的交流，从而使小组合作学习发挥出最大的效益。

（三）展示·汇报学习成果

这一环节主要是开展完小组合作学习之后，小组成员展示组内合作交流中讨论出的结果，组间的观点呈现（或成果展示）。为了更好地体现学生的学习成果，在这一环节，教师务必要注重以下几点策略。

1. 学会尊重每个小组的学习成果

每个小组合作学习后，都会有一定的学习成果。可能有些小组的成果达不到预期，容易引起其他小组的嘲笑或打消小组内成员的积极性。这时，教师要引导学生学会尊重每个小组的学习成果，把每个小组成员的成果都收集起来，作为一种资源。除此之外，教师还可以把这些成果当作生成性资源进行分析。以上这些，让每个小组都觉得自己组内的成果都很重要，从而增强他们学习的积极性，更愿意参与到今后的小组合作学习中。

2. 可采用多样化的方式呈现学习成果

学习成果的展示是小组合作学习的关键环节。每个小组都会好奇其他小组的学习成果。教师可以把自主权交给学生，充分发挥每个小组的能动性。小组成员可通过投影学习单形式进行汇报，也可在黑板上粘贴自己组的作品进行解说，还可通过绘画或表格等形式进行汇报。这样既可以凸显每个小组的特点，又避免了小组成果呈现的呆板性。

3. 学会团结合作、"接力"汇报，避免"一言堂"

针对刚刚成立的合作学习小组，可以直接让汇报员呈现观点，以此让小组成员明白自己的分工和职责。当合作学习小组已培养一段时间后，在汇报过程中，尽量避免单人汇报，避免所谓的"一言堂"，尽可能让小组成员依次汇报，或者其他成员进行补充说明。这样既让小组成员的团结协作能力得到培养，也可充分锻炼每位学生的表达能力。

小组间的汇报展示不仅促进了生生之间的交流，更让学生从中学会如何表达，学会怎样把知识更好地呈现给同学。针对不同的质疑，学生会从容不迫地去解释。因此，汇报交流是通过向他人展示，教会他人的同时也教会自己如何表达，让别人和自己都有所收获，促进学生"教得"的实现。

（四）交流·分享学习评价

小组合作学习不仅促进生生之间的交流互动，也在促进师生间的双向交流。这一环节主要是针对小组间的汇报交流，教师进行适时点拨，同时引导学生进行自评、组内互评与组间评价。例如，在教学"商是几位数"时，通过生生之间的交流，学生能够明白估算商是几位数的方法和计算三位数除以一位数的方法。而在三位数除以一位数与两位数除以一位数的计算方法的相同点与不同点方面，还需要教师进行点拨。这时，通过师生之间的交流，总结出三位数除以一位数与两位数除以一位数的计算方法是一样的，不同的地方是被除数的位数不同，商的位数可能也不同。其实，两位数除以一位数的计算方法可以迁移到三位数除以一位数，这种方法也叫迁移法。针对以上的总结，教师引导学生进行个人评价和小组评价。合作是依靠学生之间的互学、互帮、互补、互促来实现的，因此，通过评价能够推动小组成员间的分工合作，实现理想小组合作效果。[①] 从评价对象角度来看，有以下两方面。

1. 个人评价

个人评价主要从组员自评、组员互评和教师评价三个方面进行。这种评价方式，主要为了提高学生参与学习的自觉性，学会反思个人的学习情况，促进学生主动学习。通过填表或星级的方式，让学生意识到自己的表现。除此之外，还可以让学生说一说自己在参与小组合作学习中的优点与需要改进的地方。组内互评是小组成员之间互相评价，这样能增强生生之间的交流，从对方的意见中完善自我，从他人的评价中认识自我，获得启发。这种评价方式有利于组员团结协作、成员间互教互学。综合自评、互评和师评获得分数或星数最多的学生，可评选为"学习优秀个人"或"学习进步个人"。

[①] 中华人民共和国教育部：《义务教育数学课程标准（2011年版）》，北京师范大学出版社2012年版，第2页。

2. 小组评价

为了更好地激发每个小组合作的积极性和增强组内的凝聚力，教师可设置小组评价量表。小组评价量表主要包括小组自评、组间评价和教师评价。结合这三个方面，评选出"最佳合作小组"或者"数学达人组"。

基于以上，学生的交流不再是单向的，可以是生生之间、师生之间的交流。在总结和评价中，学生学会进行自我评价、对他人评价、对小组评价，从而获得发展。

三、小组合作学习教学建议

目前，小学数学课堂中小组合作学习方式存在走过场、秩序混乱、学生参与度不高等问题。在这样的课堂教学中，通常是老师说、学生听，缺少师生之间、生生之间的双向交流，难以培养学生的自主学习、主动交流、向别人汇报展示和学会评价的能力。因此，在运用小组合作学习范式时，需遵循小组合作学习的四要素。

（一）有效分组

普遍的数学课堂小组合作分组都是按前后桌分组，这样既少了不必要的麻烦，又方便教师管理。然而，多数教师会发现这样的分组方式变成了某些小组的"一言堂"、个别学生的舞台，多数学生并没有在这样的课堂中受益，反而越发变得沉默。因此，教师要遵循有效分组。有效分组采取"组内异质，组间同质"的原则。[1]"异质"分组是指根据学生的学习成绩、组织能力、学习习惯等的不同，将4~6名学生（每个层次各1名学生）分为一个学习小组。这样能够实现学生间的互补，有利于小组功能的发挥。因为各个小组是异质分组的，所以实现了小组之间的同质性，这有利于公平竞争，再从这个小组中选出一名综合能力强的人担任组长。（见表7-1-1）

表7-1-1　有效分组

学生	学习成绩	组织能力	学习习惯	综合
学生1				A
学生2				B
学生3				C

---

[1] 中华人民共和国教育部：《义务教育数学课程标准（2011年版）》，北京师范大学出版社2012年版，第2页。

续表 7-1-1

学生	学习成绩	组织能力	学习习惯	综合
学生4				D
……				

(二) 明确分工

结合学习活动的要求，在组内可设置小组长、记录员、观察员（激励员）、汇报员。小组长管控整个小组的学习情况，起到组织、协调与领导的作用，同时分配组内成员的工作。记录员负责记录组内成员的讨论交流情况，以及记录学习结果。观察员（激励员）既观察学习活动，也留意每位成员的参与度，随时对组内成员进行奖励。汇报员汇报自己小组交流讨论的学习结果。有时还可以根据学习内容设置不同的角色，小组内的每个角色不是固定不变的，可以适时进行互换，让每个学生都能得到发展。（见表 7-1-2）

表 7-1-2 明确分工

组员	角色	职责
学生1		
学生2		
学生3		
学生4		

(三) 适时指导

在小组合作开始前，教师需要指导小组成员如何开展合作学习，可专门花一节课时间对学生进行培训，教会他们合作学习的技巧。教师也可通过录制小视频，让学生进行线上学习。在小组合作过程中，教师需进行巡视，掌握小组成员的学习动态，及时对有困难的小组进行指导，科学规范落实小组合作学习。小组活动后，教师要及时指导学生进行汇报展示，并总结小组合作学习过程出现的问题。这样让每个小组知道存在的问题，争取以后的小组合作活动更加高效。

（四）多角度评价

多数教师在合作学习评价时比较单一，重视学习成果而忽视学习过程，重视共性而忽视学生个性。人在"人"所共有的特性基础上，还有丰富多彩的个性。长期以来，我国的教育只重视人的共性，而忽视了评价人的个性。因此，个性在长期的折磨中被扼杀，直接影响学生个人的发展。新课程改革的核心理念是一切为了促进学生的发展，而评价是尊重学生主体地位、促进学生发展的重要环节，是充分发挥教师的主导作用，促进学生主动学习的有效手段。为了更好地激励小组合作学习，促进学生个性发展，使学生学习有动力、有方向，分享合作学习的喜悦，在评价过程中需要注意以下几方面。

1. 多元性

多数教师在合作学习评价时，比较侧重于课堂个人的评价，轻小组集体评价。[1] 这样容易影响小组成员的参与度，难以实现学生的"评得"。多元评价是指评价的多元化，包括自评、组内互评、组间评价和教师评价等。教师可设计个人自我评价表，让学生进行填写，也可让学生说一说自己的表现。同样地，教师可设计组内互评表和组间评价表，让学生学会评价。除此之外，教师还可通过星级评价的方式进行。这样的评价不仅重视学生的学习结果，更重视学生的学习过程，鼓励学生敢说、敢辩、不服输。从不同角度评价更容易激发学生的学习欲望，积极参与到小组合作学习中来，实现学生的"评得"。

2. 过程性

在评价过程中，多关注学生的学习过程，能有效帮助学生积累数学学习经验，发展数学思维，实现高效课堂。评价的"过程"是相对于"结果"而言的，具有导向性，过程性评价不是只关注过程而不关注结果的评价，更不是单纯地观察学生的表现。相反，关注教学过程中学生智能发展的过程性结果，如解决现实问题的能力等。及时地对学生的学习质量水平做出判断，肯定成绩，找出问题，是过程性评价的一种体现。

3. 全面性

评价应注重多角度、全方位。在对小组和个人进行评价时，不仅要关注小组间的学习表现，也要多关注学生个人的表现。不能仅仅评价学生的学习，要以学生的各个方面为评价对象。首先要明确的是学生是人而不是接受知识的容器。人的一切活动，包括学习，要受人的意识支配，所以教学评价就不能仅仅限于关注知识的掌握，更要促进其兴趣、爱好、意志等个性品质的形成和发展。因此，平时对学生小组合作学习的表现，例如学生参与讨论、课堂纪律、提出新的想法或观点、知识面

---

[1] 中华人民共和国教育部：《义务教育数学课程标准（2011年版）》，北京师范大学出版社2012年版，第2页。

等方方面面的表现都尽量给予及时的评价，鼓励学生全面发展。

【教学案例21】

小组合作学习教学范例

清远市师范学校附属小学　肖春梅

一、课前慎思

"爱种子"小学数学教学模式强调"以学生为主体，教师为主导"的作用，以小组合作学习为重要学习形式，整个过程充分激励学生自主、主动、合作和协同学习。"爱种子"数学教学模式主要包括自主学习、互动探究、主题拓展三种课型。自主学习课型中的"协作构建"、互动探究课型的"实践设计"和主题拓展课型的"创意设计"这些环节都有运用小组合作学习。因此，小组合作学习符合教育发展的趋势，是培养学生全面发展的重要组成部分，是优化"爱种子"小学数学教学模式的重要手段，是学生学得、习得、教得、评得的重要体现。

下面以"背土豆""练习四"和"密铺"为例进行具体介绍。

"背土豆"是北师大版小学数学一年级上册第三单元第五课时的内容，是在学生学习了6的加减法的基础上进一步学习7的加减法。教科书首先创设了"小老鼠背土豆"的童话故事情境，以连环画的形式呈现了一加一减两个场景，之后通过三个层次的活动开展了有关7的加减法的学习。其中，"想一想，填一填"活动为正确计算7的加减法积累经验；"说一说"活动则是帮助学生寻找生活中有关7的加减法的原型，进一步丰富学生对加减法意义的理解。这两个活动都属于"协作构建"环节。

"练习四"是北师大版五年级下册第四单元长方体（二）新知后的练习。本单元是在学生直观认识长方体、正方体的特点，认识了长方体、正方体及它们的展开图，理解了长方体、正方体表面积的含义及其计算方法的基础上来展开学习的。本单元学习的主要内容有：认识体积和容积；体积、容积单位，实际意义及换算；长方体、正方体的体积、容积的计算方法；探索不规则物体体积的测量方法。"练习四"是学生学完本单元知识的一节"扫雷"行动课，帮助学生理清易错点，扫除知识点障碍。在此基础上，通过"埋雷"和出题考对方的形式，进一步巩固本单元的知识。这一活动属于"实践设计"环节。

"密铺"是北师大版小学数学四年级下册"数学好玩"第一课时的内容。密铺是实践活动的内容。教科书通过让学生经历从认识密铺到设计密铺的过程，不仅渗透了一些平面图形密铺的原理，提高了学生合作交流、解决问题的能力，还加强了数学知识之间的联系，激发了学生学习数学的兴趣，增强了学生对数学价值的认识。其中的动手实践、汇报展示和合作交流三个活动都属于"创意设计"环节。

通过以上分析，我们结合学情拟定了学习目标，并围绕学习目标与小组合作学习教学范式，针对自主学习课型的"协作构建"、互动探究课型的"实践设计"和主题拓展课型的"创意设计",相融制定了以下四个教学步骤。

二、教学实践

第一个环节:读懂·明确学习任务,促进学生"学得"

(一)以"背土豆"为例

谈话:小老鼠的口袋里最初装了7个土豆,一个也没掉出来,我们就说外面是0个土豆,口袋里就是7个。当掉出1个,外面就是1个土豆,口袋里剩下6个土豆(板书)。如此下去,小老鼠在回家途中,每次掉出1个,结果回到家,一个也没有啦!你们能记录掉出的结果吗?

1. 出示合作学习要求。

师:现在我们同桌2人进行学习,请看合作学习任务单。任务一:一人动手用学具进行分一分,另外一人在表格中做记录。完成后,请看任务二:同桌两人分别选择其中一幅图,互相说一说。听明白要求了吗?(提示:分完小棒,收拾好东西,描述第二幅图)

2. 再次明确合作学习要求,读懂合作学习任务单。

(二)以"练习四(互动探究)"为例

谈话:通过这节课的学习,我们开展了"扫雷"行动,还到实践基地进行了历练,你们个个都是"扫雷专家"!下面,难度升级——老师要给大家新的挑战——你会"埋雷"吗?请看:请你出一道计算长方体或正方体体积的题目。

我来出题:请你出一道计算长方体或正方体体积的题目。

图形	长	宽	高	体积

(三)以"密铺(主题拓展)"为例

1. 明确小组合作学习任务。

活动设计单	
参与人员	
图形的准备	
实验步骤	
实验分工	
呈现方式	

谈话:每个小组都已经讨论好了小组合作学习的具体分工,接下来,每个组的实验人员按照设计方案将剪好的三角形或四边形拼一拼、摆一摆。

合作学习任务单
班级：_____　　　　　　　　第（　）小组
小组成员：_____、_____
学习要求 1. 任务一：一人动手用喜欢的学具摆一摆 7 的组成，另外一人在表格中做记录。 2. 任务二：同桌两人分别选择其中一幅图，互相说一说。
合作任务一：摆一摆、分一分、填一填。 啊？一个都没啦！　　　　　7　｜ 0 ｜　｜　｜　｜　｜ 　　　　　　　　　　　　　　　｜ 7 ｜　｜　｜　｜　｜ 我们发现： 7 的组成：（　）和（　），（　）和（　），（　）和（　）， 　　　　　（　）和（　），（　）和（　），（　）和（　），（　）和（　）
合作任务二： 说一说：下面的算式表示什么意思 　　5+2=7　　　　　　　　　　　　　　　　7-2=5

2. 出示合作学习任务单。

合作学习任务单
_____小组
小组成员：小组长：_____　　操作员：_____ 　　　　　　记录员：_____　　汇报员：_____

续上表

合作学习任务单			
图形			
每个拼接点处角的数量			
每个拼接点处角的度数之和			
我们的发现			

【设计意图】用谈话、故事情境或本节课的学习任务，引出合作学习需要探究的问题，通过具体操作指引和问题的驱动，能使学生更有效地进行合作学习，体现学生学习的主体性，从而更好地促进学生"学得"。

第二个环节：互动·讨论数学问题，促进学生"习得"

（一）以"背土豆（自主学习）"为例

谈话：同学们，请拿出你们的合作学习任务单和学具，开始合作学习吧！（师巡视指导）

合作任务一：摆一摆、分一分、填一填。

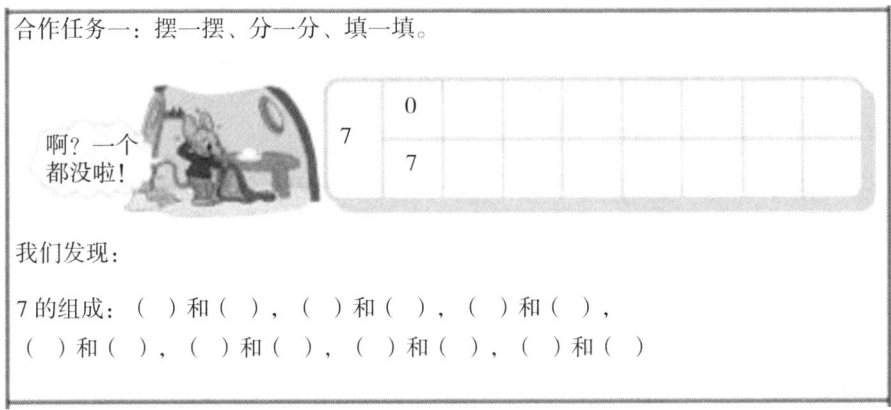

小组内分好工，一人动手用学具进行分一分，另外一人在表格中做记录。

合作任务二：说一说。

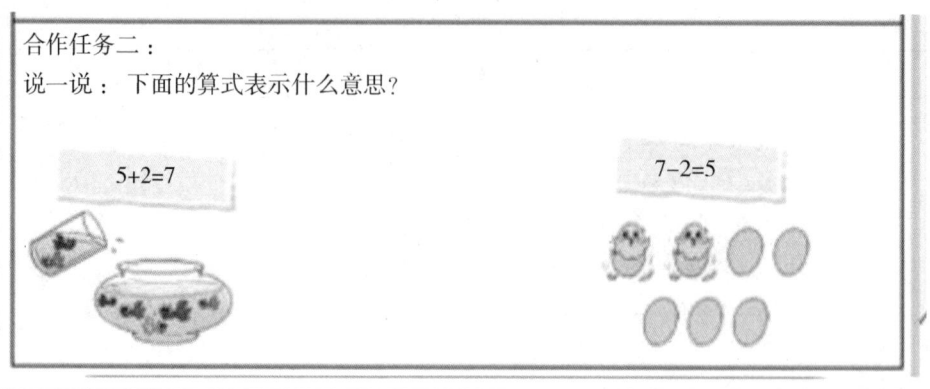

小组内两人分别选择其中一幅图,互相说一说。

(二)以"练习四(互动探究)"为例

谈话:请同学们拿出学习任务单,根据这节课的"雷点",设计一道计算长方体或正方体体积的题目。

图形	长	宽	高	体积

1. 小组 2 人互相出题。

2. 小组 2 人交换题目,找出"雷点",并完成。

(三)以"密铺(主题拓展)"为例

谈话:请每个小组拿出合作学习任务单,小组长分好工,小组内拼一拼、摆一摆,并做好记录。

1. 每个小组明确好分工。小组长负责组织开展组内合作活动,维持组内纪律;操作员负责把剪好的三角形或四边形拼一拼、摆一摆,其他成员也可帮忙操作;记录员要负责做好记录;汇报员负责小组的汇报工作。

2. 小组成员在操作过程中遇到问题可举手请教。

【设计意图】通过精心设计合作学习任务单的数学问题,促进学生与学生之间互动交流,畅谈自己的个人观点,最后达成小组意见。在这个小环节中,教师要引导小组成员进行有序、高效的讨论。学生在进行与组内成员的互动交流时,学会倾听对方的观点,并发表自己的观点,互相学习,都有所收获,完成生生之间的交流,从而使小组合作学习发挥出最大的效益,促进学生"习得"的实现。

第三个环节：展示·汇报学习成果，促进学生"教得"

（一）以"背土豆（自主学习）"为例

1. 汇报展示1。

提问：刚刚孩子们都讨论得很激烈，现在哪个小组来汇报你们的想法？

生：我们小组是这样想的。通过把7根小棒分成2堆，我们发现：7可以分成0和7，0和7组成7；7可以分成1和6，1和6组成7；7可以分成2和5，2和5组成7；7可以分成3和4，3和4组成7；7可以分成4和3，4和3组成7；7可以分成5和2，5和2组成7；7可以分成6和1，6和1组成7；7可以分成7和0，7和0组成7。大家同意吗？

师：你们小组真善于思考，太厉害啦！聪明的你们也发现了吗？

2. 师生小结。

合作任务小结：孩子们，我们一起观察这个表格，有什么发现吗？

上面的这一行数字是？（生：从小到大）

下面的这一行数字是？（生：从大到小）

但只要把上下两行相加，结果都是7。

因此，我们的7就可以分成这几组数。

下面跟老师一起来读一读。

3. 汇报展示2。

师：孩子们，现在你们都明白了7的组成，现在我们一起看看这两幅图，哪个小组说一说下面算式表示的意思。

生1：我选第一幅图，原来有5条金鱼，又倒进2条金鱼，一共有7条金鱼。

生2：我选第二幅图，原来有7个鸡蛋，2个鸡蛋孵出了小鸡，还剩5个鸡蛋没有孵出小鸡。

师：你们真会表达！老师真心为你们点赞！

（二）以"练习四（互动探究）"为例

1. 汇报展示。

师：哪个小组愿意展示你们设计的题目？

生1：我来出题，我的题目是：这是一个长方体，长是2分米，宽是5厘米，高是8厘米，这个长方体的体积是多少呢？

生2：我会算，根据长方体的体积公式，列式为$2\times5\times8$，算出得数是80立方厘米。

生1：哈哈，你踩到"雷"啦！这道题的正确答案是800立方厘米。

生2：我算错了，我知道"雷点"在哪啦，这里长、宽、高的单位不一样，要先进行单位换算，把长2分米换成20厘米，所以正确列式为$20\times5\times8$，得数是800立方厘米。

生1：恭喜你找到"雷点"了，你也来考考我吧！

生2：那你听好啦！我出的题是：这也是一个长方体，长是7厘米，宽是0.7分米，高是7厘米，它的体积是多少呢？

生1：这道题简单，我知道"雷点"在哪，很容易直接算成 $7\times 0.7\times 7$，这里的单位也不一样，要先把宽0.7分米转换成7厘米，所以列式是 $7\times 7\times 7$，得数是343立方厘米。我还知道这是一个特殊的长方体，也就是正方体。

生2：你真厉害，你居然知道这道题的"雷点"在哪。

2. 小结。

师：你们果然是"埋雷高手"！其他同学，你们也会埋雷吗？在这里，同学们都很清楚计算长方体或正方体体积的易错点。课后请你们再互相说一说。

（三）以"密铺（主题拓展）"为例

1. 汇报展示。

师：同学们，刚刚你们在组内交流、操作和记录都很认真，现在哪个小组的同学愿意来汇报你们的作品呢？

生：我们组发现用三角形拼的话，拼接处需要6个角；用四边形拼的话，拼接处需要4个角；每个拼接点处角的和是360°。最后，我们发现三角形和四边形都可以密铺。

2. 交流反思。

（1）请你按照下面的方法试一试，你有什么发现？在用三角形密铺的图案中，每个拼接点处有几个角？它们与这种三角形的三个内角有什么关系？四边形呢？

（2）在上面的活动中，你有什么收获？还有哪些想要进一步研究的问题？

（3）五边形、六边形也能密铺吗？看一看、试一试。

3. 小结。

用三角形密铺的图案中，每个拼接点处有6个角，正好是三角形内角和的2倍；用四边形密铺的图案中，每个拼接点处有4个角，正好是四边形的内角和。也就是当几个多边形的内角和能凑成360°时，可以密铺，否则不能密铺。

【设计意图】小组间的汇报展示，不仅促进了生生之间的交流，更让学生学会如何表达，学会怎样把知识更好地呈现给同学。针对不同的质疑，学生会从容不迫地去解释。因此，汇报交流通过向他人展示，教会他人的同时也教会自己如何表达，让别人和自己都有所收获，促进学生"教得"的实现。

第四个环节：交流·分享学习评价，促进学生"评得"

（一）以"背土豆（自主学习）"为例

1. 通过刚刚的小组合作学习活动，请你评价下自己。

（使用"爱种子"平台的评价方式，让学生进行自我评价）

2. 在刚刚的小组合作过程中，你觉得自己的小组表现怎么样？

（使用"爱种子"平台的评价方式，让学生进行小组评价）

3. 在刚刚的小组活动中，你觉得其他组表现得怎么样？

(使用"爱种子"平台的评价方式,让学生对其他小组进行评价。)

(二) 以"练习四(互动探究)"为例

1. 通过刚刚的互相出题活动,你能从以下几个方面评价下自己吗?

👍 合作评价

1. 我设计了(　　)个"雷点",踩中了(　　)个"雷点"。
2. 我喜欢(　　　　)设计的题目。为什么?(口述)
3. 我还发现了＿＿＿＿＿＿＿＿＿＿＿＿＿＿。(口述)

---

2. 同桌两人说说学习心得。
3. 小组两人互相评价自己。
4. 教师进行点评。

(三) 以"密铺(主题拓展)"为例

1. 通过刚刚同学们的汇报,你有什么想说的?
2. 四人小组说说学习心得。
3. 在这次活动中,我的表现是(请把每项后面的☆涂上颜色,涂满5个为做得最好的)。

能设计合理的解决问题的方案	☆☆☆☆☆
能剪出所需的图形尝试密铺活动	☆☆☆☆☆
能把密铺活动与学过的图形知识相联系	☆☆☆☆☆
能与同伴合作交流	☆☆☆☆☆
能联系到生活中的密铺现象	☆☆☆☆☆

4. 在刚刚的小组合作过程中,你觉得自己的小组表现得怎么样?其他小组的表现呢?
5. 在这次活动中,哪位同学完成得最好,你最欣赏哪个同学?

【设计意图】小组合作学习不单单是促进生生之间的交流互动,也同时在促进师生间的双向交流。这一步骤主要是针对小组间的汇报交流,教师进行适时点拨,同时引导学生进行自评、组内互评与组间评价。合作学习是依靠学生之间的互学、互帮、互补、互促来实现的,因此,通过评价能够推动小组成员间的分工合作,实现理想的小组合作效果,以此促进师生的"评得"。

三、教学反思

综上,结合"爱种子"小学数学教学模式、形成了"爱种子"实验背景下小组合作学习的教学范式,力求从学生的问题驱动出发,让学生学会明确学习任务,关注学生分析问题和解决问题的能力,重在让学生学会生生互动、师生互动,敢于表达、评价、反思,实现学生在小组合作学习中"学得""习得""教得""评得"能力的提升。

第二节 概念教学范式

数学概念是小学数学学科的重要组成部分。教师帮助学生构建数学概念,对学生的数学知识学习和数学能力培养起着积极的作用。概念教学不是简单地概括概念的含义,而是让学生通过体验各种活动来理解概念的过程。教师应以多种不同的方式帮助学生体会概念的内涵,让学生体验概念建立的背景,丰富对概念的理解,从而提升数学素养。因此,教师要重视各年级的概念教学,要对小学数学学科中涉及数学概念的知识内容进行细致的研究与分析,同时联系学生学习实际和学习特点,选择符合学生认知规律的教学方法开展数学概念教学。

基于以上分析,我们根据"爱种子"自主学习课型的基本模式,探索出概念教学的范式。

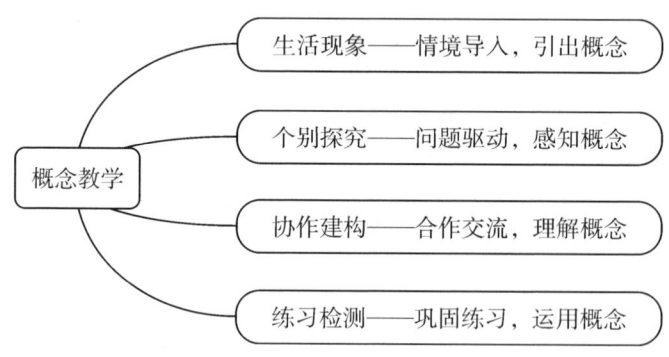

以北师大版小学数学教材为例,此范式适用于以下的教学内容(见表7-2-1,据不完全统计)。

表7-2-1 适用于范式的教学内容

板块		内容
数与代数	数的认识	数、整数、自然数、零、基数、序数、数位、位数、数级、进位、十进制、等于、大于和小于、因数和倍数、奇数和偶数、质数和合数、质因数、互质数和分解质因数、公因数、最大公因数、公倍数、最小公倍数、小数、纯小数和带小数、有限小数、无限小数、循环小数、分数、分数单位、最简分数、倒数、百分数
	数的运算	算式、竖式、加法、减法、乘法、除法、运算定律、递等式、一级运算与二级运算、估算、验算、整除和除尽、余数
	式与方程	方程
	正比例 反比例	比和比例
图形与几何	图形的认识	点、直线、射线和线段、平行、平行线、垂线、垂直、角、直角、锐角和钝角、平角、周角、三角形、长方形、正方形、平行四边形、梯形、圆、扇形、半径和直径、圆周率、长方体、正方体、圆柱、圆锥
	图形的测量	角的度量、周长、面积、截面、表面积、侧面积、底面积、体积
	图形的运动	图形变换、平移、旋转、对称、轴对称、对称轴、中心对称
	图形与位置	直角坐标系
统计与概率	统计	数据、统计学、统计表、统计图、条形图、折线图、圆形图、平均数、中位数、众数
	概率	概率、频率、必然现象、随机现象、可能现象

概念教学中，教师不但要明确概念的外延与内涵，而且要明确它和其他概念之间的关系，从而更好地帮助学生获得系统知识，掌握概念体系，形成认知结构。教师还应注意本课概念的"生长点"和"延伸点"，将每节课的教学知识纳入小学数学知识体系，引导学生构建知识，感受数学的整体性，从不同角度观察和分析，加深对数学知识的理解，使学生获得的知识更全面、更清晰、更扎实。

基于以上思考，在自主学习课的概念教学中，教师应从生活角度开展教学，有意识地联系学生身边的具体事物，选择学生熟悉的生活情境和实例，通过观察、操作、思考与同伴交流等方式，让学生经历由具体到抽象的过程，逐步积累数学学习经验，真正理解数学知识所包含的本质。

一、生活现象——情境导入，引出概念

小学生对概念的构建需要以形象思维或者表象为支撑。北师大版小学数学教材每一节新课都有情境，为教学的发展提供了很好的素材。"爱种子"自主学习课型的第一环节也是要求教师将数学知识与现实生活紧密联系在一起。两者都要求教师有效运用生活情境，将问题的解决与数学知识、方法相结合，让学生在具体的情境中对知识产生的必要性和作用有一定的理解。因此，教师就要读懂教材，鼓励学生从各种情境中找到相关的数学信息，引导学生透过问题发现数学的奥秘，正确理解数学概念所蕴含的意义。此环节教师应以具体的情境导入，从学生已有的经验中引出相关的数学概念。

1. 在具体操作中引出概念

在小学数学概念教学中，教师应充分利用信息技术，在直观的教具中引出概念。例如，我们应该注意"数"的操作，挖掘"数"的教育价值。在儿童的操作过程中，可以引出数的概念。在具体操作中，教师引导学生认识数字的意义，从而丰富对数的认识。

2. 在解决问题中引出概念

教师可以从现实生活中创设一个数学问题的情境，激发学生的学习欲望，从而引出概念。例如，在"初步认识分数"的教学中，老师创造了一个淘气和笑笑分苹果的问题。老师可以问："苹果只有一个，怎么分？"学生会根据自己的生活经验回答："每人分一半。"这时，教师顺势引出：一半可以用一个分数（二分之一）来表示，今天我们就一起来学习分数。

3. 在故事中引出概念

兴趣是最好的老师，喜欢听故事是孩子的天性。在小学数学概念教学中，教师可以利用故事创设贴近学生生活的、生动的现实问题情境，吸引学生的注意力，促使学生迅速进入学习状态，为后续的学习打下良好的基础。

二、个别探究——问题驱动，感知概念

"爱种子"自主学习课型的第二环节是个别探究。此环节是让学生根据自主学习任务单，通过教师精心设计的问题，在操作活动中初步感知概念的形成过程。这一活动主要是让学生通过独立思考、自主探究等一系列的思维活动，逐步感知概念，为学生准确地理解概念、形成概念奠定基础。

1. 培养学生自主学习的能力

这一环节需要教师为学生提供"自主学习任务单"，让学生独立思考，根据已有的知识经验去完成学习任务。教师不能简单设计几个问题就作为学习任务单，教

师应做好以下几点来设计学习任务单,便于学生开展探究学习:一是对学生的学情进行分析,了解学生在本节课的学习之前,已学了什么内容;二是分析教材,明确本节课的重点、难点,确定本节课适合个别探究的主题;三是了解学生后续要学习哪些相关的内容。在此环节,教师要分析学生的"已知",潜移默化地培养学生探究"未知"的能力,这也是小学数学思想中经常用到的"转化思想"。

如教学"复式统计表"一课时,教师可以设计一张自主学习任务单,让学生独立探究单式统计表和复式统计表的相同点和不同点,让学生知道同样的数据可以有多种分析的方法,知道需要根据问题的背景选择合适的方法,培养学生自主学习能力和实践能力。

2. 培养学生良好的学习习惯

根据小学生的特点和后续学习内容,在概念教学中,教师应培养学生养成良好的学习习惯,以提高学生的相应能力为教学的核心,如思考习惯、观察图表的能力、动手操作习惯等。

如教学三年级下册"小小鞋店"时,可以这样设计任务单(见表7-2-2)。

表7-2-2 任务单

我想用的方法是(在□内打"√") □列表法 □画图法	我是这样整理的:	我给店主的建议是:

出示了自主学习任务单后,教师要鼓励学生独立完成任务。引导学生尽量使用列表或画图的方法,将整理的结果直观、有效地表达出来,从而养成独立思考的习惯。观察图表的能力,是指教师要培养学生观察和分析图表的能力,明确任务的要求、听清指令,才能进行探究。这样设计的目的,一方面是鼓励学生主动想办法,尝试整理和表示数据,初步经历统计的过程;另一方面是指导学生用表格或绘图的方法对数据进行整理。让学生通过整理和分析已收集好的数据,对解决实际问题做出预测,帮助学生建立统计的意识,初步感知"统计"这一概念。

三、协作建构——合作交流,理解概念

概念教学中,教师设计学习活动时应建立在学生原有的认知基础之上,为学生提供解决新问题的交流机会,和在具体情境中描述数学问题的时间和空间,并确保学生能在原有的基础上理解数学概念。在实际教学中,我们往往容易忽视以多种不

同的方式帮助学生在活动中积累经验，理解概念的内涵，而"爱种子"模式提倡的构建有效的学习共同体观念非常符合这类学习活动的开展。

"爱种子"自主学习课型的第三环节是协作构建。这一环节要求教师引导学生围绕本节课的重难点，以小组合作的形式来开展探究学习，让学生挖掘并理解数学学习的本质。这就更需要教师认真研读教材，从教材的问题串里提炼出核心问题，为学生开展合作学习提供任务单。

学习共同体的探究活动是让学生根据各自的体验，用自己的思维方式根据问题或任务去发现和探索新问题的解决方法，在与同伴的交流中获取知识的一种类似于头脑风暴的学习活动。因此，设计概念课学习活动的任务前，教师要思考：第一，学生有哪些与新概念相关的生活或学习经验？第二，什么样的经历可以促进新概念的学习？什么经历会阻碍新概念的学习？第三，针对本节课的概念，应设计哪些有趣而且易操作的活动激发学生的参与？第四，如何设计问题，使学生更容易理解概念？让学生充分了解概念的形成过程，充分了解概念的本质。

1. 在合作活动中理解概念

教师可以组织学生进行合作学习，如操作、观察和思考等活动，使学生能够经历概念形成的过程，从活动中理解概念的含义。例如，教学"分数的认识"时，从整数到分数是一个概念的扩展，是学生理解数的一个质的飞跃。教师应通过让学生在合作学习活动中进行思考和交流，帮助学生建立分数的概念，理解分数的意义。分数是比较抽象的概念，具体教材内容的教学是整个单元的核心，教师要运用大量的物体或图形作为直观手段，组织学生开展合作学习活动，让学生把一个物体或一个图形平均分成几份，取其中的一份，引导学生从本质上理解分数的概念，从而感悟数形结合的思想，渗透符号化思想。

2. 在质疑争辩中理解概念

学生在合作学习后，教师应组织学生进行交流与分享。在这一过程中，教师应培养学生敢于思考、敢于说话、敢于提问和客观评价同伴的精神。教师组织学生展示小组活动成果时，应允许学生就问题提问和争论。在此环节，教师要培养学生学会用数学的语言来表达，这有助于提高其逻辑思维水平。当学生们争吵的时候，教师必须启发他们。当学生评价别人时，教师要适当地引导他们。学生经历过头脑风暴和这样的思辨活动，对于掌握概念很有帮助。在概念教学中，教师应通过现象和反例突出概念的本质。

当然，教师根据学情，无论设计什么活动，都应给学生提供清晰的任务指引或合作要求。这是合作学习是否能有效开展的保障。教师一定要高度重视，在认真研读教材、《教师教学用书》和导学案的基础上，根据学生已有的知识经验与学习能力来设计合作学习任务单。学生看懂了"合作要求"，明确了任务，在学习活动中才会取得事半功倍的效果。

四、练习检测——巩固练习，运用概念

"爱种子"自主学习课型的最后一个环节是练习检测。目的是通过教师为学生提供相关的课堂练习，帮助学生巩固此节课的相关知识，检验学生这一节课的学习成果。教师可以通过研读教材，预设学生可能会出现的错题，在这一环节组织学生进行辨析和交流。从认识的过程来看，概念的形成是从感性认识到理性认识的过程，而概念的巩固则是概念的记忆保留的过程，也是概念认识的深化和概念的灵活运用过程。因此，概念课的课堂练习中，学生理解概念后，教师要引导学生灵活地运用概念知识解决生活中的实际问题，内化对概念的理解，从而体会数学应用于生活的价值。

1. 巩固练习让学生内化概念

教师应结合实际生活设计课堂练习，以体现数学的实用价值。有效的课堂实践可以使学生巩固知识，也可以发展学生的思维，培养学生的综合能力。教师可以设计由浅入深的课堂练习，帮助学生从不同角度理解概念的本质。练习既要沟通数学知识之间的联系，又要加深学生对本节课概念的理解，从而达到帮助学生巩固新知的目的。

如教学"长度单位"时，可以让学生用应答器判断下面这句话的对错：

笑笑有一支 1 毫米长的钢笔和 4 米厚的笔记本。

2. 游戏练习让学生内化概念

在设计课堂练习时，教师应从学生的年龄特点和生活经验出发，设计具有童趣的课堂练习，激发学生的学习兴趣，使学生成为积极主动的学习者，让学生成为练习的主人。

在教学"质数与合数"时，教师可以设计这样一个游戏练习：教师说出密码，学生根据自己的学号做相应的动作，看谁反应快。密码 1：如果你的学号是质数，请举手。密码 2：学号是合数的同学，请起立并微笑。

学生是一颗颗种子，"爱种子"的数学课堂是培养学生思维的沃土，需要教师在实施过程中，根据课堂生成的情况不断调整和完善教学设计。让学生在数学概念课中真正进行深度学习，真正学有所得、学有所悟和学有所用是一件非常有意义的事情，也是每一位教师应该承担的义务和责任！

五、概念教学的教学建议

（1）找准学生思维发展的生长点。
（2）处理好预设与生成的关系。
（3）抓住数学概念的本质。

(4) 各年级的数学概念具有阶段性。

【教学案例22】
基于自主学习环境下的小学数学概念教学
——以北师大版小学数学三年级下册"什么是面积"导学案为例

清远市清城区凤鸣小学　欧阳娟妮

一、课前慎思

数学概念是客观对象的数量关系和空间形式的本质属性的反映，是学习数学理论和构建数学框架的奠基石。对数学概念的理解与掌握既是正确思维的前提，也是提高数学解题能力的必要条件。因此，课堂教学中首先要激发学生的兴趣，诱导其积极参与到课堂教学中，尝试探索、发现问题，进而形成概念，然后去运用概念解决数学问题，从而完成知识的构建。随着自主课堂浪潮的来袭，目前教师都比较重视课堂教学中学生的自主学习、自主探究、合作学习。然而，对如何在自主学习环境下进行小学数学概念教学模式研究，如何重视概念教学，优化概念教学，是我们每一位数学教师都必须认真、深入思考的问题。

概念教学如此重要，但在实际的概念教学中存在的问题是：轻过程、重结果，概念的归纳过于仓促。学生尚未建立初步的概念，教师已迫不及待地进行归纳与总结，导致学生对概念的理解存在"夹生饭"的现象。当发现问题再回去弥补，而这个时候的弥补，又感觉没有多少味道，从而造成误解的持续存在。在开展"爱种子"数学课堂的研讨活动中，我们发现农村教师存在这些问题，轻感悟、重讲解，概念教学脱离现实背景。还有一些教师在上概念课的时候，首先要求学生把概念记下来，然后进行大量的强化练习来弥补对概念理解的不足。学生没有理解概念的真正含义，一旦遇到实际应用就感到一片茫然，造成学习效率不高，教师和学生都很疲劳。教学中，教师还要处理好讲与练的关系，应重视对数学概念的讲解，通过讲解向学生全面系统地传授概念知识；从学生已有的认知结构出发，通过讲解帮助学生形成良好的概念模式，真正在讲上下功夫，力争把数学概念讲透；以"教师、学生、教材"三者立体交叉，形成有机结合的多边关系。

基于以上分析，实验区的教师应如何利用"自主学习"课解决上述存在的问题呢？教师应如何引导学生进行概念教学，活跃学生的思维，从而提高学生的思维能力呢？本文将以北师大版小学数学三年级下册"什么是面积"为例，结合概念教学范式，谈谈教师应如何上好"概念"这一类课。

二、教学实践

第一个环节：生活现象——情境导入，引出概念（面积从哪里来？）

1. 比赛活动：教师出示一个小正方形和一个大正方形，挑选男女生各一名，进行涂色比赛。

2. 师：你们觉得比赛公平吗？（生：不公平，图形一大一小，大图形花的时

间要多)

3. 师：那么图形的大小指的是图形的什么呢？（生：面、面积）
4. 引出课题。（板书课题：面积）
5. 看到课题你想知道什么？

【设计意图】良好的开端是成功的一半，由学生感兴趣的比赛活动情景引入，既能激发学生的学习热情，又能很自然地引入新知。

第二个环节：个别探究——问题驱动，感知概念（什么是面积？）

1. 认识物体表面的面积。
(1) 说一说：你们生活中都见过哪些面呢？（生：黑板的面、桌子的面、冰箱的面……）
(2) 摸一摸：铅笔盒的面、数学书封面、桌子的面。
(3) 比一比：①教师的手掌和学生的手掌。
让一个学生上台展示自己的手掌，教师同时也展示自己的手掌，让全班其他同学比一比两个手掌表面的大小。
② 1元硬币和5角硬币。
③ 数学课本的面和数学练习本的面。
师：我们在比它们的什么？（生：面的大小）
小结：通过观察、操作与比较，我们知道了物体表面是怎样的。
2. 结合具体实例自主完成学习构建任务单。

物体的（   ）或（   ）就是它们的面积。

3. 回忆一下，你刚才摸的是物体哪个面的面积？能照样子说说看吗？

【设计意图】这一教学环节尽可能地选取了学生熟悉的、感兴趣的学习材料，组织学生参加看一看、摸一摸、比一比、说一说等实践活动，把学生的注意力引导到"面"上来，让学生亲身体验看到的和摸到的物体表面的大小，渗透了面积大小相对的数学思想。为学生学习面积建立了感性认识，同时体现了课堂教学中学生的主体地位。

第三个环节：协作建构——合作交流，理解概念（面积是什么？）

1. （出示数学书、圆形的垃圾桶盖）师：请把其中的一个面画到黑板上，再照老师样子画一个不封口的图形。
2. 采访：请问这些图形你是怎样画的？这些边线围成的图形叫作什么？（图形的周长）
3. 请同学们用颜色笔画一画它们的周长和面积。
小结：像这样首尾相连的图形叫作封闭图形。
4. 完善自主学习任务单。
板书：物体的表面或封闭图形的大小就是它们的面积。
5. 联系生活拓展：谁能举例说说生活中、学习中还见过哪些物体表面或封闭图形的面积?

【设计意图】充分利用学生已有的生活经验,通过"自己尝试—创新举例"一系列实践,认识面积的概念,从直观形象到抽象,帮助学生在感性经验的支撑下深刻地建立起面积的表象。这便于学生理解、掌握,同时强化新旧知识的内在联系,使学生有较完整的概念体系,让学生达到内化概念的效果,真正让学生产生自己对面积深层次的数学理解。

6. 比一比,哪个图形的面积大?(请选择两种方式)

动手操作:把附页3中图6剪下。(注意安全)

协作构建学习单

比较的方法	比较的结果	缺点
重叠比	正方形比长方形面(　　)	
我选 作单位来量		
我选 □ 作单位来量		
用 盖印作单位量		

(1) 估一估:谁的面积大?

(2) 填一填:我们小组用了(　　)种方法来比较这个长方形和正方形的面积,分别是(　　)。

(3) 组内互评。

学生做完之后进行互评,分享自己的探索过程,然后教师利用平台进行评价,发挥评价数据的导向作用。

【设计意图】评价是一种有效提高课堂效率的手段。利用平台的评价系统让学生进行相互评价,不但可以促进学生积极参与交流活动,还可以即时采集学生反馈的信息。教师课后可以查阅,了解协作构建活动中学生存在的问题,便于教师调整学习单的内容或合作要求。

(4) 汇报交流。

著名思想家卢梭曾说过:"儿童是有他特有的看法、热情和感情的;如果想用我们的看法、想法和感情去取代,那简直是愚蠢的事。"因此,教师应当为学生建立展示思维过程与结果的平台,让学生表达真实的想法,让学生在展示中"去伪存真"。而教师要做的就是耐心倾听,传递交流的信息,不做"对"与"错"的评定，而是在课堂生成中寻找学生所表达的积极的因素，引导学生做出合理的判断。

①各小组代表根据"协作构建学习单"依次上台汇报。

②讨论：你感觉哪种比较方法更好些？为什么？

【设计意图】组织学生小组间进行操作、讨论、争辩、交流等，感知进行正方形测量比较好，让学生获得自己去探索数学的体验，培养了学生的探索意识。这样不仅锻炼了学生的口头表达能力，而且老师和学生的肯定可使学生自己获得成功的体验。这一个环节让学生自我反思、融会贯通，从而发现规律、归纳方法，获得最佳答案，促进群体互动。

7. 在方格纸中画出3个不同形状的图形，使它们的面积都等于7个小方格的面积。

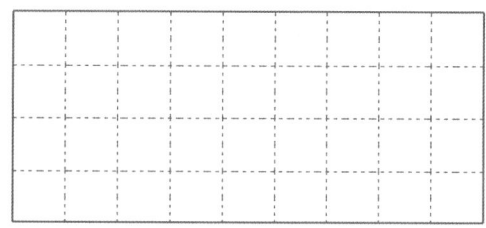

让学生说一说要求中要注意什么，什么一样？什么不一样？学生自己尝试画，然后分享不同的画法。

讨论：学生画完之后，说一说有什么发现？

【设计意图】学生进行了思维活动，就有了展示自我的机会。鼓励学生发挥自由想象，画出各种图形，体现自我的想象力、创造力，从而不由自主地形成了创新意识。也进一步让学生领悟面积相同的图形形状也可能不同，更加深化理解什么是面积。学生在展示中才能"去伪存真"，获得认可、修正和再构建。

8. 归纳小结。

师：通过刚才的学习，我们知道了什么？你是怎样理解面积的？我们学会了几种面积方法的比较？引导学生对知识进行归纳、总结、陈述，充分体现学生的自主创新精神。

【设计意图】让学生回顾学习过程、梳理学习方法，可以潜移默化地渗透数学思想，培养学生学习数学的能力，学生的思维能力也会相应地得到提高。

第四个环节：练习检测——巩固练习，运用概念（面积的作用）

练习一：如图，用方砖铺满空地，哪块空地用的方砖最少？

【课堂建议】学生独立解决问题—学生介绍自己的想法—学生评价。

【设计意图】让学生再一次感受学习面积的必要性和面积在生活中的实际用途，同时让学生及时巩固新知并渗透数格子比大小是比较图形面积大小的基本方法。引导学生总结、沟通知识的联系，安排他们独立完成练习；再让学生各自及时

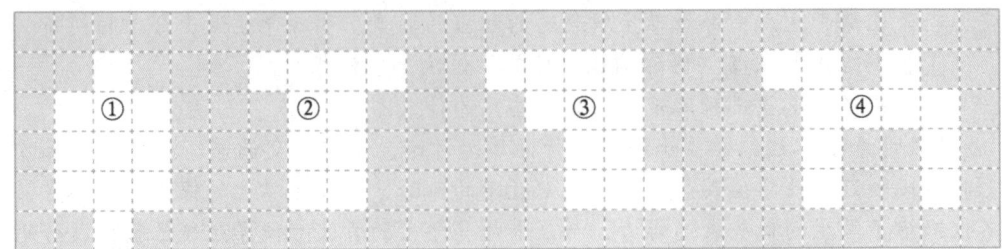

汇报解题情况，质疑问难，促使他们的知识融会贯通，体验成功的乐趣。

练习二：说一说每种颜色图形的面积等于几个小方格那么大。

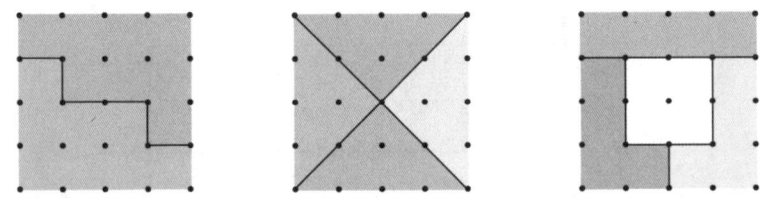

1. 学生观察交流：这一组图形和上一组有什么不同？出现半个格子的时候应该怎么数？

2. 学生完成练习，小组内互相交流解题过程及方法，交流解题心得。

3. 在小组内互评、纠错，及时找出错误并总结。

【设计意图】练习题目由易到难，层层深入，通过分析、比较、综合、抽象等逻辑思维方法，及时巩固、深化面积的含义。自主合作小结，感受学习面积的重要性。

课堂总结——畅谈收获，评价反思。（感受学习快乐）

1. 师：同学们，回顾一下本节课的内容，说说学到了哪些知识？

👍 学习评价

1. 我发现了物体的（　　　）就是它的面积。（口述）

    物体的周长和面积是不同的。（口述）

2. 我还知道比较图形面积的方法。（口述、举例子说明）

3. 我们小组未解决的问题或者还想知道的问题是：_____。

---

2. 师全课总结：同学们不仅关注了学习的结果，还关注到了学习过程中所运用到的方法。通过本节课的学习，相信你们又积累了一些学习经验，这些经验会帮

助你们在后续的学习中解决更多新的问题，也能帮助你们解决生活中的实际问题。

【设计意图】课题总结不仅仅是知识的梳理、方法的强化，更是培养数学学习习惯与情感态度的良好契机。一个好的总结，可以引导学生自主构建知识、自主评价反思，分享收获和成功，感受学习的快乐。

三、教学反思

概念的构建需多次反复经历"构建—解构—重构"的过程，而概念教学一般要遵循"从生活中来—抽象成数学模型—到生活中去"这样的一个过程，强调学生从已有的生活经验出发，初步应用数学的思维观察、分析亲身经历，将实际问题抽象成数学模型并进行解释与应用，从而进一步理解概念的本质。总之，小学数学概念教学的各阶段环环相扣，概念引入后要紧接着建立概念，建立后要及时巩固，巩固中要加深理解，同时又要为概念的发展做准备。教师在概念教学中，要结合概念的特点和学生的实际，灵活设计不同的环节，采取多种教学策略，这样才能有效地使学生在掌握数学概念的过程中提高数学思维能力。

综上所述，"数学概念"是小学数学教学的重要板块内容之一。帮助学生积累数学基本活动经验是教师开展"概念"教学的至真追求！作为"爱种子"实验教师的一员，应运用"爱种子"先进的教育教学理念，帮助学生对概念进行深入理解。在关键时进行设疑点拨，在难点时进行启发点拨，在学生质疑时进行欣赏点拨，在学生辩论时进行深度点拨，在总结时进行比较点拨。通过质疑争辩的课堂，对学生掌握概念就很有帮助。这样在自主学习环境下的五环节概念教学模式，能够帮助学生清晰地掌握概念的形成过程，促进概念的内化。让学生在"爱种子"的数学课堂中真正理解概念，从而更好地运用、掌握数学概念，同时提高数学思维。

参 考 文 献

[1] 陈晓端. 当代教学范式研究[J]. 陕西师范大学学报（哲学社会科学版），2004（5）：113-118.

[2] 冯春花. 小学数学小组合作学习有效性研究[D]. 聊城：聊城大学，2014.

[3] 顾明远. 教育大词典（增订合编本：上，下）[M]. 上海：上海教育出版，1997.

[4] 广东省基础教育与信息化研究院. "爱种子"课堂教学改革项目指导手册（内部编印），2020（9）.

[5] 广东省基础教育与信息化研究院. "爱种子"课堂教学改革教学指导手册（内部编印），2020（9）.

[6] 纪婷. 基于合作学习教学模式的实践研究：以小学数学为例[D]. 上海：上海师范大学，2018.

[7] 刘海林. 小学数学"经验课堂"教学范式探究[J]. 江苏教育，2015（7）.

[8] 强震球. 让"学"与"教"更有效：探寻"解决问题的策略"教学之一般范式[J]. 教育视界，2016（10）.

[9] 史宁中. 义务教育数学课程标准（2011年版）解读[M]. 北京：北京师范大学出版社，2012.

[10] 王长纯. 试论当代理性主义教学范式[J]. 东北师大学报（哲学社会科学版），1996（4）.

[11] 叶惠文. 基于数据可视化的教学设计方法[R]. 清城区飞来峡镇中心小学，2021.

[12] 叶增. 教学范式的科学主义与人文主义[J]. 白城师范学院学报，2007（4）.

[13] 曾令华，尹馨宇. "范式"的意义：库恩《科学革命的结构》文本研究[J]. 武汉理工大学学报，2019（11）.

[14] 张静.《长方形和正方形周长的计算》课例分析[J]. 贵州教育，2012（8）.

[15] 中华人民共和国教育部. 义务教育数学课程标准（2011年版）[S]. 北京：北京师范大学出版社，2012.

后　　记

千锤百炼终成书。凝神回眸，激动与喜悦、感动与收获一起涌上心头。作为爱种子小学数学导师团的成员，能在思维的碰撞中共学、共研、共享、共进，整个过程既艰辛又幸福，既有付出又有收获。

这本书记录了爱种子小学数学导师团队在爱种子课堂教学中践行"以学为中心，教为学服务"的思想和行动，通过"实践—总结—再实践—再总结"循环往复，提炼出不同的范式，体现了理论与实践对接的过程。

衷心感谢广东省基础教育与信息化研究中心的胡钦太院长、林君芬博士、叶惠文教授的思想引领；感谢广州名师团和清城区教育局领导的全程指导，感谢教研同行和广大实验教师的投入与奉献。

书中直白、平淡的文字，或许会让你觉得索然无味，但是每一句话都是我们一线教师无数日夜呕心沥血的经验总结。真心希望我们的范式能给小学数学教师带来帮助和启迪。

由于经验及水平有限，书中难免有疏漏之处，敬请读者指正。

梁北招

2021 年 5 月 16 日